CNB 1205 구속사 설교의 실제와 그 적용
구속사 관점으로 본 본문 해석

구속사 설교

문 정 식

2015년

교회와성경

지은이 ┃ 문정식

대학에서 철(鐵)학을 전공한 후 합동신학대학원대학교에서 신학(神學)수련을 시작하였다. 신학교 3학년 때 부임한 열린교회(opench.kr)에서 종교개혁의 정신을 계승하는 목회를 감당하고자 진력하고 있으며, 교회의 지원으로 영국 Edinburgh Theological Seminary - University of Glasgow에서 수학하였다. 귀국하여 아세아연합신학대학원에서 박사학위를 받았다.

저서로는 『언약의 골든체인』(2008), CNB 1201 『하나님 은혜의 선물-십계명』(2013), CNB 1202 『거꾸로 읽는 산상수훈』(2014), CNB 1203 『개혁주의 언약사상: 칼빈과 퍼킨스의 언약신학 그 연속과 발전』(2015), CNB 1204 『하나님 은혜의 자리-주기도』(2015)가 있고, 출간 예정으로 설교집 『하이델베르크 요리문답으로 보는 사도신경 강해』, 『사사시대와 다윗시대 사이에 숨겨진 보물-룻기』, 『성도됨의 그 부요함-고린도후서』, 『성도의 근원과 지향 그리고 채움-빌립보서』, 번역서 『윌리암 퍼킨스의 A Golden Chain: 구원의 황금사슬』 등이 준비 중이다.

가족으로는 아내 이유정과의 사이에 청년 한솔, 한빛 남매가 있다.

구속사 설교

CNB 1205
구속사 설교

A Study of the View of the Redemptive
History for Sermons.
by JEONG-SIK MOON, PH.D.
Copyright ⓒ 2015 by Jeong-Sik Moon

Published by the Church and Bible Publishing House
SEOUL, KOREA

초판 인쇄 | 2015년 9월 10일
초판 발행 | 2015년 9월 20일

발행처 | 교회와성경
주소 | 평택시 특구로 43번길 90 (서정동)
전화 | 031-662-4742
등록번호 | 제2012-03호
등록일자 | 2012년 7월 12일

발행인 | 문민규
지은이 | 문정식
편집주간 | 송영찬
편집 | 신명기
디자인 | 조혜진

─────────────────
총판 | (주) 비전북출판유통
주소 | 경기도 고양시 일산서구 송산로 499-10 (덕이동)
전화 | 031-907-3927(대) 팩스 031-905-3927

─────────────────
저작권자 ⓒ 2015 문정식

Printed in Seoul of Korea

CNB 시리즈
서 문

CNB The Church and The Bible 시리즈는 개혁신앙의 교회관과 성경신학적 구속사 해석에 근거한 신·구약 성경 연구 시리즈이다.

이 시리즈는 보다 정확한 성경 본문 해석을 바탕으로 역사적 개혁 교회의 면모를 조명하고 우리 시대의 교회가 마땅히 추구해야 할 방향을 제시함으로써 교회의 삶과 문화를 창달하는 것을 그 목적으로 하고 있다.

따라서 이 시리즈는 진지하게 성경을 연구하며 본문이 제시하는 메시지에 충실하고 있다. 그렇다고 이 시리즈가 다분히 학문적이거나 또는 적용이라는 의미에 국한되지 않는다. 학구적인 자세는 변함 없지만 궁극적으로 하나님의 나라를 지향함에 있어 개혁주의 교회관을 분명히 하기 위해 보다 더 관심을 가진다는 의미이다.

본 시리즈의 집필자들은 이미 신·구약 계시로써 말씀하셨던 하나님께서 지금도 말씀하고 계시며, 몸된 교회의 머리이자 영원한 왕이신 그리스도께서 지금도 통치하시며, 태초부터 모든 성도들을 부르시어 복음으로 성장하게 하시는 성령께서 지금도 구원 사역을 성취하심으로써 창세로부터 종말에 이르기까지 거룩한 나라로서 교회가 여전히 존재하고 있음을 그 무엇보다도 중요하게 여기고 있다.

아무쪼록 이 시리즈를 통해 계시에 근거한 바른 교회관과 성경관을 가지고 이 땅에 진정한 그리스도인의 삶과 문화가 확장되기를 바라는 바이다.

시리즈 편집인

김영철 목사, 미문(美聞)교회 목사, Th. M.
송영찬 목사, 기독교개혁신보 편집국장, M. Div.
오광만 목사, 대한신학대학원대학교 교수, Ph. D.
이광호 목사, 실로암교회 목사, Ph. D.

구속사 설교

2015년

교회와성경

머 리 말

이 「구속사救贖史 설교」는 "교회가 전할 수 있는 가르침은 얼마나 부요한가? 교회가 가진 진리의 내용은 얼마나 풍부한가?"라는 질문에 대해 스스로 아주 작은 이해로나마 그 부요함과 풍성함에 이르려는 시도를 한 열매입니다. 초대교회와 교부들의 시대, 종교개혁의 시대, 그리고 지금도 주께서 친히 가르치신 내용을 보면, 성경진리의 깊고 깊은 내용은 당장 현실을 살아가는 데 도움이 되는 도구라기보다는 하나님의 구원의 역사를 통해 그런 역사를 허락하신 하나님께서 어떤 분이신가를 알려주는 지혜智慧 그 자체입니다. 그래서 하나님께서는 성경진리를 통해 신자로 하여금 이땅에서 인생을 살지만 영원한 나라에 속한 영원한 생명을 지향하고 살게하실 뿐 아니라 나아가 마침내 완성될 하나님 나라를 기대하며 사는 성도의 소망을 더하시는 가르침을 주시는 것입니다.

그러하기에 2천년 전에 사도는 교회를 위하여 기도하면서 "이러하므로 내가 하늘과 땅에 있는 각 족속에게 이름을 주신 아버지 앞에 무릎을 꿇고 비노니 그 영광의 풍성을 따라 그의 성령으로 말미암아 너희 속 사람을 능력으로 강건하게 하옵시며 믿음으로 말미암아 그리스도께서 너희 마음에 계시게 하옵시고 너희가 사랑 가운데서 뿌리가 박히고 터가 굳어져서 능히 모든 성도와 함께 지식에 넘치는 그리스도의 사랑을 알아 그 넓이와 길이와 높이와 깊이가 어떠함을 깨달아 하나님의 모든 충만하신 것으로 너희에게 충만하게 하시기를 구하노라"(엡 3:14-19)라고 했던 것입니다.

이 [구속사설교]에서 본문으로 다루는 모세의 찬양(출 15장)과 스데반의 설교(행 7장)는 바로 그러한 하나님의 구원역사의 맥脈을 보여주는 하나의 대표적인 말씀이요, 그 안에 성경이 주목하는 인물들을 통해 이루시고 밝히시는 하나님 나라의 실현實現을 깨닫게 해주는 말씀이라 하겠습니다. 따라서 이 「구속사 설교」는 교우들로 하여금 바른 기독교적 역사의식 속에서 신앙을 바라보게 하고, 동료 설교자들로 하여금 그러한 구속사적 의식 위에서 설교한 시도를 만나게 하고자 하는 작은 소망의 표식이라고 하겠습니다.

이 설교연구를 위해 직접적 도움을 주었던 책들을 몇몇 소개하자면 어거스틴의 「하나님의 도성」, 조나단 에드워즈의 「구속사」, 게르할더스 보스의 「성경신학」, 오스카 쿨만의 「그리스도와 시간」, 폴 악트마이어의 「로마서 주석」, 그리고 박영선의 「다시 보는 로마서」 등이었습니다. 물론 성경주해부터 시작하여 개혁주의신학, 청교도사상 그리고 기독교세계관과 관련된 서적들을 탐독해야 했습니다. 이러한 노력은 표면에서 보면 많은 수고에 비해 그다지 성과적이지 않아 보이겠지만, 내면에 물이 지표에

스며서 천리를 가고 마침내는 큰 강이요 바다로 흐르듯이*) 하나님의 말씀
인 성경진리에 대한 철저한 경외와 그로 인한 개혁신학의 이해 그리고 주
의 영광스러운 교회 속에 허락된 최고의 복이며 은혜인 말씀사역을 진심
으로 사모하며 주의 진리에 붙들릴 때, 하나님께서는 교회 위에 하늘의 역
사를 펼쳐 보여주실 줄 믿는 믿음의 표현이라 할 수 있습니다.

　그러므로 이미 바르고 참된 진리의 길을 걸었던 선진들의 모범을 따라,
묵묵히 하나님의 말씀을 탐구하여 참되게 들고 설 때 그 진리 가운데 감추
인 비밀인 구원의 역사, 즉 구속사의 놀라운 진리가 드러나 맺히는 아름다
운 영적 열매가 있을 줄 압니다. 함께 이런 소망을 가진 교우들과 설교자들
의 교회 위에 주의 부으신 말씀의 은혜가 넘쳐나기를 소망합니다.

　2015년 9월 1일
　저자 아룀

---

*) "곤륜산을 타고 흘러내린 차가운 물 사태(沙汰)가 사막 한 가운데인 염택(鹽澤)에서 지
　하로 자취를 감추고 지하로 잠류하기 또 몇 천리, 청해에 이르러 그 모습을 다시 지표
　로 드러내서 장장 8,800리 황하를 이룬다." 장건(張騫, ?-BC114).

차 례

설교 본문

출애굽기 15:1-18

1 이 때에 모세와 이스라엘 자손이 이 노래로 여호와께 노래하니 일렀으되 내가 여호와를 찬송하리니 그는 높고 영화로우심이요 말과 그 탄자를 바다에 던지셨음이로다 2 여호와는 나의 힘이요 노래시며 나의 구원이시로다 그는 나의 하나님이시니 내가 그를 찬송할 것이요 내 아비의 하나님이시니 내가 그를 높이리로다 3 여호와는 용사시니 여호와는 그의 이름이시로다 4 그가 바로의 병거와 그 군대를 바다에 던지시니 그 택한 장관이 홍해에 잠겼고 5 큰 물이 그들을 덮으니 그들이 돌처럼 깊음에 내렸도다 6 여호와여 주의 오른손이 권능으로 영광을 나타내시니이다 여호와여 주의 오른손이 원수를 부수시니이다 7 주께서 주의 큰 위엄으로 주를 거스리는 자를 엎으시나이다 주께서 진노를 발하시니 그 진노가 그들을 초개같이 사르나이다 8 주의 콧김에 물이 쌓이되 파도가 언덕 같이 일어서고 큰 물이 바다 가운데 엉기니이다 9 대적의 말이 내가 쫓아 미쳐 탈취물을 나누리라 내가 그들로 인하여 내 마음을 채우리라 내가 내 칼을 빼리니 내 손이 그들을 멸하리라 하였으나 10 주께서 주의 바람을 일으키시매 바다가 그들을 덮으니 그들이 흉용한 물에 납 같이 잠겼나이다 11 여호와여 신 중에 주와 같은 자 누구니이까 주와 같이 거룩함에 영광스러우며 찬송할만한 위엄이 있으며 기이한 일을 행하는 자 누구니이까 12 주께서 오른손을 드신즉 땅이 그

들을 삼켰나이다 13 주께서 그 구속하신 백성을 은혜로 인도하시되 주의 힘으로 그들을 주의 성결한 처소에 들어가게 하시나이다 14 열방이 듣고 떨며 블레셋 거민이 두려움에 잡히며 15 에돔 방백이 놀라고 모압 영웅이 떨림에 잡히며 가나안 거민이 다 낙담하나이다 16 놀람과 두려움이 그들에게 미치매 주의 팔이 큼을 인하여 그들이 돌같이 고요하였사오되 여호와여 주의 백성이 통과하기까지 곧 주의 사신 백성이 통과하기까지였나이다 17 주께서 백성을 인도하사 그들을 주의 기업의 산에 심으시리이다 여호와여 이는 주의 처소를 삼으시려고 예비하신 것이라 주여 이것이 주의 손으로 세우신 성소로소이다 18. 여호와의 다스리심이 영원무궁하시도다 하였더라

사도행전 7:2-53

2 스데반이 가로되 여러분 부형들이여 들으소서 우리 조상 아브라함이 하란에 있기 전 메소보다미아에 있을 때에 영광의 하나님이 그에게 보여 3 가라사대 네 고향과 친척을 떠나 내가 네게 보일 땅으로 가라 하시니 4 아브라함이 갈대아 사람의 땅을 떠나 하란에 거하다가 그 아비가 죽으매 하나님이 그를 거기서 너희 시방 거하는 이 땅으로 옮기셨느니라 5 그러나 여기서 발 붙일만큼도 유업을 주지 아니하시고 다만 이 땅을 아직 자식도 없는 저와 저의 씨에게 소유로 주신다고 약속하셨으며 6 하나님이 또 이같이 말씀하시되 그 씨가 다른 땅에 나그네 되리니 그 땅 사람이 종을 삼아 사백 년 동안을 괴롭게 하리라 하시고 7 또 가라사대 종 삼는 나라를 내가 심판하리니 그 후에 저희가 나와서 이곳에

서 나를 섬기리라 하시고 8 할례의 언약을 아브라함에게 주셨더니 그가 이삭을 낳아 여드레만에 할례를 행하고 이삭이 야곱을, 야곱이 우리 열 두 조상을 낳으니 9 여러 조상이 요셉을 시기하여 애굽에 팔았더니 하나님이 저와 함께 계셔 10 그 모든 환난에서 건져내사 애굽 왕 바로 앞에서 은총과 지혜를 주시매 바로가 저를 애굽과 자기 온 집의 치리자로 세웠느니라 11 그 때에 애굽과 가나안 온 땅에 흉년들어 큰 환난이 있을새 우리 조상들이 양식이 없는지라 12 야곱이 애굽에 곡식 있다는 말을 듣고 먼저 우리 조상들을 보내고 13 또 재차 보내매 요셉이 자기 형제들에게 알게 되고 또 요셉의 친족이 바로에게 드러나게 되니라 14 요셉이 보내어 그 부친 야곱과 온 친족 일흔 다섯 사람을 청하였더니 15 야곱이 애굽으로 내려가 자기와 우리 조상들이 거기서 죽고 16 세겜으로 옮기워 아브라함이 세겜 하몰의 자손에게서 은으로 값주고 산 무덤에 장사되니라 17 하나님이 아브라함에게 약속하신 때가 가까우매 이스라엘 백성이 애굽에서 번성하여 많아졌더니 18 요셉을 알지 못하는 새 임금이 애굽 왕위에 오르매 19 그가 우리 족속에게 궤계를 써서 조상들을 괴롭게 하여 그 어린 아이들을 내어버려 살지 못하게 하려 할새 20 그 때에 모세가 났는데 하나님 보시기에 아름다운지라 그 부친의 집에서 석 달을 길리우더니 21 버리운 후에 바로의 딸이 가져다가 자기 아들로 기르매 22 모세가 애굽 사람의 학술을 다 배워 그 말과 행사가 능하더라 23 나이 사십이 되매 그 형제 이스라엘 자손을 돌아볼 생각이 나더니 24 한 사람의 원통한 일 당함을 보고 보호하여 압제 받는 자를 위하여 원수를 갚아 애굽 사람을 쳐 죽이니라 25 저는 그 형제들이 하나님께서 자기의 손을 빌어 구원하여 주시는 것을 깨달으리라고 생각하였으나 저희가 깨닫지 못하였더라 26 이튿날 이스라엘 사람이 싸울 때에 모세가 와서 화목시키려 하여 가로되 너회는 형제라 어찌 서로 해하느냐 하니 ²⁷ 그 동무를 해하는 사람이 모세를 밀뜨려 가로되 누가 너를 관원과 재판장으로 우리 위에 세웠느냐 ²⁸ 네가 어제 애굽 사람을 죽임과 같이 또 나를 죽이려느냐 하니 ²⁹ 모세가 이 말을 인하여 도주하여 미디안 땅에서 나그네 되어 거기서 아들 둘을 낳으니라 ³⁰ 사십 년이 차매 천사가 시내산 광야 가시나무떨기 불꽃 가운데서 그에게 보이거늘 ³¹ 모세가 이 광경을 보고 기이히 여겨 알아보려고 가까이 가니 주의 소리 있어 ³² 나는 네 조상의 하나님 즉 아브라함과 이삭과 야곱의 하나님이로라 하신대 모세가 무서워 감히 알아보지 못하더라 ³³ 주께서 가라사대 네 발의 신을 벗으라 너 섰는 곳은 거룩한 땅이니라 ³⁴ 내 백성이 애굽에서 괴로움 받음을 내가 정녕히 보고 그 탄식하는 소리를 듣고 저희를 구원하려고 내려왔노니 시방 내가 너를 애굽으로 보내리라 하시니라 ³⁵ 저희 말이 누가 너를 관원과 재판장으로 세웠느냐 하며 거절하던 그 모세를 하나님은 가시나무떨기 가운데서 보이던 천사의 손을 의탁하여 관원과 속량하는 자로 보내셨으니 ³⁶ 이 사람이 백성을 인도하여 나오게 하고 애굽과 홍해와 광야에서 사십 년간 기사와 표적을 행하였느니라 ³⁷ 이스라엘 자손을 대하여 하나님이 너희 형제 가운데서 나와 같은 선지자를 세우리라 하던 자가 곧 이 모세라 ³⁸ 시내산에서 말하던 그 천사와 및 우리 조상들과 함께 광야 교회에 있었고 또 생명의 도를 받아 우리에게 주던 자가 이 사람이라 ³⁹ 우리 조상들이 모세에게 복종치 아니하고자하여 거절하며 그 마음이 도리어 애굽으로 행하여 ⁴⁰ 아론더러 이르되 우리를 인도할 신들을 우리를 위하여 만들라 애굽 땅에서 우리를 인도하던 이 모세는 어떻게 되었는지 알지 못하노라 하고 ⁴¹ 그 때에 저희가 송아지를 만들어 그 우상 앞에 제사하며 자기 손으로 만든 것을 기뻐하더니 ⁴² 하나님이 돌이키사 저희를 그 하늘의 군대 섬기는 일에 버려두셨으니 이는 선지자의 책에 기록된 바 이스라엘의 집이여 사십년을 광야에서 너희가 희생과 제물을 내게 드린 일이 있었느냐 ⁴³ 몰록의 장막과 신 레판의 별을 받들었음이여 이것은 너희가 절하고자 하여 만든 형상이로다 내가 너희를 바벨론 밖에 옮기리라 함과 같으니라 ⁴⁴ 광야에서 우리 조상들에게 증거의 장막이 있었으니 이것은 모세에게 말씀하신 이가 명하사 저가 본 그 식대로 만들게 하신 것이라 ⁴⁵ 우리 조상들이 그것을 받아 하나님이 저희 앞에서 쫓아내신 이방인의 땅을 점령할 때에 여호수아와 함께 가지고 들어가서 다윗 때까지 이르니라 ⁴⁶ 다윗이 하나님 앞에서 은혜를 받아 야곱의 집을 위하여 하나님의 처소를 준비케 하여 달라 하더니 ⁴⁷ 솔로몬이 그를 위하여 집을 지었느니라 ⁴⁸ 그러나 지극히 높으신 이는 손으로 지은 곳에 계시지 아니하시나니 선지자의 말한바 ⁴⁹ 주께서 가라사대 하늘은 나의 보좌요 땅은 나의 발등상이니 너희가 나를 위하여 무슨 집을 짓겠으며 나의 안식할 처소가 어디뇨 ⁵⁰ 이 모든 것이 다 내 손으로 지은 것이 아니냐 함과 같으니라 ⁵¹ 목이 곧고 마음과 귀에 할례를 받지 못한 사람들아 너희가 항상 성령을 거스려 너희 조상과 같이 너희도 하는도다 ⁵² 너희 조상들은 선지자 중에 누구를 핍박지 아니하였느냐 의인이 오시리라 예고한 자들을 저희가 죽였고 이제 너희는 그 의인을 잡아준 자요 살인한 자가 되나니 ⁵³ 너희가 천사의 전한 율법을 받고도 지키지 아니하였도다 하니라

구속사 설교

「구속사」 설교 _ 제1강
출15:1-18; 행7:2-53

서 론

"내가 여호와를 찬송하리니 ..."

출애굽기 15:1-18, 사도행전 7:2-53(제12강 이후에는 60절까지) 본문을 따라 총 20회에 걸쳐 「구속사救贖史」라는 주제의 설교를 진행합니다. 그동안 같이 살펴왔던 내용이 모두 하나님의 구원역사에 대한 큰 이해를 위하여 내용을 채우는 작업들이었는데, 그 결정판 혹은 정리의 같이 구속사 설교를 통해 전체를 다시 관망해보고자 합니다. 마치 산 위에 가면 전체를 내려다보는 전망대가 있어서, 거기에는 꼼꼼하게 어디는 무엇이고 어디는 무엇인지를 가리키는 푯말이나 그림설명이 있는 것과 같습니다. 그러한 설명을 들으면 이전에는 스쳐 지나던 것들이 모두 생생하게 살아서 의미를 알게 되고, 뿐만 아니라 그 세세한 곳들을 가고 싶은 마음이 가득하게 됩니다. 구속사 설교는 바로 그러한 진리에 대한 갈망을 더욱 강력하게 하는 데 초점이 있습니다.

I. 구속사 설교에 대한 설명

(1) 『구속사』에 대해서는 지금으로부터 거의 300년 전인 1739년에 조나단 에드워즈라고 하는 뉴잉글랜드의 설교자가 이사야 51:8 "그들은 옷 같이

좀에게 먹힐 것이며 그들은 양털 같이 벌레에게 먹힐 것이로되 나의 의는 영원히 있겠고 나의 구원은 세세에 미치리라"는 말씀을 가지고 행한 30회의 설교가 이미 있습니다. 에드워즈는 그 한 절의 말씀을 통해 성경 전체의 메시지를 집약하기를, '하나님의 구원섭리가 펼쳐져 나타남이다'라고 했고 그러기에 이후에 펼쳐질 하나님의 일들에 대한 확신을 전했습니다. 첫 설교에서 에드워즈는 "이 설교의 취지는 고난과 원수들의 박해 아래 있는 교회를 위로하는 데 있습니다. 그리고 여기서 주어지는 위로의 핵심은 교회를 향하신 하나님의 변함없고 지속적인 자비와 신실하심에 있는데, 그것 때문에 하나님은 계속적으로 교회를 구원하고, 원수들의 모든 공격으로부터 교회를 보호하고, 세상의 온갖 변화 속에서도 교회를 안전하게 인도하며, 결국은 교회에 승리와 구원의 면류관을 씌우실 때까지 자비와 신실하심의 열매들을 계속 공급하실 것입니다"(p.152)라고 설명했습니다.

그리고 에드워즈는 방법적으로 청교도들의 방식을 따라 이사야 51:8 한 절을 통해, 성경 전체와 하나님의 구원섭리라고 하는 온 우주를 바라보았습니다. 그것은 아쉽게도 당대에는 긍정적인 평가를 받지 못하였으나 그가 죽은 후 오랜 시간이 지나 마침내 복음이 전파된 세계에서 격찬과 감동을 불러 일으켰습니다. 이러한 반응은 또한 구속사적 현상이라 할 수 있습니다.

(2) 이번 구속사 설교 작업은 물론 조나단 에드워즈 같은 대가의 설교는 아니나, 하나님의 구원섭리에 대해 전체적으로 보고자 하는 소망과 의도에 대해 주께서 은혜를 주실 줄 믿습니다. 설교자가 에드워즈와 다르고 이 글을 읽으실 분들 역시 그가 전했던 18세기 뉴잉글랜드의 사우스햄프턴 교회 성도들과 다르겠지만, 하나님의 능력은 동일하고 섭리는 계속되기에 그것을 탐구하고자 하는 것입니다. 다만 시대적 간격과 그로 인한 이해의

차이에 따라 설교본문을 이사야 51:8 한 절이 아닌 출애굽기 15:1-18과 사도행전 7:2-60, 그리고 다른 본문들을 통해 더 넓게 보고자 합니다. 이는 설교자의 의도와 관련이 있습니다. 일반적으로 우리가 성경을 살펴볼 때, 성경 곳곳에 숨어있는 찬양들이 간과되곤 합니다. 시편찬송은 그나마 친숙하지만, 역사서라든가 복음서 등에 있는 찬양은 그 내용이 앞의 모든 것을 집약하는 내용임에도 불구하고 잘 다루어지지 않는 보고寶庫입니다. 첫 본문인 출애굽기 15장은 출애굽 직후에 모세가 이스라엘 자손들과 함께 불렀던 구원의 찬송으로서 이 찬양을 통해 우리는 하나님께서 친히 일하신 모습과 내용에 대해 만나게 됩니다. 그리고 두 번째 본문인 사도행전 7장은 그로부터 약 1,500여 년 후 집사로 세워진 스데반이 당시 대제사장과 여러 유대 지도자들에게 설교한 내용으로, 주께서 이스라엘 가운데 행하신 구원의 역사입니다. 이 스데반의 설교를 통해서는 하나님께서 당신의 사람을 통해 행하신 구원역사를 살펴보는 은혜를 누리고자 합니다. 그러므로 출애굽기 15장과 사도행전 7장을 요약하면 '하나님께서 행하신 구원에 대한 찬송과 그 구원의 역사에 쓰임 받은 종들의 모습'이라고 하겠습니다. 이것은 곧 「구속사救贖史」의 이야기입니다.

이렇게 구원역사를 통해 성경을 보게 될 때 우리는 성경을 아는 지식적 차원을 넘어 성경 속에 면면히 흐르는 하나님의 구원역사의 모습과, 구원의 관점에서 인생을 보게 되는 은혜를 누리게 될 줄 믿습니다.

II. 구속사로 신앙고백적 "찬양을 드리는" 복됨

먼저 오늘 본문 중의 하나인 출애굽기 15:1-18은 이스라엘 백성이 애굽을 나와 홍해를 건넌 직후에 모세와 이스라엘 백성이 하나님께 올려드린 찬양입니다.

그래서 1절의 시작이 "이 때에 모세와 이스라엘 자손이 이 노래로 여호와께 노래하니 일렀으되 내가 여호와를 찬송하리니 그는 높고 영화로우심이요 말과 그 탄 자를 바다에 던지셨음이로다"라고 되어 있습니다. 이 내용을 그냥 들으면 시간적으로 멀리 떨어져 있고, 또한 우리의 일이 아닌지라 다소 느낌이 적을 수 있습니다. 그럼에도 불구하고 그 다음에 나오는 찬양구절은 우리가 주목하여 보지 않아서 그렇지 성경 전체를 관통하는 일관된 찬양의 내용입니다. "2.여호와는 나의 힘이요 노래시며 나의 구원이시로다 그는 나의 하나님이시니 내가 그를 찬송할 것이요 내 아비의 하나님이시니 내가 그를 높이리로다 3.여호와는 용사시니 여호와는 그의 이름이시로다."

이 내용은 시편 18:46을 비롯하여, 시편 27:1; 48:1 등 성경 전체에서 자그마치 8,442곳의 유사한 표현이 있는 내용입니다. 즉 '구원의 주체가 누구신가?' 하면 바로 '하나님이시다' 라는 고백입니다. 그러므로 모세의 이러한 신앙고백인 "구원은 하나님께서 행하신다"는 진리는 이후로 태어난 다른 신앙인들에게도 동일한 신앙고백이 되며 오늘날 우리의 신앙고백이 되기도 합니다.

그러하기에 "11.여호와여 신 중에 주와 같은 자 누구니이까 주와 같이 거룩함에 영광스러우며 찬송할 만한 위엄이 있으며 기이한 일을 행하는 자 누구니이까 12.주께서 오른손을 드신즉 땅이 그들을 삼켰나이다 13.주께서 그 구속하신 백성을 은혜로 인도하시되 주의 힘으로 그들을 주의 성결한 처소에 들어가게 하시나이다"라는 찬송과 고백은 당연한 내용이 됩니다. 이는 구약성경에서 미가 7:18의 "주와 같은 신이 어디 있으리이까 주께서는 죄악을 사유하시며 그 기업의 남은 자의 허물을 넘기시며 인애를 기뻐하심으로 노를 항상 품지 아니하시나이다"라는 고백과 동일한 내용이며, 역대하 6:14절의 "가로되 이스라엘 하나님 여호와여 천지에 주와 같은 신이 없나이다 주께서는 온 마음으로 주의 앞에서 행하는 주의 종들에게 언약을 지키시고 은혜를 베푸시나이다"와 같은 내용입니다. 역시 8,018번에 걸쳐 이와 유사한 표현이 성경에 나옵니다. 즉 모세를 포함하여 성경은 계속 오직 한 진리 - "구원하실 분은 오직 하나님뿐이시다" - 를 고백하는 것입니다.

이를 일찍히 간파한 예레미야는 예레미야 3:23절에서 "작은 산들과 큰 산 위의 떠드는 무리에게 바라는 것은 참으로 허사라 이스라엘의 구원은 진실로 우리 하나님 여호와께 있나이다"라고 고백했고, 사도 요한은 종말을 바라보며 "이 일 후에 내가 들으니 하늘에 허다한 무리의 큰 음성 같은 것이 있어 가로되 할렐루야 구원과 영광과 능력이 우리 하나님께 있도다"(계 19:1)라고 기록했습니다. 이 신앙고백이 성도 여러분의 온전한 고백이 되기를 바랍니다.

또한 출애굽기 15장의 마지막 부분인 "17.주께서 백성을 인도하사 그들을 주의 기업의 산에 심으시리이다 여호와여 이는 주의 처소를 삼으시려고 예비하신 것이라 주여 이것이 주의 손으로 세우신 성소로소이다 18.여호와의 다스리심이 영원무궁하시도다 하였더라"라는 표현은, 우리가 익히 잘 아는 시편 23편을 떠올리게 합니다. "나의 평생에 선하심과 인자하심이 정녕 나를 따르리니 내가 여호와의 집에 영원히 거하리로다"(시 23:6). 이와 더불어 시편 117:2의 "우리에게 향하신 여호와의 인자하심이 크고 진실하심이 영원함이로다 할렐루야." 그리고 역대상 16:34의 "여호와께 감사하라 그는 선하시며 그 인자하심이 영원함이로다"까지, 모두 8,834번의 유사한 표현이 성경에 가득합니다.

앞에서 모세의 이 찬양과 신앙고백은 모세 이후의 다른 신앙인들에게도 동일한 찬양이요 신앙의 고백이며, 오늘날 우리의 찬양이자 신앙고백이기도 하다고 말씀드린 것을 기억할 것입니다. 그런데 이를 조금 더 객관적으로 말하면, 모세의 이 고백과 찬양은 바로 온 인류가 하나님께 마땅히 드려야 하는 찬양과 고백의 내용이라고 할 수 있는 것입니다. 왜냐하면 우리의 구원은 진정 오직 하나님께로서만 나기 때문입니다. 그러므로 '나의 구원과 영광이 하나님께 있음이여 내 힘의 반석과 피난처도 하나님께 있도다'(시 62:7)라는 고백이 여러분과 평생 함께하시기를 바랍니다.

Ⅲ. 구속사로 신앙고백적 "교훈을 전하는" 복됨

이제 두 번째의 본문인 사도행전 7:2-53절은 잘 아는 바와 같이 스데반의 설교입니다. 그런데 설교는 설교이되 결국 스데반 자신이 죽게 되는 계기가 된 설교입니다. 내용을 잘 읽어보고 그 정황을 살펴보면, 정녕 진정한 설교가 무엇이며 나아가 초대교회 성도들의 하나님의 구원역사에 대한 이해가 얼마나 크고 높았는지를 알게 됩니다. 그리고 이는 스데반 만의 것이라고 미루어 두기에는 주는 교훈과 도전이 너무도 큽니다.

그 이유는 우선, 스데반은 거창한 사역자가 아니라 구제사역을 감당하는 평범한 집사였음에도 불구하고, 자신의 신앙을 위한 탐구와 묵상에서는 가히 깊은 수준을 드러냈다는 것에 있습니다. 스데반은 구약역사의 아주 중요한 하나님의 메시지가 네 명의 인물들 - 아브라함(2-8절), 요셉(9-17절), 모세(18-44절), 그리고 다윗(45-50절)에게 집중되어 있음을 간파했습니다. 이는 무척 중요한 파악입니다. 하나님의 구원역사는 바로 구원사역에 부름받은 자들을 통해 이루어진다는 교훈을 보여주는 것입니다. 개인의 위대함의 측면이 아닌 그들의 소명에의 헌신됨이, 마치 징검다리처럼 이스라엘의 구원역사를 이어가게 했다는 통찰이 스데반의 설교에 가득합니다.

다시 말하면, 이들 네 사람 - 아브라함, 요셉, 모세 및 다윗 - 의 1차적 특징은 '하나님의 함께하심' 이었습니다. "아브라함이 갈대아 사람의 땅을 떠나 하란에 거하다가 그 아비가 죽으매 하나님이 그를 거기서 너희 시방 거하는 이 땅으로 옮기셨느라"(4절), "여러 조상이 요셉을 시기하여 애굽에 팔았더니 하나님이 저와 함께 계셔"(9절), "그 때에 모세가 났는데 하나님 보시기에 아름다운지라 ..."(20절), "다윗이 하나님 앞에서 은혜를 받아 ..."(46절). 이들을 부르신 출발도 하나님께서 하셨고, 그들의 삶과 인생과정 그리고 사역의 내용들 모두 오직 하나님의 뜻과 계획에 따라 인도함을 받아 순종하였다는 사실이 그 핵심입니다. 이는 오늘날에도 동일하게 적용됩니다. 사람의 뜻을 좇으면 자기 대代가 지나면 소멸하지만, 하나님의 뜻을 좇으면 하나님께서 그를 끝까지 책임지시고 그런 자들을 통해 하나님의 구원역사를 이어가십니다.

또 다른 이유는, 그들의 그러한 삶의 내용을 전하는 스데반 자신의 삶도 절대로 사람에게 맞추려 하지 않았다는 것에 있습니다. 그러한 그의 설교는 결국 자신을 죽게 만든 요소가 되었습니다. "51.목이 곧고 마음과 귀에 할례를 받지 못한 사람들아 너희가 항상 성령을 거스려 너희 조상과 같이 너희도 하는도다 52.너희 조상들은 선지자 중에 누구를 핍박지 아니하였느냐 의인이 오시리라 예고한 자들을 저희가 죽였고 이제 너희는 그 의인을 잡아준 자요 살인한 자가 되나니 53.너희가 천사의 전한 율법을 받고도 지키지 아니하였도다 하니라 54.저희가 이 말을 듣고 마음에 찔려 저를 향하여 이를 갈거늘"(51-54절).

존 녹스 John Knox라는 스코틀랜드의 종교개혁자도 그러했습니다. 존 녹스가 여왕 앞에서 설교할 때에 그는 여왕의 부정을 지적하며 하나님 앞에서 회개할 것을 죽음을 걸고 촉구했습니다. 그런 그를 하나님께서 인정하셔서, 그가 사역했던 때는 존재하지 않았던 한국의 교회에서 지금 그를 기억하고 있습니다. 스데반도 마찬가지입니다. 그는 죽었지만 그의 설교는 남아 있습니다. 그는 죽었어도 그의 신앙은 우리의 가슴을 울립니다. 그의 죽음이 도리어 신자인 우리가 어떻게 살아야 하는지를 더더욱 생각하게 합니다.

여기에 우리가 잘 아는 중요한 교훈적 내용이 있습니다. 살려고 하면 죽지만 죽으려고 하면 산다는 진리가 그것입니다. 대표적인 모범은 역시나 우리 주님이십니다. 한 알의 밀에 대한 주의 말씀을 상고해보기 원합니다. "24.내가 진실로 진실로 너희에게 이르노니 한 알의 밀이 땅에 떨어져 죽지 아니하면 한 알 그대로 있고 죽으면 많은 열매를 맺느니라 25.자기 생명을 사랑하는 자는 잃어버릴 것이요 이 세상에서 자기 생명을 미워하는 자는 영생하도록 보존하리라 26.사람이 나를 섬기려면 나를 따르라 나 있는 곳에 나를 섬기는 자도 거기 있으리니 사람이 나를 섬기면 내 아버지께서 저를 귀히 여기시리라"(요 12:24-26). 이 말씀은 주님께서 친히 모범을 보이신 후에, 이를 따른 사도들, 제자들 심지어 집사인 스데반에게까지 적용되고 있습니다.

구속사 설교를 듣고 배우며, 모든 마음과 생각과 행동을 오직 하나님께 맞추기를 원하는 성도 여러분 되시기를 바랍니다. 그럴 때 주께서 갚아주셔서 높여주실 것이요 그 존재의 영광됨을 다시 오실 날까지 이땅 가운데 드러내실 줄 믿습니다.

IV. 구속사에 대한 이해를 가진 신자의 부요함

하나님의 이러한 구원역사를 알고 걷는 삶은, 목적지에 대한 선명한 지도를 가지고 길을 가는 자와 같다 하겠습니다. 내가 어디를 향해 가는지, 그리고 어디쯤 가고 있는지를 알면서 가는 것입니다. 때로는 내가 어디에서 곁길로 벗어났는지, 그래서 다시 어떻게 돌아가야 하는지를 알게 해줍니다. 이는 사도 바울이 제자인 디모데에게 교훈한 "모든 성경은 하나님의 감동으로 된 것으로 교훈과 책망과 바르게 함과 의로 교육하기에 유익하니 이는 하나님의 사람으로 온전케 하며 모든 선한 일을 행하기에 온전케 하려 함이니라"(딤후 3:16-17)에서 알 수 있듯이, 성경 말씀은 우리를 바르게 가도록 하고(교훈), 때로는 벗어남을 깨닫게 해주고(책망), 바로 잡아주고(바르게 함), 마침내 그 길을 계속 가도록 하는 것(의로 교육함)과 같은 효과를 줍니다.

더운 여름이 지나면 곧 열매 맺는 가을을 지나 마침내 한 해를 마감하는 날을 맞을 것입니다. 언제나 그렇지만 우리가 매년 무엇을 위해 살고, 무엇을 하고 살며, 그리고 어디로 가는 삶을 살 것인가? 하고 물을 때에, 오늘도 가야 할 길이 명료하고 그 길의 부르심이 가슴벅차기에 묵묵히 걸어가며 부요함을 더하는 성도 여러분이 다 되시기를 간절히 소망합니다.

출애굽의 의미

"너희는 두려워 말고 가만히 서서 ..."

이제 「구속사救贖史」 설교의 두 번째 시간입니다. 이스라엘 구원역사에 있어서 아주 중요한 사건인 "출애굽의 의미"에 대해 살펴보고자 합니다.

I. 이 내용을 살피는 이유

구속사를 살피면서 이렇게 출애굽 사건부터 보는 이유는, 이 출애굽 사건이 창세 전부터 진행되어 온 하나님의 구원역사가 이스라엘에게 "가장 시각적이며 체감적"으로 드러난 사건이기 때문입니다. 말하자면 결코 부정할 수 없는 실제적 사건이었고 그것을 당사자들인 이스라엘 백성들이 구원역사의 증인으로서 생생하게 체험한 사건이었습니다.

(1) 이스라엘의 반응

이스라엘의 반응을 먼저 살펴보면 출애굽기 14:30-31절에 이렇게 기록되어 있습니다. "30.그 날에 여호와께서 이같이 이스라엘을 애굽 사람의 손에서 구원하시매 이스라엘이 바닷가의 애굽 사람의 시체를 보았더라 31.이스라엘이 여호와께서 애굽 사람들에게 베푸신 큰 일을 보았으므로 백성이 여호와를 경외하며 여호와와 그 종 모세를 믿었더라" (출 14:30-31).

여기서 강조되는 표현은 그들이 "보았다 - 믿었다"입니다. 무엇을 보고 믿었습니까? 하나님께서 베푸시고 행하신 큰 일을 보았습니다. 그래서 이스라엘이 여호와를 경외하게 되었고, 또한 여호와와 여호와의 종 모세를 믿었다고 설명하고 있습니다. 그 결과로 모세가 이스라엘 백성들의 이러한 경외함과 믿음의 방향을 찬양으로 여호와께 드린 고백적 내용이 출애굽기 15장입니다. 이는 요즘 교회에서 많이 부르는 단순하고 가벼운 찬양이 아니라, 사실은 자신들이 체험한 구원역사에 대한 삶 전체, 인생 전체를 담은 신앙고백입니다.

(2) 이방의 반응

심지어 이는 이스라엘이 아닌 이방 사람들에게까지 충격과 영향을 미쳤는데, 그 대표적인 반향이 여호수아 2:9-11절에 나오는, 라합이 신앙적 결단을 내리게 된 사건입니다.

"9.말하되 여호와께서 이 땅을 너희에게 주신 줄을 내가 아노라 우리가 너희를 심히 두려워하고 이 땅 백성이 다 너희 앞에 간담이 녹나니 10.이는 너희가 애굽에서 나올 때에 여호와께서 너희 앞에서 홍해 물을 마르게 하신 일과 너희가 요단 저편에 있는 아모리 사람의 두 왕 시혼과 옥에게 행한 일 곧 그들을 전멸시킨 일을 우리가 들었음이라 11.우리가 듣자 곧 마음이 녹았고 너희의 연고로 사람이 정신을 잃었나니 너희 하나님 여호와는 상천 하지에 하나님이시니라."

라합은 출애굽 사건이 여리고 성에 미친 영향에 대하여 '그 땅 백성이 다 간담이 녹고(9절) 마음이 녹았다(11절), 심지어 정신을 잃었다(11절)'고 전해줍니다. 구원역사가 일어난 사건의 파장이 얼마나 넓고 크고 강력했던

지를 알 수 있는 대목입니다. 그 결과 라합은 자기와 가족 모두의 생명을 걸고 행동했으며, 그로 인해 이스라엘이 여리고 성을 정복하는 데 기여했던 것입니다. 때문에 라합의 고백 역시 아직 하나님께 대한 이해와 지식이 적음에도 불구하고 자신의 생명을 건 신앙고백이라고 할 수 있습니다.

따라서 구속사에 대해 출애굽의 역사로부터 접근하는 것은, 우리가 신앙을 단순히 머리로만 아는 수준이나 아니면 교회생활 자체만을 위한 이해수준이 아니라, 진정 하나님께서는 우리에게 생명을 주신 분이시기에 우리의 생명을 걸고 알고 믿어야 할 대상이시라는 고백을 갖기 원하는 것입니다.

너무 비장悲壯한가요? 우리의 신앙은 사실 비장悲壯할 필요가 있습니다. 아니 기독교 신앙은 원래 비장悲壯한 신앙입니다. 그리스도께서 십자가에 달리신 것이 기독교의 핵심이니까요. 그래서 비장한 신앙을 가진 신자들에게는 초월적인 하나님의 일이 기대되어야 합니다. 하지만 작금의 신앙은 취미나 교양 정도이거나 아니면 엔터테인먼트 수준으로 보일 때가 많습니다. 이것이 고민입니다. 물론 저도 현실을 사는 사람이지만, 마음 깊은 곳의 소망은 초월적인 하나님의 일하심을 보고 싶다는 간절함이 있습니다. 성경이 우리로 가라고 명하는 신앙은 인간의 합리적인 이해 속에 갇힌 신앙이 아니라, 진정 하나님께서 온 우주와 만물을 주관하시고 다스리신다는 진리를 믿는 신앙인 것입니다.

II. 초월적인 하나님의 역사 : 출애굽 사건의 의미 3가지

구속사의 배경이며 출발점에서 이스라엘과 심지어 이방까지 두려워 떨게 만들었던 출애굽 역사의 절정을 주목해서 살피고자 하는 이유가 여기에 있습니다. 그 내용이 출애굽기 14:13-14절입니다. "13.모세가 백성에게 이르되 너희는 두려워 말고 가만히 서서 여호와께서 오늘날 너희를 위하여 행하시는 구원을 보라 너희가 오늘 본 애굽 사람을 또 다시는 영원히 보지 못하리라 14.여호와께서 너희를 위하여 싸우시리니 너희는 가만히 있을지니라." 이것이 하나님께서 행하시는 구원의 모습입니다. 이러한 구원역사는 여기에만 있는 것이 아니고 성경 전체에 가득합니다. 그것이 때로는 이렇게 공동체적으로 나타나기도 하고, 때로는 개인적으로 나타나기도 해서 그렇지 실제로는 성경 전체가 모두 하나님의 구원역사를 보여줍니다.

이러한 "출애굽 사건 = 구원역사"의 의미를 구체적으로 생각해 보겠습니다.

(1) 먼저 "출애굽 사건 = 구원역사"는 철저하게 하나님께서 친히 주관하셨고, 그 하나님은 과거와 현재뿐 아니라 미래도 모두 주관하십니다. 출애굽기 14장에서, 하나님 당신을 지칭하시는 1인칭인 "내가"라는 주어가 4, 17, 18절 세 번 사용됩니다. 그리고 3인칭인 "여호와께서"라는 표현은 1, 8, 15, 24, 26, 30, 31절 일곱 번이나 사용됩니다. 출애굽 사건은 철저하게 하나님 계획의, 하나님 주도의 사건이었습니다. 즉 이러한 하나님의 계획과 주도의 사건은 "우리 밖에서 이루어져서 우리에게 다가온 구원(救援, salutis extra nos)"이라고 불러야 합니다. 우리 인간은 정말 대단한 것 같지만 실상은 자기 키를 한 자도 늘릴 수 없고 생명조차도 책임질 수 없는 자들일 뿐이며 우리에 대한 구원은 오직 하나님께서 우리에게 행하신 하나님의 선물입니다.

그래서 출애굽기 15장에서 모세는 그러한 하나님의 구원역사의 체감적이며 선언적 사건인 출애굽 사건에 대해, 하나님의 행하심이라는 관점에서 이렇게 찬양합니다. "...내가 여호와를 찬송하리니 그는 높고 영화로우심이요 말과 그 탄 자를 바다에 던지셨음이로다"(1절하) "그가 바로의 병거와 그 군대를 바다에 던지시니 그 택한 장관이 홍해에 잠겼고 큰 물이 그들을 덮으니 그들이 돌처럼 깊음에 내렸도다"(4-5절) "주의 콧김에 물이 쌓이되 파도가 언덕 같이 일어서고 큰 물이 바다 가운데 엉기니이다 대적의 말이 내가 쫓아 미쳐 탈취물을 나누리라, 내가 그들로 인하여 내 마음을 채우리라, 내가 내 칼을 빼리니 내 손이 그들을 멸하리라 하였으나 주께서 주의 바람을 일으키시매 바다가 그들을 덮으니 그들이 흉용한 물에 납 같이 잠겼나이다"(8-10절). 그리고 그 결국은 "주께서 그 구속하신 백성을 은혜로 인도하시되 주의 힘으로 그들을 주의 성결한 처소에 들어가게 하시나이다"(13절)로 구원에 대한 고백과 찬양입니다.

사랑하는 성도 여러분, 우리는 물론 현실 속에 살고 있고 주어진 환경에 속해 있습니다. 신앙을 가져도 넘을 수 없는 인간의 한계와 더불어, 날마다 다가오는 현실적 무게감 즉 애굽의 적들과 같은 공격 가운데 있습니다. 그러면 이러할 때 무엇을 따르고 무엇을 좇으며 의지할 것입니까? 즉 구원의 근원을 어디에 둘 것입니까? 모세는 그 질문에 대한 답을 출애굽 사건 후에 깨닫게 된 오직 한 가지 사실이요 진리에 두었습니다. "여호와는 나의 힘이요 노래시며 나의 구원이시로다 ..."(2절상). 물론 모세처럼 당장 "출애굽 사건 = 구원역사"를 체험한 입장과 우리는 다를 수 있습니다. 그러나 본질적으로는 동일합니다. 왜 그렇지요? 온 세계는 창세 전에도, 출애굽 때에도 아니 그 이후 모든 인류 역사의 흐름 속에서도 오직 주님만이 주관자로서 다스리고 계시기 때문입니다. 그러므로 우리는 이 "출애굽 사건 = 구원역사"를 보면서 더더욱 그간 흐려졌고 흔들렸던 하나님의 구원하심에 우리의 모든 초점과 집중을 다해야 할 것입니다.

(2) 두 번째로 하나님께서 행하신 "출애굽 사건 = 구원역사"의 스케일과 그 내용을 생각해보면, 그것은 인간의 상상과 이해를 초월하는 수준이며 동시에 우리의 구원 역시 인간의 이해를 뛰어넘습니다. 이는 우리의 신앙

을 작은 한계에 가둬두지 않고 무변광대한 영역으로 넓혀주는데, 우리는
보통 인간의 한계에 갇혀 자신의 이해 속에 하나님의 일하심을 담아내려
고 하다보니, 그 한계 너머의 크고 광대하신 섭리의 역사를 보지 못하는
것입니다. 그 대표적 사건이 "출애굽 사건 = 구원역사"입니다. 출애굽기
14:16절의 "지팡이를 들고 손을 바다 위로 내밀어 그것으로 갈라지게 하라 이스라엘 자손
이 바다 가운데 육지로 행하리라"의 설명은, 언어로는 들을 수 있었지만 머리로
는 상상하기 어려운 내용이었습니다. 그런데 이것이 실제로 이루어지기
를, 출애굽기 14:21-22절 "21.모세가 바다 위로 손을 내어민대 여호와께서 큰 동풍으로
밤새도록 바닷물을 물러가게 하시니 물이 갈라져 바다가 마른 땅이 된지라 22.이스라엘 자손
이 바다 가운데 육지로 행하고 물은 그들의 좌우에 벽이 되니"라고 하였습니다. 이것은
3,500년이 지난 지금까지도 인간의 이해로는 상상할 수 없는 일입니다.

그러면서 모세는 자신과 이스라엘이 보았고 체험했던 그 기이한 일에
대해 이렇게 고백합니다. "8.주의 콧김에 물이 쌓이되 파도가 언덕 같이 일어서고 큰
물이 바다 가운데 엉기니이다 9.대적의 말이 내가 쫓아 미쳐 탈취물을 나누리라, 내가 그들로
인하여 내 마음을 채우리라, 내가 내 칼을 빼리니 내 손이 그들을 멸하리라 하였으나 10.주께
서 주의 바람을 일으키시매 바다가 그들을 덮으니 그들이 흉용한 물에 납 같이 잠겼나이다"
(8-10절). 이는 단순히 어떤 사건에 대한 객관적인 관찰만이 아닙니다. 도리
어 그 사건의 주체가 누구시고 어떻게 그 일을 행하실 수 있었던가를 객관
적이면서도 동시에 철저하게 주관적으로 아주 깊이 상고한 결과입니다.
즉 이러한 일을 능히 행하실 수 있는 유일한 하나님이시기에 이러한 놀라
운 역사를 이루셨다는 신앙고백이 되는 것입니다. 그렇습니다. 여호와 하
나님께서는 만물 위에 뛰어나시고 만유를 다스리는 초월자이시기에 능히
이 일을 하실 수 있으셨고 또한 하셨던 것입니다. 그래서 그러한 하나님의
행하심에 대해 모세는 출애굽기 14:30절에서 한 단어로 집약하여 "구원救
援"이라 했고, 15장에서는 이를 찬양하기를 "여호와여 신 중에 주와 같은 자 누구

니이까 주와 같이 거룩함에 영광스러우며 찬송할 만한 위엄이 있으며 기이한 일을 행하는 자 누구니이까"(11절)라고 했던 것입니다.

사랑하는 성도 여러분, 생각해 보십시요. 여러분과 제 삶을 여기까지 이렇게 이끌어오신 분이 과연 누구십니까? 그분은 다름 아닌 창조주 하나님이십니다. 그분의 행하심이 혹 우리 자신에게는 만족스럽지 않아도 그렇게 온 우주와 세계를 질서있게 주관하심으로 우리를 오늘 여기 이 자리에 있게 하신 분이시라면, 우리의 전 삶이 향해가는 그 길 역시 분명코 신실하게 인도하실 것이라는 확신을 갖게 되지 않으시는지요?

이제 마지막으로 "출애굽 사건 = 구원역사"를 보면, 여기에 필요한 사람들은 이스라엘만이 아니라 적과 같은 애굽도 포함되어 있다는 것을 알 수 있습니다. 즉 하나님의 구원역사에는 신자들만 있는 것이 아니고 불신자나 심지어 악인들까지 포함되어 있습니다. 그러므로 결코 구원을 달콤하고 낭만적이라거나 낙관적으로 보지 말고 하나님의 일하심에 대한 진지하고 비장한 각오로 대해야 합니다. 이는 확대되기를, 우리를 어렵게 하는 사람들이나, 아니면 고난과 아픔과 상처, 그리고 사랑하는 사람의 죽음이나 떠남, 거기에 더하여 인생에서의 실패와 좌절 등도, 당시에는 보이지 않지만 내면 깊숙이 보면 깨닫게 되는 바, 모두 하나님의 구원역사 안에 포함된 당신의 소품小品들이라는 사실입니다. 이에 대한 이해를 가졌던 잠언기자는 이렇게 말합니다. "여호와께서 온갖 것을 그 쓰임에 적당하게 지으셨나니 악인도 악한 날에 적당하게 하셨느니라" (잠 16:4).

사실 "출애굽 사건 = 구원역사"에서 우리 본성은 우리에게 좋은 것이나 맞는 내용들만 보고 싶지만, 실상 하나님께서 행하시는 진정한 구원은 모든 악한 것들과 죄된 것들까지도 다 포함하되 결국 온 우주와 피조세계가 하나님의 참된 구원하심을 알게 되는 결과로 구원이 나타난다는 사실을 기억해야 합니다. 그래서 우리는 하나님의 구원역사가 우리의 입맛, 우리의 이해, 우리의 요구에 맞추어지는 것이 아니라, 더 크고 놀라운 하나님의 섭리에 따라 진행된다는 사실을 알게 되어 마침내 하나님의 전능하심 앞에 무릎꿇고 그 이끄심에 순종하게 되는 것입니다. 솔로몬은 전도서 3:11절에서 이를 "하나님이 모든 것을 지으시되 때를 따라 아름답게 하셨고 또 사람에게 영원을 사모하는 마음을 주셨느니라 그러나 하나님의 하시는 일의 시종을 사람으로 측량할 수 없게 하셨도다"라고 고백했습니다. 이 고백이 저와 여러분의 고백이요, 이해할 수 없는 삶의 어려움 속에서도 신실하신 하나님의 행하심에 대한 견고한 확신과 믿음을 굳게 하는 약속의 말씀이 되기를 바랍니다.

아브라함

"우리 조상 아브라함이 ..."

「구속사救贖史」 설교의 세 번째 시간입니다. 이스라엘 구원역사에 있어서 아주 중요한 사건인 "아브라함을 부르심"에 대해 살펴보겠습니다. 이미 출애굽기 15장과 사도행전 7장을 전체적으로 보았고 다음으로 출애굽기 14-15장을 보았기에, 이번에는 사도행전 7:2-8절을 살펴보고자 합니다. 이 내용은 스데반이 설명하는 아브라함에 대한 내용인데, 창세기 11:27-25:34절까지 나오는 내용을 자신의 관점에서 요약한 것입니다. 이는 단순한 요약으로만 볼 것은 아니고, 아브라함으로부터 약 2,000여 년 후에 태어나 유대공동체와 기독교로부터 교육받고 자란 스데반이 가졌던, 믿음의 조상 아브라함에 대한 구속사적 이해라는 측면에서 무척 중요합니다.

I. 아브라함의 구속사적 위치 - 존재감

사실 아브라함은 창세기 11장에 나타난 바벨탑에 깊이 배어 있는 세상성에 반하여, 하나님을 향해 바로 선 분기점과 같은 인물, 즉 전환을 위한 소망적 존재라고 할 수 있습니다. 에덴동산에서의 타락에 대한 하나님의 긍휼에도 불구하고 인간 안에 심겨진 죄성은 홍수 심판 이후에도 결코 소멸하지 않고, 마침내 바벨탑에서 자신들의 탑을 쌓아 하늘에 이르고자 하는 야망으로 더욱 표출되었습니다. 이에 대해 하나님께서는 언어를 흩으심으로 그들의 야망을 산산히 부수어버리셨지만, 그럼에도 불구하고 여전히 야망이 내면에 남아 죄가 왕노릇하는 인류 가운데 하나님께서 당신의 섭리를 따라 불러 세우신 아브라함은, 어두움 가운데 아주 작은 한 줄기 빛이자 신앙의 씨앗과 같은 존재였습니다. 그렇기에 믿음으로 하나님의 부르심에 응한 아브라함의 삶은, 마치 "부르심을 받은 우리는 어떻게 살 것인가?"라는 질문의 답처럼 보입니다. 때문에 사도행전 7:2-8절이 스데반에 의한 아브라함에 대한 이해요 평가라고 할 때에, 하나님의 갚으심만을 바라보고 믿음으로 반응한 아브라함을 온전히 인도하셨고 갚아주셨으며, 그것도 믿음의 조상으로 인정되게 하셨고 특별히 "...나의 벗 아브라함"(사 41:8)이라는 평가를 하셨음이 그런 근거가 되기도 합니다.

이 대목에서 사랑하는 성도 여러분, 주의 자녀로 부르심을 받은 여러분도 아브라함처럼 살아야 한다는 부담이 생기지 않으시는지요? 물론 그러기를 바라기는 하건만 실제로 우리는 아브라함과 같은 모습보다는 늘 실패하고 쓰러지기만 합니다. 그래서 아브라함에 대한 설교나 교훈은 우리를 더더욱 무력하게 합니다.

그렇기에 스데반이 제시한 아브라함에 대한 설교는 기존에 우리가 가진 모범적 존재로서의 아브라함에 대한 이해보다는 "하나님께서 부르시고 택하신 아브라함에 대한 하나님의 계속적인 인도하심"이라는 참된 신학적 이해를 열어줍니다. 즉 사도 바울이 빌립보 교회에 보낸 편지에서 계시를 따라 설명했던 바 "너희 속에 착한 일을 시작하신 이가 그리스도 예수의 날까지 이루실 줄을 우리가 확신하노라"(빌 1:6)라는 이해, 곧 하나님의 사람을 향한 하나님의 구원과 완성케 하심 - 인류역사의 필요한 자리에 두시고 감당케 하시는 섭리하심 - 에 대한 시야를 견고히 해줍니다. 앞에서 말한 우리의 무력함의 이유는 삶의 근거를 우리 자신에게 두기 때문인데, 하나님의 구원섭리에 대한 이해는 우리로 하여금 신실하신 주의 행하심을 통해 그분이 이루실 일에 대한 기대와 확신을 갖는 삶을 사는 것에 이르게 합니다. 이 설교를 통해 성도 여러분 모두 그 자리에 이르기를 소망합니다.

II. 부르심에 대한 순종 (?) 이 아닌 부르심 자체 !

아브람이 75세가 되었을 때, 이전에는 전혀 모르던 하나님께서 찾아오셔서 자신이 머물던 익숙한 곳인 갈대아 우르가 아니라 전혀 낯설고 새로운 땅으로 가라고 하셨습니다. "1.여호와께서 아브람에게 이르시되 너는 너의 본토 친척 아비 집을 떠나 내가 네게 지시할 땅으로 가라 2.내가 너로 큰 민족을 이루고 네게 복을 주어 네 이름을 창대케 하리니 너는 복의 근원이 될찌라 3.너를 축복하는 자에게는 내가 복을 내리고 너를 저주하는 자에게는 내가 저주하리니 땅의 모든 족속이 너를 인하여 복을 얻을 것이니라 하신지라 4.이에 아브람이 여호와의 말씀을 좇아 갔고 롯도 그와 함께 갔으며 아브람이 하란을 떠날 때에 그 나이 칠십 오세였더라"(창 12:1-4). 여기서 하나님의 명령대로 준행한 아브람의 행동은 그저 단순하게 새로운 땅으로 갔다는 장소적 개념만이 아닌, 그에게 익숙하던 모든 것, 즉 가족, 환경, 보장된 무엇을 모두 내려놓고 오직 하나님의 인도하심만을 좇은 귀한 순종이었습니다. 그때도 이것은 참으로 믿음이 아니고서는 따를 수 없는 부르심이었겠지만, 아마 문명이 발달하고 인간이 더 똑똑해진 것 같은 지금, 이성의 합리성이 신앙의 초월성을 압도해버린 이 시대에 이러한 부르심에 순종하기는 더 어렵지 않을까 싶습니다. 때문에 아브라함의 교훈은 부르심을 입은 신자가 가야 할 길이 무엇인가를 가르쳐줍니다.

익히 아는 바, 아브라함은 그 부르심(하나님의 뜻과 그에 합한 자신의 소명 - 감당할 바)을 따랐습니다. 그리고 그 믿음의 순종은 온 인류 역사를 새롭게 했습니다. 그래서 마태복음 1장은 구원의 세계에 속한 자들의 계보를 다루면서, 이렇게 믿음의 순종을 다한 아브라함을 '선조先祖'로 명시합니다. "1.아브라함과 다윗의 자손 예수 그리스도의 세계라." 그 영광은 인류 역사 가운데 가장 위대한 왕 다윗과, 그를 통해 예표되었으되 마침내 친히 오셔서 만왕의 왕이심을 드러내신 그리스도로 이어집니다. 즉 선대의 영광은 자손에게 있는 것입니다. 그런데 그리스도께서 오심으로 아브라함은 실로 자신이 행한 것보다 더 나은 평가를 하나님께로부터 받습니다. 이에 대한 스데반의 평가는 아브라함에 대해 그의 부르심은 철저하게 하나님 주도적인 부르심이며 아브라함은 오직 그 부르심에 대해 순종한 것이고 그에 대해 하나님께서 친히 갚아주신 것이 더 크다고 설명하고 있습니다. "3.가라사대 네 고향과 친척을 떠나 내가 네게 보일 땅으로 가라 하시니 4.아브라함이 갈대아 사람의 땅을 떠나 하란에 거하다가 그 아비가 죽으매 하나님이 그를 거기서 너희 시방 거하는 이 땅으로 옮기셨느니라." 이는 의미하는 바가 사뭇 큽니다. 강력하게 섭리역사를 이루어 가시는 하나님의 구원이 믿음의 조상에게서부터 선명히 나타나고 있는 것입니다. 우리는 그것을 인정하면서도 본성적으로 행동, 결과만을 주목하곤 합니다. 하지만 이것은 아브라함의 부르심에 대해 순종한 행위만이 아니라, 그 일을 행하신 하나님의 전체적인 구원역사를 보아야 함을 교훈하고 있습니다.

Ⅲ. 부르심에 대한 인내 (?) 가 아닌 하나님의 언약적 신실하심

아브라함이 믿음을 따라 부르심에 응한 것만이 그의 이야기의 전부가 아니었습니다. 그렇게 하나님의 부르심을 따라 가나안으로 옮긴 아브람에게는 믿음의 조상, 즉 열국의 아비인 아브라함이 되기 위해 반드시 거쳐야 할 과정이 있었는데 그것은 이미 75세에 이른 그와 아내인 사라가 하나님께서 주시겠다고 하는 언약의 자녀를 낳는 일이었습니다. 이는 이후에 한 민족으로까지 발전되게 했습니다. 물론 그 과정은 지난至難하였습니다. 진정 약속을 바라보고 믿음으로 인내하기에, 인간의 지식과 이성적 이해는 많이 부족하여 더욱 강하게 반발했고, 그 결과 사라의 몸종 하갈을 통해 낳게 된 자식 이스마엘은 이후에 두고두고 분란과 갈등의 요소가 되었습니다. 그러나 일상적으로 주목하는 내용은 인간의 나이로써는 불가능한 100세에의 출산이고, 이삭을 하나님의 명령에 따라 제물로 바치려했던 아브라함의 순종에서 절정을 맞게 됩니다.

이 내용에서도 스데반은 역시나 하나님께서 아브라함을 이끄셔서 거기에 도달하게 하셨다고 설명하고 있습니다. "6.하나님이 또 이같이 말씀하시되 그 씨가 다른 땅에 나그네 되리니 그 땅 사람이 종을 삼아 사백년 동안을 괴롭게 하리라 하시고 7.또 가라사대 종 삼는 나라를 내가 심판하리니 그 후에 저희가 나와서 이곳에서 나를 섬기리라 하시고 8.할례의 언약을 아브라함에게 주셨더니 그가 이삭을 낳아 여드레만에 할례를 행하고 이삭이 야곱을, 야곱이 우리 열 두 조상을 낳으니." 이 부분에서 스데반은, 유대인들에게는 거의 선조와 같은 존재인 위대한 믿음의 인물에 대해 결코 인간 중심이나 위인적 접근이 아닌, 철저하게 하나님의 이끄심만으로 해석하고, 구속사적 관점에서 아브라함을 재조명합니다. 즉 아브라함의 순종과 그 절정조차도 오직 하나님께서 시작하셨고 하나님께서 마침내 인도하셨던 인생이었기에 100세에 낳은 아들 이삭의 근원도 아브라함이 아니라 하나님이심을 선포하였던 것입니다. 이를 한 단어로 집약하면 "언약言約"이라고 합니다. 그런데 이 언약조차도 하나님께서 먼저 맺어주셨고 하나님께서 친히 신실하게 지키셨기에, 아브라함은 복되게도 그 수혜자가 된 것입니다. "19.하나님이 가라사대 아니라 네 아내 사라가 정녕 네게 아들을 낳으리니 너는 그 이름을 이삭이라 하라 내가 그와 내 언약을 세우리니 그의 후손에게 영원한 언약이 되리라

20.이스마엘에게 이르러는 내가 네 말을 들었나니 내가 그에게 복을 주어 생육이 중다하여 그로 크게 번성케 할지라 그가 열두 방백을 낳으리니 내가 그로 큰 나라가 되게 하려니와 21. 내 언약은 내가 명년 이 기한에 사라가 네게 낳을 이삭과 세우리라"(창 17:19-21). 따라서 우리는 스데반을 통해, 이전에 알던 아브라함을 그저 아들을 바칠 수 있었던 대단한 믿음의 소유자로서만이 아닌, 하나님께서 맺으신 언약의 신실하신 결과로 보아야 합니다.

때문에 이제 아브라함의 인생과 그 존재감을 볼 때, 하나님께서는 당신이 친히 신실하게 행하셨을 뿐 아니라 아브라함의 인생으로 하여금 하나님의 영광에 참여할 만한 수준에 도달할 수 있도록 끌어올려주셨다는 사실을 기억해야 합니다. 그리고 하나님께서 모두 하셨음에도 그로 인한 영광을 아브라함에게 모두 돌려주셨다고 할 수 있습니다. 이는 스데반의 설명에 거듭 나타납니다. "5.그러나 여기서 발 붙일 만큼도 유업을 주지 아니하시고 다만 이 땅을 아직 자식도 없는 저와 저의 씨에게 소유로 주신다고 약속하셨으며." 만약 이를 아브라함 자신이 했다고 생각하거나 우리도 우리 자신이 했다고 생각한다면 우리는 그저 그 수준에만 머물 것입니다. 하지만 하나님의 약속하심은 신실한 성취로 나타났고, 그 결실이 지금 스데반의 설교 속에서 가나안에서 하나님을 섬기는 이스라엘 백성들로 존재하고 있었습니다.

스데반의 눈을 통해 해석된 바 아브라함은 "하나님께서 행하시겠다는 약속에 철저하게 순종한 사람"이기에, 결국 믿음으로 그 성취를 보았지만 이는 모두 하나님께서 친히 행하셨던 당신의 구원역사의 모습이었던 것입니다. 신자로서 이것은 얼마나 영광스러운 일인지요! 스데반은 이것을 오늘 본문에서 수차례 선명하게 강조합니다. 2절 "영광의 하나님이 그에게 보여", 3절 "고향과 친척을 떠나 내가 네게 보일 땅으로 가라 하시니", 4절 "하나님이 그를 거기서 너희 시방 거하는 이 땅으로 옮기셨느니라", 5절 "이 땅을 아직 자식도 없는 저와 저의 씨에게 소유로 주신다고 약속하셨으며", 6절 "하나님이 또 이같이 말씀하시되", 7절 "또 가라사대 종 삼는 나라를 내가 심판하리니", 그리고 마지막 8절 "할례의 언약을 아브라함에게 주셨더니" 입니다. 즉 스데반이 아브라함에 대해 말한 내용 중 한 절도 빠짐없이 모두가 하나님께서 친히 함께하시고 인도하시고 이끌어주시고 채워주신 인생이 아브라함의 인생이었음을 말하고 있는 것입니다.

　　스데반은 아브라함이 민족의 조상이었고 또한 위대한 믿음의 사람이긴 했지만 그래도 결국 피조물일 뿐이요, 그를 부르시고 인도하신 창조주 하나님이 가장 중요하다는 것을 말하고 싶었습니다. 그것이 이 설교의 핵심입니다. 이에 대해 사도 바울은 "너희 속에 착한 일을 시작하신 이가 그리스도 예수의 날까지 이루실 줄을 우리가 확신하노라"(빌 1:6)라고 했고, 구원역사에 대해 깊이 상고하고는 "이는 만물이 주에게서 나오고 주로 말미암고 주에게로 돌아감이라 영광이 그에게 세세에 있으리로다 아멘"(롬 11:36)이라고 했습니다. 그런데 문제는 현실을 당연히 여기다보니, 현실과 사람은 눈에 들어와도 하나님의 이끄심과 섭리하심은 보지 못하는 것이 그들의 문제였습니다. 스데반의 지적에 대한 최종적 반응은 "저희가 이 말을 듣고 마음에 찔려 저를 향하여 이를 갈거늘"(행 7:54)이었습니다. 이는 단순히 스데반에 대한 유대인들의 반응만이 아니라 하나님의 백성과 교회에 대한 세상의 반응이라고 말할 수 있습니다. 다시 말해 하나님의 초월적 역사에 대한 인간의 합리적 반응과 이해인 것입니다. 신자와 교회 안에서도 그런 갈등이 있고 공격이 있습니다. 또한 앞으로도 수없이 있을 것입니다. 하지만 여전히 앞날의 막연함 가운데 방황하고 있는 청년들뿐 아니라 꽤 많은 인생의 길을 걸어온 장년들에게도 아브라함의 인생은 우리에게 잊지 말아야 할 진리를 전해줍니다. 하나님께서는 그 부르신 자들을 향한 신실한 인도하심을 결코 놓치 아니 하신다는 약속이 그것입니다. 따라서 잠언기자의 말에 귀기울이십시오. "5.너는 마음을 다하여 여호와를 의뢰하고 네 명철을 의지하지 말라 6.너는 범사에 그를 인정하라 그리하면 네 길을 지도

하시리라"(잠 3:5-6).

　　사랑하는 성도 여러분, 여러분은 신자이면서도 여전히 자신의 힘으로 살고자 하는 의지와 열정으로 살지 말고, 하나님의 손에 겸손하게 자신을 의탁하며 크신 섭리가 이끌어가심에 감사하기 바랍니다. 그리고 하나님께서 인도하심에 대한 기대와 그로 인한 확신이, 삶을 더더욱 부요하고 풍성하게 채워주는 삶이기를 축원합니다.

「구속사」 설교 _ 제4강
출15:1-18; 행7:2-53

요셉

"하나님이 저와 함께 계셔 ..."

　「구속사救贖史」 설교의 네 번째 시간으로, 이스라엘 구원역사를 다룸에 있어서 스데반이 중요하게 언급한 두 번째 인물인 "요셉"에 대해 살펴보려고 합니다. 사실 요셉 스토리는 성도라면 모두가 좋아하는 이야기입니다. 왜냐하면 요셉이 고생을 많이 했지만 결국은 애굽의 총리가 되었다는 인간적인 성공 스토리로 많이 들어왔기 때문입니다. 하지만 막상 그 과정을 조금이라도 체험해 본 사람이라면 대부분 정말 끝이 있을까 싶은 엄청난 고난 앞에 좌절하고 포기하였을 것이요, 정녕 스스로의 힘으로는 성공은 커녕 과정 자체만을 겪어내기도 힘들어 했을 것입니다.

　그러니 요셉 스토리를 성공 스토리로 들으면 더 좌절되고 더 무력해질 수밖에 없을 터인데, 원래 성경이 말씀하는 바, 요셉의 인생을 '하나님께서 이끄시고 빚으신 인생'으로 보면 전혀 이야기가 달라집니다. 하나님의 일하심이 가진 멀고 긴 계획, 그리고 그 섭리적 인도하심이 인간의 이해를 얼마나 훨씬 넘어서 있는가를 보게 되기 때문입니다. 그것은 우리가 늘 집중하는, 이미 아브라함에게서도 살폈던 것처럼 하나님의 일하심이 어떤 한 사람을 그저 한 사람으로만 대하는 것이 아닌, 그 한 사람을 통해 영향을 받고 존재감을 바르게 세워나가는 "구원을 위한 존재로서의 한 사람"
을 이해할 수 있는 길을 열어줍니다. 스데반은 그것을 잘 파악하고 있었습
니다. 그래서 요셉에 대하여 사도행전 7:9-17절까지 총 아홉 절의 설명 중
에 여덟 절을 할애하여 요셉을 이스라엘 민족 전체를 위해 부름받아 사용
된 존재로 설명합니다.

I. 요셉 인생의 고난
(9절a. "요셉을 시기하여 애굽에 팔았더니" 10절a. "그 모든 환난에서")

때문에 그러한 설명을 위한 기반과 같이 요셉의 인생에 있어서 주목하
고 강조하여 설명하는 내용이 그의 고난에 대한 내용입니다. 물론 스데반
은 단 한 절만 요셉의 고난에 대해 설명하는 데 비해, 창세기에서는 아주
많은 분량으로 세세하게 기록하고 있기에 그 고난의 내용을 들여다보고자
합니다.

(1) 형제들에게서 받은 미움
요셉은 형들에게 시기를 받아(창 37:1-11, "그 형들이 시기하되 ...") 죽을 뻔 하
다가 결국 애굽에 팔려갔습니다(창 37:18-28, "요셉을 멀리서 보고 죽이기를 꾀하여
..." "그를 이스마엘 사람들에게 팔매 ..."). 아무리 어려운 삶을 산 사람이라도 자신
을 맞아주리라 믿고 의지할 수 있는 사람은 바로 가족이요 형제일 것입니
다. 그런데 요셉에게 있어서 가장 큰 고난은 그 형제들이 자기를 시기하여
죽이려 했을 뿐 아니라 애굽에 팔아버린 장본인이라는 사실이었습니다.
그러니 요셉이 나중에 그 형제들을 용서함을 통해서 그 가족에게 돌아간
것은, 그가 이국에서 지냈던 수많은 시간동안 가족에 대한 귀향을 얼마나
그리워했을까하는 심정을 이해하는 단초가 됩니다. 하지만 이러한 일을
그 인생에 허락하신 하나님의 섭리를 여기서 생각해보면, 창세기 37장에

는 아무런 언급이 없지만 그 인생을 단련鍛鍊하시기 위한 것이라 추측할 수 있습니다. "곧 여호와의 말씀이 응할 때까지라 그 말씀이 저를 단련하였도다"(시 105:19). 바로 여기에 고난의 숨겨진 이유가 있는데, 이는 요셉 한 사람이 그저 평범한 한 사람이 아니라 하나님의 시간, 즉 '시대와 세계를 위한 존재'로 세워짐을 감당하게 하시려는 의미가 담겨 있음을 봅니다.

(2) 아버지에게는 죽은 자식이 됨(창 37:31-35, "...아비가 그를 위하여 울었더라")

두 번째로 요셉의 인생에 있어서 어려움은, 자신은 직접 그 자리에 없었지만 아버지에게 천하의 불효자가 된 것입니다. 창세기 37:34-35절에 보면 야곱은 요셉이 죽었다는 소식을 전해듣고는 "34.자기 옷을 찢고 굵은 베로 허리를 묶고 오래도록 그 아들을 위하여 애통하니 35.그 모든 자녀가 위로하되 그가 그 위로를 받지 아니하여 가로되 내가 슬퍼하며 음부에 내려 아들에게로 가리라 하고 그 아비가 그를 위하여 울었더라"라고 하면서, 아들을 위해서라면 땅 끝 아니 지옥까지라도 가겠다는 통한을 쏟아놓게 합니다. 그러니 이 사실을 알지 못했지만 요셉은 자신이 살아 있으되 죽은 자가 되는 기구崎嶇한 운명을 맞으면서 얼마나 고통스러운 삶에 직면하였을까 생각해봅니다. 그러므로 서두에서 말한 요셉 스토리는 단순한 성공담이 아니라 그 내면에 죽음보다 더한 삶이 있었음을 기억할 필요가 있습니다. 더 나아가 신자에게는 그렇게 자아가 죽어야만 하는 고난 - 직접적인 죽음은 아니지만 죽음과 같은 고난 - 이 반드시 필요하다는 하나님의 메시지이기도 합니다.

(3) 보디발 아내의 유혹으로 인한 억울한 옥살이(창 39:1-20, "요셉의 주인이 그를 잡아 옥에 넣으니 ...")

세 번째는 자신을 인정하는 주인으로부터 불충자/배신자로 오해를 사게 된 내용입니다. 형제에게는 버림받고 아버지에게는 죽은 자식으로 불효자가 되어 팔려온 이국에서, 애굽의 시위대장인 보디발의 집에서 노예로 일하게 된 요셉은 주인으로부터 인정을 받아 가정의 총무가 되었습니다. 그러나 전혀 예상하지 못했던 보디발의 아내의 유혹을 거절한 결과로, 자기를 인정해주던 주인으로부터 패역한 존재로 버림받게 된 것입니다. 특별히 가족으로부터 버림받은 자가 일터에서 인정받음은 무척 중요한 재기再起의 발판이 될 수 있건만, 그것마저 철저하게 유린蹂躪당하여 옥에 갇히게 된 것입니다. 마지막 재기의 기회조차 덧없이 사라진 순간이었습니다. 이런 일을 겪은 요셉이 단순하게 더욱 하나님만을 의지하고 신앙적 진실만을 붙잡았을 것이라고 하는 것은 겪어보지 않은 자들의 외면적 이해라고 밖에 말할 수 없습니다. 아마 요셉에게는 죽기보다 더 고통스러운 상황이었을 것입니다.

(4) 옥중에서 만난 술맡은 관원장의 망각(창 40:21-23, "술맡은 관원장이 요셉을 기억지 않고 잊었더라")

이제 요셉의 마지막 고난은 감옥에서 만난 애굽왕의 중요한 대신들인 떡 맡은 관원과 술 맡은 관원과의 만남이었습니다. 요셉이 그들의 꿈을 해석한 결과대로, 술 맡은 관원이 다시 관직에 복귀하게 됩니다. "14.당신이 득의하거든 나를 생각하고 내게 은혜를 베풀어서 내 사정을 바로에게 고하여 이 집에서 나를 건져내소서 15.나는 히브리 땅에서 끌려온 자요 여기서도 옥에 갇힐 일은 행치 아니하였나이다"(창 40:14-15)라고 탄원한 요셉의 입장으로서 술 맡은 관원은 자신의 구명을 위해 기대할 수 있는 유일한 길이었습니다. 하지만 성경은 요셉이 겪은 결과에 대해 이렇게 기록합니다. "술 맡은 관원장이 요셉을 기억하지 않고 잊었더라"(창 40:23). 인간의 어떠한 언어로 요셉의 그 절망중의 절망, 좌절 중의 좌절, 그리고 낙심중의 낙심을 표현할 수 있을까요? 그래서 그렇게 절망적이었던 요셉의 입장에 대해 시편 105편은 이렇게 적었습니다. "그 발이 착고에 상하며 그 몸이 쇠사슬에 매였으니"(시 105:18). 이 내용은 감옥에 갇힌 상황을 기록한 것뿐만 아닌, 요셉의 심정을 나타낸 것으로 보이기도 합니다.

신영복 교수의 『감옥으로부터의 사색』(돌베개, 1998)중에는 "꿈마저 징역살이"라는 글이 있습니다. 자신이 그러하였듯이, 무고하게 옥살이한 사람이라면 꿈과 생각조차 감옥 안에 갇혀있음을 알려주는 대목입니다. 바로 요셉이 그러했습니다. 단순히 고난이어서 고난이 아니라, 형제에게조차 버림받고 성실하게 일한 주인에게도, 또한 신실하게 응대한 술 맡은 관원장에게도 모두 버림받고 잊혀진 자신의 인생에 대한 그 처절한 절망이 영혼마저 "착고着錮에 상하며", "쇠사슬에 매"이게 했던 것입니다.

II. 요셉의 인생을 통해 드러내신 하나님의 섭리
─ 때가 차서 구원의 역사가 이루어지도록 (15-17절)

그렇다면 하나님께서는 왜 그러셨을까요? 이제 우리는 '아니 무슨 하나님께서 택하신 당신 백성의 인생이 그토록 죽도록 고생하고, 심지어 가족, 형제 및 주인에게 그리고 자신이 선의를 베푼 사람들까지 배신하는 일을 당하게 놓아두시는가? 라고 물어야 합니다.

세상과는 달리 원칙적으로 하늘에 속한 신자의 삶은 그렇게 인간적으로 어렵습니다. 이에 대해 앞에서 본 시편 105편의 기자가 한 말이 있습니다. "곧 여호와의 말씀이 응할 때까지라 그 말씀이 저를 단련하였도다"(시 105:19). 즉 신자가 하나님의 때와 기준 그리고 섭리에 합당하게 되기까지, 죄된 본성에서 비롯되는 인간의 시기와 욕망 그리고 자랑이 꺾이도록 하나님께서는 계속 당신의 일하심을 이어가십니다. 어떻게 보면, 아무리 그래도 그 고난의 정도와 내용들이 정말 너무하신 것 아닌가라고 항변한다 해도, 그것이 각 사람마다 정확하게 진단하시고 처방하시는 하나님의 섭리임을 인정해야 합니다. 우리는 정말 하나님의 그 큰 뜻을 다 이해할 수도, 받아들일 수도 아니 수용할 수 없을지도 모릅니다. 다만 지나고 나면 더 큰 뜻을 알게 될 것입니다. 그래서 고난조차도 은혜요 감사가 됩니다.

그래서 요셉은 그런 인생을 살았으면서도, 애굽의 총리가 되어 자기를 팔아버린 형들을 다시 만났을 때 이렇게 말합니다. "4.요셉이 형들에게 이르되 내게로 가까이 오소서 그들이 가까이 가니 가로되 나는 당신들의 아우 요셉이니 당신들이 애굽에 판 자라 5.당신들이 나를 이곳에 팔았으므로 근심하지 마소서 한탄하지 마소서 하나님이 생명을 구원하시려고 나를 당신들 앞서 보내셨나이다 6.이 땅에 이년 동안 흉년이 들었으나 아직 오년은 기경도 못하고 추수도 못할찌라 7.하나님이 큰 구원으로 당신들의 생명을 보존하고 당신들의 후손을 세상에 두시려고 나를 당신들 앞서 보내셨나니 8.그런즉 나를 이리로 보낸 자는 당신들이 아니요 하나님이시라 ..." (창 45:4-8절a).

요셉은 자신이 그저 자신 하나만이 아닌 자기의 가족과 이후로 태어날 이스라엘 민족 전체의 구원을 위한 도구인 것을 알게 되었습니다. 이 얼마나 크고 놀라운 지혜에 다다른 모습인지요! 이는 한 인생이 하나님의 부르심에 응하게 된 것이 얼마나 큰 영광이고 은혜인가가 드러난 인생 스토리입니다. 그렇기에 요셉이 이렇게 고백할 때에 그가 지난 시간 겪었던 고난은 이미 잊혀졌을 것입니다. 마치 전장에서의 영광의 상처가 자랑스러운 훈장勳章이 되는 것처럼 말입니다. 신앙이 자기 자신에게만 머물러 있을 때는 보지 못하던 세계가, 하나님의 일하심을 통해 열리게 되었습니다. 그래서 스데반은 요셉이 겪은 고난의 시간에 대해 한 절 안에 응축하여 기록하기를 "하나님이 저와 함께 계셔"(9절b)라고 아주 정확하게 요약하였으며, 요셉의 인생은 하나님께서 함께하신 인생이었다고 설명합니다.

(1) 개인이 아닌 민족적 요셉

성경에서 요셉의 인생을 설명하면서 등장했던 내용을 다시 한 번 살펴보겠습니다. "2.여호와께서 요셉과 함께하시므로 그가 형통한 자가 되어 그 주인 애굽 사람의 집에 있으니 3.그 주인이 여호와께서 그와 함께하심을 보며 또 여호와께서 그의 범사에 형통케 하심을 보았더라"(창 39:2-3); "21.여호와께서 요셉과 함께하시고 그에게 인자를 더하사 전옥에게 은혜를 받게 하시매 22.전옥이 옥중 죄수를 다 요셉의 손에 맡기므로 그 제반 사무를 요셉이 처리하고 23.전옥은 그의 손에 맡긴 것을 무엇이든지 돌아보지 아니하였으니 이는 여호와께서 요셉과 함께하심이라"(창 39:21-23). 요셉이 가장 힘들 때 하나님께서 함께하셨습니다. 하나님께서는 요셉의 고난을 통해, 요셉을 그저 단순한 한 사람이 아니라 섭리 가운데 이스라엘과 역사를 감당하는 존재로 빚어가셨고, 마침내 그를 통해 하나님의 백성인 이스라엘이 배태胚胎되었습니다.

사랑하는 성도 여러분, 여러분의 인생을 소개한다면 무엇이라 설명할 수 있는지요? 소망하기는 요셉처럼 "하나님께서 함께하시는 인생"이기를 바랍니다. 그러나 하나님께서 함께하심이 우리가 원하는 평탄한 인생은 아님을 기억하십시오. 하나님께서는 그분의 더 크신 뜻과 사명을 위해 우리를 고난에 내어주실 수도 있습니다.

(2) 아브라함 언약의 요셉에게서의 성취

이는 요셉에 대한 스데반의 설명이 가장 주목하고 있는, "야곱이 애굽으로 내려가 자기와 우리 조상들이 거기서 죽고 세겜으로 옮기워 아브라함이 세겜 하몰의 자손에게서 은으로 값주고 산 무덤에 장사되니라 하나님이 아브라함에게 약속하신 때가 가까우매 이스라엘 백성이 애굽에서 번성하여 많아졌더니"(행 7:15-17)의 내용에서 절정을 이룹니다. 여기서 "하나님이 아브라함에게 약속하신 때가 가까우매"라는 표현은, 아브라함과 맺으셨던 약속인 창세기 15:13-14의 말씀이 성취됨을 가리킵니다. "여호와께서 아브람에게 이르시되 너는 정녕히 알라 네 자손이 이방에서 객이 되어 그들을 섬기겠고 그들은 사백년 동안 네 자손을 괴롭게 하리니 그 섬기는 나라를 내가 징치할찌며 그 후에 네 자손이 큰 재물을 이끌고 나오리라". 물론 이 말씀의 결국은 모세를 통한 출애굽이지만 출出애굽을 하기 위한 입入애굽의 역사가 지금 요셉을 통해 시작됩니다.

(3) 사백 년의 시간 - 가족에서 민족으로

여기서 더욱 주목해야 할 사항이 있는데, 그렇게 요셉을 통해 시작된 입入애굽은 단순하게 기근을 피하기 위해 야곱의 자식들 곧 장차 이스라엘 민족이 될 12형제가 애굽으로 이사해 간 수준에 그치는 것이 아닙니다. 창세기 46장은 야곱 가족의 애굽행에 대해 핵심적으로 몇 명이 갔느냐에 초점을 맞추어 기록하고 있습니다. 27절, "애굽에서 요셉에게 낳은 아들이 두 명이니 야곱의 집 사람으로 애굽에 이른 자의 도합이 칠십 명이었더라"를 보면 총 70명이었음을 알 수 있습니다.

그런데 출애굽이 있던 그 날에 대한 기록을 담고 있는 출애굽기 12:37은 "이스라엘 자손이 라암셋에서 발행하여 숙곳에 이르니 유아 외에 보행하는 장정이 육십만 가량이요"라고 하면서 70명의 가족에서 60만의 민족이 되게 하신 하나님의 섭리를 보여주고 있습니다. 그 일을 가능하게 했던 사람이 요셉이었고, 스데반은 그것을 기억했던 것입니다. "... 이스라엘 백성이 애굽에서 번성하여 많아졌더니"(행 7:17하).

이는 단순하게 숫자의 문제나 가족에서 민족이 된 문제가 아니라 그 일을 행하신 하나님, 그리고 그 섭리의 역사 가운데 한 사람인 요셉을 그저 한 사람이 아니라 민족 전체, 아니 온 세계 전체처럼 여기셨던 하나님의 인도하심을 보게 되는 일입니다. 사랑하는 성도 여러분, 저와 여러분이 그렇습니다. 하나님의 백성들은 모두 그러한 존재입니다. 그러하기에 단순하고 좁게 자신을 보지 말고 주의 행하심을 보고 기대하는 성도 여러분 되시길 바랍니다. 나아가 우주적 교회로서의 자신을 보고 서로를 보고 교회를 생각하는 여러분이 되시길 소망합니다.

「구속사」 설교 _ 제5강
출15:1-18; 행7:2-53

모세 ①

"하나님 보시기에 아름다운지라"

「구속사救贖史」 설교의 다섯 번째 시간으로, 이스라엘 구원역사를 다룸에 있어서 스데반이 중요하게 다룬 세 번째 인물인 "모세"를 몇 번에 걸쳐 나누어 살피겠습니다. 이번은 모세에 대한 첫 시간으로 그의 생애 120년 중 첫 40년에 대해 살펴보려고 하는데, 이에 대해서는 사도행전 7:18-29에 다루고 있습니다.

I. 모세의 초기 40년에 대한 4가지 관점

보통 어린 시절과 젊은 시절을 회상하면서 사용되는 표현들이라면, 주변 어른들이나 부모님으로부터 귀염받다, 사랑받다, 개구지다, 풋풋하다, 꿈이 많다, 무엇인가를 시도하다, 청춘의 기대로 충만하다, 첫사랑에 울다, 포부를 이루다, 결혼하여 자녀를 낳다 등등이 있을 터인데, 모세의 인생 중에 1/3에 해당하는 40세까지의 기간에 대해서 주로 사용된 표현은 이런 것들과 상당히 거리가 있었습니다.

출애굽기 ~ 신명기는 모세가 직접 기록하였는데, 스데반에 의해 해석된 모세의 초기 40년은 4가지 동사로 특징지어집니다. 먼저 3가지 동사를 살펴보면, 첫 번째는 '버려지다'(21절, "버리운 후에 - When he was placed outside"), 두 번째는 '밀뜨려지다'(27절, "그 동무를 해하는 사람이 모세를 밀뜨려 - the other pushed Moses aside"), 그리고 세 번째는 '도주하여 나그네가 되다'(29절, "모세가 이 말을 인하여 도주하여 미디안 땅에서 나그네 되어 - When Moses heard this, he fled to Midian, where he settled as a foreigner")가 그것입니다. 그리고 이 상황들은 모두 모세 자신의 행동이되 그렇게밖에 될 수 없었던 피동(被動: 남에 의해 움직이게 된)의 상황들을 말합니다. 또한 이 상황들은 모두 모세의 인간관계 속에서 이루어진 일들입니다.

여기까지만 보면 모세의 초기 40년은 너무도 힘겨운 인생이었다고 여겨집니다. 하지만 하나님께서는 그분의 구원섭리 가운데 비밀한 당신의 일하심을 모세에게 담아두셨습니다. 스데반은 구약에서 제시된 모세의 초기 40년에 대한 평가와는 전혀 다른 평가를 내리고 있는데, 본문 20절의 "하나님 보시기에 아름다운지라"가 바로 마지막 네 번째의 특징으로서 하나님의 관점에서 본, "아름다운 인생"(20절)을 살았던 모세를 제시해줍니다. 우리는 앞의 세 가지 특징을 지나 이 마지막 네번째 특징에 도달하기 위해, 스데반이 제시한 관점들을 하나하나 좀 더 깊이 들여다보고자 합니다.

(1) 버려진 인생, 모세 (18-22절)

누군든 태어나면서부터 사랑받고 기대를 받고 싶지 않은 사람이 있겠는가마는, 역사 속에서는 종종 자신의 태어남이 기쁨이 아니고 무거움이고 안타까움이 된 경우들이 많습니다. 여러 언론, 소설, 드라마나 영화에서 다루는 내용이 그래도 역사상 우리에게 가까운 시기의 일이었다면, 성경은 우리로부터 자그마치 3,500년 이전에도 그런 일이 있었음을 모세의 경우를 통해 보여줍니다. "18.요셉을 알지 못하는 새 임금이 애굽 왕위에 오르매 19.그가 우리 족속에게 궤계를 써서 조상들을 괴롭게 하여 그 어린 아이들을 내어버려 살지 못하게 하려 할쌔 20.그 때에 모세가 났는데 하나님 보시기에 아름다운지라 그 부친의 집에서 석 달을 길리우더니 21.버리운 후에 바로의 딸이 가져다가 자기 아들로 기르매 22.모세가 애굽 사람의 학술을 다 배워 그 말과 행사가 능하더라."

이전에 요셉의 명성과 영향력이 애굽에 가득하던 때에는 유대인들이 애굽에서 비록 이방인이어도 존중을 받았지만, 하필 모세가 태어난 시기에는 존중받는 이방인이 아니라 위험한 세력으로 여김을 받고 있었습니다. 그러므로 여아女兒는 노예로 쓰려고 살려두었지만 남아男兒는 태어나자마자 죽임을 당하였던 시대였는데, 하나님을 경외하기에 지혜로웠던 유대인 산파들에 의해 모세는 태어난 직후 죽임을 당하지 않고 생존하게 되었습니다. 그러니 그의 탄생은 부모에게 기쁨이 아니라 걱정과 두려움의 요소였습니다. 그래서 부모는 생후 삼 개월만을 직접 키운 후에 그를 갈(대)상자에 담아 나일강에 버려야 했습니다(출 2:1-10).

우리는 제3자여서 모세가 처했던 시대적 상황, 민족적 처지 그리고 부모의 입장을 그래도 객관적으로 이해하면서 볼 수 있지만, 태어나 3개월밖에 되지 않은 모세의 입장에서 생각하면 버리워진 자기 인생은 참 기구崎嶇하였을 것입니다. 그럼에도 하나님의 섭리하심과 은혜를 힘입어 그를 건져낸 바로의 공주를 통해 왕궁에서 교육을 받고 자라게 됩니다. 그의 이름 "모세"의 의미가 바로 그 "건져냄"이니, 모세의 인생은 참으로 버려짐이 전제된 인생이었다고 할 수 있습니다.

(2) 밀뜨려진 인생, 모세 (23-28절)

이제 스데반이 모세의 인생에 대해 제시하는 두 번째 단어는 "밀뜨려졌다" 입니다. "밀뜨리다"는 동사의 원래 의미는 '갑자기 힘 있게 밀어 버리다' 인데, 상황적으로 보면 정말 누군가 모세를 바깥으로 밀어냈다고 말할 수 있습니다. 그 배경이 23-28절입니다. "23.나이 사십이 되매 그 형제 이스라엘 자손을 돌아볼 생각이 나더니 24.한 사람의 원통한 일 당함을 보고 보호하여 압제받는 자를 위하여 원수를 갚아 애굽 사람을 쳐 죽이니라 25.저는 그 형제들이 하나님께서 자기의 손을 빌어 구원하여 주시는 것을 깨달으리라고 생각하였으나 저희가 깨닫지 못하였더라 26.이튿날 이스라엘 사람이 싸울 때에 모세가 와서 화목시키려 하여 가로되 너희는 형제라 어찌 서로 해하느냐 하니 27.그 동무를 해하는 사람이 모세를 밀뜨려 가로되 누가 너를 관원과 재판장으로 우리 위에 세웠느냐 28.네가 어제 애굽 사람을 죽임과 같이 또 나를 죽이려느냐 하니" 라는 상황을 보면 단순히 공간적으로 밀어서 내치는 것만이 아니라, 모세가 자기 민족으로부터 밀려났다는 의미인 것을 알 수 있습니다.

모세는 자신이 비록 어릴 때 국가의 법 때문에 부모의 손에서 자랄 수 없어 애굽의 왕실에서 자라게 되었지만 그래도 분명히 이스라엘 사람임을 인식하고 있었고, 그렇기에 자기 민족에 대한 애정을 가지고 있었음에 틀림없습니다. 따라서 "24.한 사람의 원통한 일 당함을 보고 보호하여 압제받는 자를 위하여 원수를 갚아 애굽 사람을 쳐 죽이니라"와 같이, (자기 입장에서는) 자기 민족을 위한 의로운 행동을 했던 것입니다. 그런데 막상 그들의 반응은 전혀 달랐습니다. "27.그 동무를 해하는 사람이 모세를 밀뜨려 가로되 누가 너를 관원과 재판장으로 우리 위에 세웠느냐 28.네가 어제 애굽 사람을 죽임과 같이 또 나를 죽이려느냐 하니" 라는 오해 아닌 오해를 받습니다. 그 결과가 모세에게는 참혹했습니다. 즉 애굽 왕실에서 자랐으나 애굽인이 아니요 같은 동족에게 호의를 베풀어도 동족으로 인정받지 못하는, '회색분자' 가 되어버린 자기 자신만 남은 것입니다. 사실 민족 정체성이 얼마나 중요한지 한국 땅에서만 살면 잘 모릅니다. 하지만 외국에서는 이방인인 한인韓人이 가진 고민은 언제나 "내가 누군가?" 하는 것입니다. 재일교포 2세로 살아왔던 강상중 교수는 원래 가졌던 일본이름을 버리고, 본명을 쓰며 살아가고 있습니다. 그래도 그 분은 나은 편인데, 3,500년전 모세는 그러지도 못하고 자기가 속해있던 세계인 애굽과 그의 화려한 왕궁에서 밀뜨려져 어디론가로 가야만 했던 것입니다.

(3) 도주하여 나그네된 인생, 모세 (29절)

이제 세 번째 모세의 인생을 특징짓는 일이 행해지는데 바로 광야로의 도주逃走입니다. "29.모세가 이 말을 인하여 도주하여 미디안 땅에서 나그네 되어 ..."

사실 이 광야행은 이후에 예수님이나 사도 바울처럼 자신이 수련하고자 하는 의도를 가지고 스스로 가고 싶어 간 것이 아니었습니다. 이젠 더 이상 갈 곳이 없어 어쩔 수 없는 종착역으로 광야를 생각한 것이고, 그래서 밀려가듯 아니 도망가야만 살 수 있을 것 같은 두려움과 회피감, 그렇게 하지 않으면 자기가 누구인지를 몰라 죽을 것 같은 괴로움의 결과로서의 도피였습니다. 그래서 광야로 간 그는 이젠 애굽인도 히브리인도 아닌 그저 '나그네'였던 것입니다. 한동안 한 선교사가 사용하면서 유행하게 된, 유목민이라는 의미의 영어 '노마드(Nomad)'라는 표현이 있습니다. 그래서 스스로 자신을 '노마드'라고 멋지게 밝히는 분들이 많았지만, 아마도 광야 생활하던 모세가 들었으면 어이가 없어서 웃었을 것입니다. 왜냐하면 그렇게 쫓겨가서 지내던 모세의 노마드(나그네)로서의 삶은 결코 낭만적이지도 그리고 그렇게 멋지게 표현할 수도 없는, 정말 죽음 직전까지 이른 마지막 자리였을 것이요, 거기서 하나님께서 불러내시기까지 40년은 말하는 것도 잊고 문화도 잊고 지냈던 처절한 삶이었을 것이기 때문에 그렇습니다. 이렇게 말하면, 앞의 요셉에 이어 모세의 인생을 너무 안 좋게만 바라보는 것이 아닌지 모르겠습니다. 그런데 스데반을 통해서 주신 말씀을 깊이 상고해보니, 모세는 그의 인생을 그냥그냥 살아온 것이 아니라 마치 피

눈물을 찍어서 한 자 한 자 쓴 것같은 인생을 살았다는 것을 알 수 있는 것입니다. 버려지고 밀뜨려지고 그리고 마침내 광야로 도망해야 했던 것이 모세의 초기 40년이었습니다. 우리는 모세가 - 요셉도 - 결코 만만한 인생을 살지 않았고 정말 어렵다 못해 처절한 지경까지 이른 삶이었음을 볼 수 있어야 합니다. 그런데 이 모든 상황은 모세 자신이 어쩌지 못하는 피동被動적 결과임을 반드시 기억해야 합니다. 이는 모세의 인생뿐 아니라 만왕의 왕이신 하나님께서 부르신 신자의 인생이라면 반드시 가지게 되는 특징이 바로 "피동被動성"임을 보게 해줍니다.

(4) 하나님 보시기에는 아름다운 인생, 모세 (20절)

앞에서 이미 간략하게 언급했지만 스데반은 이제 마지막으로 모세의 초기 40년에 대해 표면적인 현상이 아닌 내면적이고 근원적인 동력, 근원에 대한 이해를 가지고 전혀 다른 평가를 하나 제시합니다. 이것이 모세의 초기 40년에 대한 네 번째의 특징인데, 하나님의 관점에서 본 모세에 대한 표현인 "하나님 보시기에 아름다운지라"(20절)라는 섭리적 관점이 그것입니다. 이는 모세가 기록한 출애굽기에는 기록되지 않은 내용이지요. 이것은 모세의 탄생에 대해 스데반이 가진 생각이었고 나아가 모세의 탄생 후 40년의 세월이 인간적으로는 너무나 모진 인생이었어도, 하나님의 섭리에 대한 이해의 눈으로 모세를 보았을 때는 전혀 다른 인생이었음을 증명하는 것입니다. 즉 하나님께서 모세의 태어남을 얼마나 기뻐하셨고 얼마나 아름답게 여기셨을까 하는 이해가 담겨 있습니다. 이것은 모세에게만 적용되는 해석이 아니라, 하나님의 백성들인 우리 모두에게 주어진 놀라운 소식입니다. 왜냐하면 우리는 모두 세상 속에서 세상적 관점과 사람들의 관점으로 평가받으며 그 속에 매여 살기 때문에 잘 인식하지 못하나, 그럼에도 불구하고 보이지 않는 하나님의 관점과 섭리가 우리를 둘러싸고 이끌고 있다는 아주 중요한 진리이기 때문입니다.

II. 마지막 4번째 관점으로 다시 본
모세의 40년과 우리 자신에 대한 이해

이러한 네 번째 관점으로 모세를 생각해보면 비록 그가 그렇게 처절한 초기 40년의 인생을 보냈지만, 자기 안에서는 분명하게 하나님의 관점에서 자신을 보고 자기 사명을 아는 은혜가 있었습니다. 이것이 아주 중요합니다. 왜냐하면 앞에서 살핀 세 가지의 인간적인 어려움 모두를 넘어서게 하는 능력이 거기에 있기 때문입니다. 우리는 보통 세상의 눈과 사회의 눈, 그리고 주변 사람들의 판단에 의해 자기 인생을 판단하고 규정합니다. 하지만 스데반은 모세가 하나님께서 자신을 아름답게 보셨음을 알았고 나아가 자신을 통해 이스라엘 사람들을 애굽으로부터 구원하실 것을 생각했음을 간파하였습니다. 그 증언이 "25.저는 그 형제들이 하나님께서 자기의 손을 빌어 구원하여 주시는 것을 깨달으리라고 생각하였으나 저희가 깨닫지 못하였더라" 입니다.

형제들은 깨닫지 못했지만 모세는 생각하였다고, 형제간의 영적 차이에 대해 간파해낸 스데반의 통찰은 참으로 귀합니다. 이것은 진리를 가진 자가 누릴 수 있는 복 중의 복이라고 할 수 있습니다. 수많은 사람이 성경을 가졌고 교회생활과 더불어 설교를 들건만, 세상 정신에 의해 함몰된 생각을 가지고 있으면 이러한 가르침과 진리를 절대로 깨닫지 못합니다. 그런 사람은 세상의 시각과 비교의식에 젖어 살아갈 수밖에 없습니다. 하지만 모세의 세 가지 상황을 스데반이 왜 몰랐겠습니까? 다 알았지만 스데반은 전혀 다른 네 번째 관점 즉 하나님의 관점을 가지고 있었습니다. 하나님의 마음을 알았고, 하나님의 섭리와 구원계획에 대한 관심으로 모세의 인생을 들여다보았던 것입니다.

사랑하는 성도 여러분, 여러분은 자기 인생에 대해 어떤 관점으로 바라

보시는지요? 세상이 주는 관점으로 봅니까? 아니면 하나님의 관점으로 바라봅니까? 여러분 자신뿐 아니라 여러분의 가족, 형제자매 그리고 자녀에 대해서는 어떤 관점을 가지고 바라봅니까? 간절히 소망하기는 하나님께서 모세를 바라보셨던 "하나님 보시기에 아름다운지라"(20절)라는 섭리적 관점을 가지고 모든 것을 바라보는 저와 여러분이 되기를 소망합니다.

그러나 그런 섭리적 관점이 내가 원하는 해결, 성공 그리고 유익을 주리라고는 기대하지 마시기 바랍니다. 도리어 그런 기대를 잘못 가지면 모세가 그랬던 것처럼 마음의 상처와 낭패를 맛보기가 더 쉽기에 그렇습니다. 그렇지만 우리를 부르신 하나님 그분께서 당신의 크신 뜻을 이루실 것을 믿고, 그 눈으로 자신을 바라본다면 정녕 "너희 속에 착한 일을 시작하신 이가 그리스도 예수의 날까지 이루실 줄을 우리가 확신하노라"(빌 1:6)의 고백이 여러분의 고백이 되고 삶의 지표가 될 줄 믿습니다.

그 결과로 모세가 이후에 보여준 바와 같이 에베소서 1:11-12절의 "모든 일을 그 마음의 원대로 역사하시는 자의 뜻을 따라 우리가 예정을 입어 그 안에서 기업이 되었으니 이는 그리스도 안에서 전부터 바라던 우리로 그의 영광의 찬송이 되게 하려 하심이라" 하는 말씀의 성취를 보리라 믿으며, 그러한 하늘의 복과 은혜가 넘치시길 기도합니다.

모세 ②

"사십 년이 차매"

「구속사救贖史」 설교의 여섯 번째 시간으로, 이스라엘 구원역사를 다룸에 있어서 "모세"의 생애 120년 중 '두 번째 40년'에 대해 살펴보려고 합니다. 이에 대해서 스데반은 사도행전 7:29하-30절상까지 "미디안 땅에서 나그네 되어 거기서 아들 둘을 낳으니라 사십 년이 차매"라고 아주 간단하게 설명합니다. 물론 35절까지 확장해 볼 수도 있지만, 다음 설교에서 더 심도있게 다루기 위해 짧은 본문 안에서 보려고 합니다.

모세의 두 번째 40년의 특징은 한마디로 "미디안 땅 즉 광야에서 애굽으로 하나님께 보냄 받기까지 구비具備되는 시기"라고 할 수 있습니다. 여기에도 하나님께서 주도하시는 철저한 피동被動성이 담겨 있습니다. 30절은 이렇게 시작합니다, "사십 년이 차매" 이를 보충하는 내용이 34-35절에 "그 모세를 하나님은 … 보내셨으니"라는 표현으로 설명되어 있습니다. 그러니 종합적으로 볼 때, 모세의 두 번째 40년은 보냄 받기까지 준비된 40년의 시간입니다. 그러므로 모세의 중기 40년은 달리 말하면 구속사救贖史를 살피는 데 있어서 아주 중요한 내용인 "하나님의 시간과 때"에 대해 알게 해주는 좋은 예가 될 것입니다.

I. 하나님의 때와 시간 : 시간의 주인이신 하나님

모세의 초기 40년, 즉 그렇게 버려지고 밀뜨려지고 마침내 도주하여 광야에서 나그네 되어진 모세의 인생에 대한 스데반의 관점을 담은 29절 하반절은 아주 담담하게 이렇게 기록합니다. "미디안 땅에서 나그네 되어 거기서 아들 둘을 낳으니라."

(1) 모세의 보존

이 말씀에 의지하면, 모세는 40세에서 80세까지의 40년을 아들 둘만 낳고 살았으며 (물론 출애굽기 2:22에는 게르솜에 대해서만 이야기하고 출애굽기 4:20은 아들들이라고 하는데, 사도행전 7:29은 명확하게 아들 둘이라고 합니다), 30절은 그 시기를 설명해주기를 "사십 년이 차매"라고 합니다. 영적 통찰을 가진 스데반은 모세가 버림받고 밀뜨려지고 마침내 아무 것도 없는 거친 광야로 도피한 바 되었지만, 하나님께서는 모세로 하여금 자녀를 낳음을 통해 그곳 광야에서조차도 생명이 이어지게 하셨다고 말하고 있습니다. 이는 인생이 종종 감내할 수 없을 만큼 버려진 듯하여도 하나님께서는 자녀들을 결코 죽음과 좌절에 온전히 내버려두지 않으시고 섬세한 손길로 붙드시고 인도하신다는 증거입니다. 모세는 광야에서도 하나님의 손길 가운데 보존保存되었습니다. 즉 모세는 아무것도 의지할 바 없는 광야의 나그네가 되었지만 그곳에서 그는 죽도록 내버려지지 않았고 하나님의 시간과 때를 기다리도록 준비되고, 심지어 아들들을 낳는 생명보존의 시간을 보냈음을 의미하는 것입니다.

그 본질을 간파했던 시편기자는 이렇게 노래했습니다. "1.내가 산을 향하여 눈을 들리라 나의 도움이 어디서 올꼬 2.나의 도움이 천지를 지으신 여호와에게서로다 … 7. 여호와께서 너를 지켜 모든 환난을 면케 하시며 또 네 영혼을 지키시리로다 8.여호와께서 너의 출입을 지금부터 영원까지 지키시리로다"(시 121:1-2, 7-8). 이 고백이 우리의 고백이 되기를 소망합니다.

(2) 백성의 준비

모세가 광야에서 아들 둘을 낳기까지의 시간동안 애굽에서는 어떤 일이 있었을까요? 출애굽기 2:22-25절에서는 그때를 이렇게 기록하고 있습니다. "그가 아들을 낳으매 모세가 그 이름을 게르솜이라 하여 가로되 내가 타국에서 객이 되었음이라 하였더라 여러 해 후에 애굽 왕은 죽었고 이스라엘 자손은 고역으로 인하여 탄식하며 부르짖으니 그 고역으로 인하여 부르짖는 소리가 하나님께 상달한지라 하나님이 그 고통 소리를 들으시고 아브라함과 이삭과 야곱에게 세운 그 언약을 기억하사 이스라엘 자손을 권념하셨더라." 모세가 광야에서 머무는 시간동안 모세를 죽이려던 애굽왕이 죽었고, 이 죽음으로 모세의 과거는 청산되었습니다. 하지만 이스라엘 민족은 고역苦役으로 인해 노예로서의 일들이 더 힘들어지자 애굽의 삶에 만족하지 못하게 되면서, 절대자이신 하나님을 의지하는 모습이 더욱 깊어졌고 이전보다 더 하나님께 간구하였다고 말합니다. 백성들도 역시 준비準備되고 있었던 것입니다.

역사적 배경을 살펴보았을 때, 그동안 이스라엘 민족이 요셉 덕분에 애굽에서 잘 지내왔음을 기억해낼 필요가 있습니다. 그런데 왕들이 바뀌고 그늘과 같은 요셉의 영향력이 없어지자 그들의 삶은 점점 각박해졌고 더 힘겨운 일상으로 인해 현실에서 자신들을 구원해주실 하나님께 대한 간절함이 더하여졌던 것입니다. 애굽을 통해 400년간 보존되었던 그들은 지금, 애굽으로부터의 구원에 대한 갈망이 커져 있었습니다.

3,500년이 지난 지금, 스데반을 통해 그 때를 들여다보는 우리는 놀라운 역사적 사실을 보게 됩니다. 그들이 그렇게 힘들 때 미디안 광야에서는 모세가 준비되고 있었고 애굽의 힘겨운 현실 가운데서 백성들도 준비되고 있었습니다. 이것은 앞에서 말한 것과 같이, 인간적인 희망이 모두 사라졌어도 신적인 희망은 온전하게 지속되고 있음을 알게 해주는 내용입니다. 우리도 마찬가지입니다. 일이 잘 되는 것만이 좋은 것이 아니라 어려움 - 더더욱 의지할 곳이 없는 백척간두의 절박함 속에 있을 때, 당장 우리는 하나님께서 버려두신 것같이 어려울지라도 실상 그때가 우리 자신으로서는 주님 앞에서 가장 진실한 시간이요, 역시나 주께서 모세를 준비시키심과 같이 우리를 위한 주의 높고 크신 뜻을 위한 진행이 있는 시간이었던 것입니다.

(3) 하나님의 때와 시간

그러면 다음 단계로 우리는 이런 질문을 하게 됩니다. 과연 그 고통의 기간은 얼마나 될까요? 이것이 이 설교의 핵심인데, 그 답은 오직 '하나님의 때가 찰 때까지' 라고 할 수 있습니다. 30절의 "사십 년이 차매"가 그 증거입니다. 이는 신약에 와서 갈라디아서 4:4절에 "때가 차매 하나님이 그 아들을 보내사 여자에게서 나게 하시고 율법 아래 나게 하신 것은" 이라고 하심으로 우리로 우리의 시간이 아닌 하나님의 시간에 대한 이해를 갖게 합니다. 사실 신앙생활 중에 가장 어려운 부분 중 하나가 하나님의 시간 개념입니다. 즉 신앙의 깊이를 알아감에 있어 중요한 내용이 무형無形인 "시간의 주인이 과연 누구인가?" 하는 문제인데, 오직 하나님만이 온 우주를 창조하셨을 뿐 아니라 우주 속에서 시간을 주관하시는 분이라는 신앙고백을 갖게 하는 일이 이 영적 시간 개념입니다.

어거스틴의 『고백록』에서 아주 중요한 고백을 들은 적이 있습니다. "당신은 우리가 당신을 향해 살도록 창조하셨으므로, 우리 마음이 당신 안에서 쉴 때까지 안식할 수 없습니다 (*quia fecisti nos ad te et inquietum est cor nostrum, donec requiescat in te.*)." 이를 시간적 개념으로 설명하면, 어거스틴은 인간에 속한 일시적이거나 찰나적인 시간에서가 아니라 하나님께 속한 영원하고 무궁한 시간에 참여함을 통해 비로소 안식할 수 있었던 것입니다. 이는 어거스틴으로부터 약 2천 년 전에 살았던 모세에게도 마찬가지였습니다. 애굽에서의 40년은 외적으로는 화려하고 모든 것이 다 있는 것 같았던 시간이었지만 정작 모세에게는 텅빈 시간이었던 데 반해서, 광야에서의 아무 것도 하지 않은 것 같은 40년은 인간으로서는 자기 인생의 1/3에 해당되어 참으로 길고 그래서 낭비같고 없어지는 것 같은 시간이었지만 사실은 하나님께서 그를 당신의 품에 안고 생명을 이어가게 하신 시간이었습니다. 다시 말하면 자신은 한 것이 없는 시간이었어도 하나님께서 채우신 시간, 즉 영적으로는 가득 채워져 있던 시간인 것입니다.

신앙이란 참으로 이러한 것입니다. 인생을 보는 눈과 관점, 그리고 그 내용을 달리하는 능력이 하나님을 바로 아는 신앙이요 믿음입니다. 모세는 인간적으로 아무 것도 한 것이 없는 것 같은 광야에서의 두 번째 40년에서 그것을 누렸습니다. 즉 믿음으로 가득찬 시간은 인간적으로는 비어 있는 것 같되 도리어 하나님께서 가득 채우신 충만의 시간인 것입니다. 할렐루야! 그러한 하나님의 보존하심과 시간성(temporality: 영원에 대하여 일시성)을 간파한 모세는 이렇게 노래했습니다. "우리의 년수가 칠십이요 강건하면 팔십이라도 그 년수의 자랑은 수고와 슬픔뿐이요 신속히 가니 우리가 날아가나이다 누가 주의 노의 능력을 알며 누가 주를 두려워하여야 할 대로 주의 진노를 알리이까 우리에게 우리 날 계수함을 가르치사 지혜의 마음을 얻게 하소서 ..." (시 90:10-12). 이것은 참으로 황금같은 지혜입니다.

Ⅱ. 하나님의 때가 차기까지 준비되어야 할 우리

이제 이러한 내용을 우리에게 적용시켜보면 좋겠습니다. 모세의 기록에는 의외로 미디안 광야의 생활에 대한 기술이 매우 적습니다. 출애굽기 2:16-4:26절까지가 그나마 그 내용을 기록하고 있는데, 해당 기간 동안의 특징적인 부분은 첫 번째, 거기서 결혼하여 자녀를 낳은 것과, 두 번째로는 양무리를 치는 일을 하며 지낸 것입니다. "모세가 그 장인 미디안 제사장 이드로의 양무리를 치더니 ..."(출 3:1상).

그렇기에 40년동안 양무리를 치면서 보낸 모세의 40년은 얼마나 지루하고 힘들었을까요? 아니 여전히 젊고 혈기가 가득한 사람이 어떻게 그렇게 길고 긴 시간을 광야에서 버틸 수 있었을까요? 라고 질문해보게 됩니다. 모세는 겸손하여 직접 하지 않은 대답을, 성경은 히브리서 기자의 입을 빌어 우리에게 알려줍니다. "그리스도를 위하여 받는 능욕을 애굽의 모든 보화보다 더 큰 재물로 여겼으니 이는 상주심을 바라봄이라 믿음으로 애굽을 떠나 임금의 노함을 무서워 아니하고 곧 보이지 아니하는 자를 보는것 같이 하여 참았으며"(히 11:26-27). 즉 유일하게 모세의 내면을 아시는 주의 말씀은 모세가 그 상주심을 바라보았기에 인내할 수 있었다고 해석해 줍니다.

『죽음의 포로수용소에서』(청아출판사, 1984)라는 책에 이런 내용이 있습니다. 아우슈비츠 포로수용소에서 살아난 빅토르 프랑클이라는 정신의학자가 자신의 경험을 통해 정립한 "로고(스)테라피(logostherapy)" 즉 죽음을 이겨낼 수 있는 힘은 자신이 살아야 하는 진정한 의미를 찾는 데 있다는 이론인데, 인간은 자기가 살아야 할 이유가 무엇인지를 알 때, 어떠한 역경이 와도 참아내고 견뎌내서 마침내 감당하게 된다는 이론입니다. 그러면서 이렇게 덧붙입니다. "진실로 필요한 것은 삶에 대한 우리들의 자세에 있어서의 근본적인 변화였다 ... 궁극적으로 삶의 의미는 삶의 문제에 대해 올바른 대답을 찾아내야 한다는 책임을 지는 것이다. 그리고 개개인의 앞에 끊임없이 놓여지는 삶의 과제를 수행해 나가는 것이다"(pp.101-2, 빅토르 프랑클).

모세에게는 그것이 있었습니다. 그리스도를 위하여 받는 능욕, 광야에서 하나님의 언약이 완성되어야 하는 당위와 그 때가 차기를 빈 손으로 기다리며 하는 행동, 사도행전 7:25절의 "저는 그 형제들이 하나님께서 자기의 손을 빌어 구원하여 주시는 것을 깨달으리라고 생각하였"다는 내용이 모세로 하여금 애굽 왕궁과는 비할 수 없이 거친 광야에서 양무리를 치며 40년을 버틸 수 있게 하는 힘이 된 것입니다. 뿐만 아니라 히브리서 11:27절의 "... 임금의 노함을 무서워 아니하고" 보이지 아니하시는 하나님을 당대 최고의 권력자인 애굽왕 바로보다 두려워하며 그분의 뜻에 합한 자가 되기를 구하였는데, 참으로 큰 교훈을 주는 태도입니다.

한동안 한국 교회는 축복과 잘됨이라는 적극적인 사고방식에 휩싸여 살았고 요즘에는 신사도 운동을 추종하면서 산다고 합니다. 하지만 그것은 진리를 흉내낸 것들일 뿐 결코 진리 자체가 아닙니다. 여러분과 제가 성도요 신자로서 구하면서 살아야 할 진정한 신앙적 내용은 진리를 앎이요 진리로 말미암아 살아감입니다. 그것의 의미를 안다면 또 한가지 구해야 할 것은 우리 각자를 불러내어 살게 하시는 하나님의 부르심과 소명을 깨달음이 되겠습니다. 즉 시대와 역사를 위해 우리로 감당토록 하시는 그 능욕凌辱과 떠남이라는 슬픔을 넘어서, 하나님의 더 큰 뜻을 드러내는 일에 자기를 드려야 하는 것입니다. 그러므로 결코 머물러 있어서는 안 됩니다. 좋고 편하고 익숙한 데 그냥 머물러 있기를 좋아해서는 안 됩니다. 정작 우리가 싸워야 할 대상은 우리 자신 속에 있는 편하고자 하는 죄된 본성입니다.

모세는 두 번째 40년에 바로 그 일을 위하여 광야에서 양무리를 치며 묵묵히, 그러나 치열하게 자기 자신과 싸웠던 것입니다. 우리도 혹 시간이 길고 힘들어도, 또한 어느날 부르시더라도 그에 순종할 자세를 동시에 갖추고 있어야 합니다. 그럴 때 우리를 이 삶 가운데로 보내시는 주의 뜻에 따라, 오직 가슴 깊이 간직했던 하나님의 뜻을 온전히 드러내는 삶을 감당할 수 있을 것이기 때문에 그렇습니다.

스데반은 그 결과 모세에 대해 이렇게 평가합니다. "34.내 백성이 애굽에서 괴로움 받음을 내가 정녕히 보고 그 탄식하는 소리를 듣고 저희를 구원하려고 내려왔노니 시방 내가 너를 애굽으로 보내리라 하시니라 35.저희 말이 누가 너를 관원과 재판장으로 세웠느냐 하며 거절하던 그 모세를 하나님은 가시나무떨기 가운데서 보이던 천사의 손을 의탁하여 관원과 속량하는 자로 보내셨으니 36.이 사람이 백성을 인도하여 나오게 하고 애굽과 홍해와 광야에서 사십 년간 기사와 표적을 행하였느니라" (행 7:34-36). 성도 여러분들도 모세의 이러한 삶을 보면서, 여러분의 삶의 자리가 지금 어디에 있든지 주께서 쓰시기에 합당에게 준비되시기를 바랍니다 !

일꾼이 너무도 필요하신 하나님은 우리가 잘 구비되면서 주의 때가 차도록 기다리십니다. 그리고 그 때가 찼을 때 주께서는 여러분을 당신의 역사 속에 드러내실 것입니다. 그때 귀히 쓰임받아 주의 역사에 참예하길 바랍니다. 그렇기에 오늘 그 때가 차도록 주만 바라며 신실하게 하루하루를 감당하는 성도 여러분 되시길 기도합니다.

모세 ③

"여호와는 ... 나의 구원이시로다"

이제 「구속사救贖史」 설교의 일곱 번째 시간으로, 이스라엘 구원역사를 다룸에 있어서, "모세"가 광야에서 80세의 나이에 감당했던 사역인 "출애굽 사건"에 대해 살펴보려고 합니다.

이를 위해서 살필 내용은 사도행전 7:30-36a의 출애굽을 위하여 모세를 부르신 내용과, 출애굽기 15:1-18 전체의 출애굽 사건 자체에 대한 내용입니다. 이를 구원사건이라고 할 때 인간은 상상할 수 없었던, 하나님께서 행하신 초월적 내용들이 전체를 채우고 있습니다. 우리의 구원과 하나님의 하나님 되심은 깊은 관계가 있는데, 그 초월적인 하나님께 대한 온전한 순종이 구원의 기쁨을 맛보는 길이 된다는 진리를 보여줍니다.

I. 80세의 모세를 부르심

모세의 초기 40년과 두 번째 40년, 즉 모세 인생 80년에 대한 이해를 지나, 이제 그 80세 된 해에 대한 내용을 다루고자 합니다. 출애굽기 3장-15

장까지는 출애굽 사건이 있었던 그해 그때의 일을 세세히 보여줍니다. 또한 출애굽기 16장-18장은 출애굽 후 두 달 반이 지난 후의 내용을, 출애굽기 19장은 석달째 이야기를 기록하고 있는데, 우리의 관심도 바로 이 부분, 모세를 부르심부터 출애굽 사건이 일어난 때까지에 두려고 합니다.

사도행전 7:30-36a에서 스데반은 하나님께서 행하신 역사적인 관점을 따라 모세의 그 40년의 시간이 다 찬 후, 이제 모세를 부르신 하나님의 신비한 역사를 섬세하게 설명합니다. 즉 미디안 광야에서 양무리를 치던 80세의 모세가 가시떨기 나무에 불이 붙었는데도 타지 않는 기이한 광경을 보게 되었고, 그곳에서 하나님의 음성을 직접 들은 사건입니다. "사십 년이 차매 천사가 시내산 광야 가시나무떨기 불꽃 가운데서 그에게 보이거늘 모세가 이 광경을 보고 기이히 여겨 알아보려고 가까이 가니 주의 소리 있어 나는 네 조상의 하나님 즉 아브라함과 이삭과 야곱의 하나님이로라 하신대 모세가 무서워 감히 알아보지 못하더라 주께서 가라사대 네 발에 신을 벗으라 너 섰는 곳은 거룩한 땅이니라 내 백성이 애굽에서 괴로움 받음을 내가 정녕히 보고 그 탄식하는 소리를 듣고 저희를 구원하려고 내려왔노니 시방 내가 너를 애굽으로 보내리라 하시니라 저희 말이 누가 너를 관원과 재판장으로 세웠느냐 하며 거절하던 그 모세를 하나님은 가시나무떨기 가운데서 보이던 천사의 손을 의탁하여 관원과 속량하는 자로 보내셨으니 이 사람이 백성을 인도하여 나오게 하고 ..." (행 7:30-36a).

(1) 떨기나무 불꽃의 신비

이 떨기나무에 붙은 불꽃은 그저 단순하게 신비하고 기이한 사건이 아니라 하나님의 초월성을 보여주는 상징이었습니다. 조금 더 설명을 덧붙이면 인간의 이해 속에 들어오실 수 없을 만큼 크신 하나님, 여하한 피조물들보다 더 크고 위대하며 놀라우신 창조주 하나님이심을, 인간의 일반적인 언어가 아니라 떨기나무에 붙은 불꽃이라는 인간 이해를 초월한 사건적 언어로 설명된 내용입니다. 종종 기독교 내에서 이런 "초월적인 사건

/언어"를 신비한 기적奇蹟이라든가 영적 체험이라고 설명하는데, 실상 이 사건은 그런 인간의 언어로도 표현할 수 없는 그 이상과 그 너머에 있는 것이라고 하는 것이 더 맞습니다. 왜냐하면 그 말씀이 주어질 때까지도 이후에 있을 출애굽의 역사가 어떻게 펼쳐지리라는 것을 모세는 상상할 수도 없었고 바로를 포함한 어떤 인간도 그것을 감히 생각할 수도 없었으니 말입니다.

(2) 모세를 부르심

그러므로 사도행전 7:30-36a을 집약하면, 그렇게 초월적으로 자신을 나타내신 하나님께서 80세가 된 당신의 종 모세로 하여금 이제는 출애굽 역사를 감당하라고 부르셨다는 내용입니다. 특히 33절의 "네 발에 신을 벗으라"는 명령이 대표적인데, 철저하게 자기 주장과 주관을 버리고 오직 부르신 자이신 하나님의 뜻에 신종信從하는 자로 서라고 하셨던 것입니다. 그래서 그에 순종한 모세가 행한 일이 무엇인가 하면, 36절a "이 사람이 백성을 인도하여 나오게 하고 …"였던 것입니다. 무력한 80세에 하나님의 부르심에 순종한 모세와 그런 모세를 통하여 이스라엘의 출애굽 역사를 이루신 하나님! 이 출애굽 역사에 '모세의 무엇'은 없었습니다.

출애굽의 결과에 대해, 출애굽기 14:31은 하나님께서 친히 주관하신 초월적 계획 가운데 역시 초월적인 방식의 부르심을 통해 되어진 "여호와께서 … 베푸신 큰 일"이라고 철저하게 기록하고 있습니다. 맞습니다. 출애굽 사건은 정말 철저하게 하나님께서 행하신 일이었습니다.

(3) 하나님의 주관과 인간의 합리적 반발

그러므로 스데반은 이 출애굽 사건에 대해 전체적인 조망을 제시하면서, 모세를 나게 하시고 버려진 후 광야의 시간까지, 그리고 때가 차매 떨기나무의 불꽃으로 불러주신 모든 역사役事가 너무도 철저하게 하나님의 주관하심 가운데 있었던 일임을 드러내고자 하였습니다. 그리고 그것을 시간의 흐름 속에서 역사적인 관점에서 치밀하게 하나하나 살펴보고 있는 것입니다.

그러면 왜 그러셨을까요? 하나님께서는 아브라함과 맺은 언약의 성취와 더불어 이스라엘의 구원을 위해 역사 속에 자신을 드러내신 "초월적이신 하나님" 앞에 우리의 인간적 지혜가 철저하게 붙들리기를 원하셨기 때문입니다. 실로 신앙은 인간이 하나님 앞에 철저하게 무릎 꿇는 일입니다. 오직 하나님의 일하심 앞에 겸손히 그리고 전적으로 자기를 내려놓는 것이지요. 이는 우리가 잘 아는 현실에서의 이해들도 마찬가지인데 그것이 바로 믿음입니다.

하지만 인간들은 원래부터 신앙에 대해 합리적으로, 그리고 자기 중심적이고 실리적으로 생각하고 계획하고 진행하려 해왔습니다. 일전에 한 기독교 언론에서 교회 재개발 해결 전문가를 인터뷰하면서 '일천번제를 세 번씩 드린 교회가 재개발로 어려움을 당하는 것을 봤기에 하나님께 기도하되 우리도 일해야 한다' 고 쓴 기사를 읽으면서 마음에 탄식이 나왔습니다. 그 기사는 신앙에 있어서 무엇이 잘못 되었는지를 알지 못하고 그저 현실적 이익을 위해 행하는 자기 이해에 함몰된 신앙 현실을 그대로 보여주었습니다. 이는 내면적으로 하나님의 영광을 위한 교회이거나 그분의 인도하심을 따라 세워져가는 교회가 아니라 그들의 계획과 필요에 하나님을 이용할 뿐인 것입니다. 그러니 2천 년 전에 그런 하나님의 영광과 주관을 알지 못하고 현실적이고 실질적인 일들에만 관심을 가진 유대인들이 스데반의 구속사적 설교에 보인 반응도 "저희가 이 말을 듣고 마음에 찔려 저를 향하여 이를 갈거늘" (행 7:54)이었음을 기억할 필요가 있습니다.

혹시 우리 안에도 그런 모습은 없는지요? 믿음의 공동체라는 교회 안에도 그런 모습은 없는지 돌아보아야 합니다. 왜 이것을 언급하는가 하면, 그렇게 인간적인 합리적 이해에 빠지고 난 후에는 결코 하나님의 일하심을 볼 수 없기 때문입니다. 신앙을 가졌는데 하나님의 일하심이 없다면 그것은 무위無爲입니다. 그러나 광야에 선 모세처럼 정말 아무 것도 드러낼 것이 없어도 하나님의 약속과 친히 일하심을 기대하며 믿음으로 갈 때 비로소 보게 될 일은 출애굽의 사건과 같은 "하나님의 구원의 역사"인 것이요, 우리의 이해와 기대를 넘어서는 창조주이시며 초월자이신 하나님의 일하심인 것입니다.

Ⅱ. 80세의 모세가 감당한 소명
- 자기 능력이 아닌 하나님의 능력과 일하심을 드러내는 것

출애굽기 15장의 찬양 시詩는 깊이 들여다보면 볼수록 출애굽 사건이 얼마나 대단한 하나님의 일하심인가를 체감하게 합니다. 합리성에 붙들린 우리의 세속적 이해가 애굽 사람들처럼 얼마나 부서져야 하는가를 보여줍니다. 그리고 그 중심에 인간에게는 철저하게 버려졌고, 밀뜨려졌으며 마침내 광야로 도주하여 나그네 되었던 모세가, 이제 80세가 되어서는 오직 하나님만을 신종信從하며 그분의 손에 철저히 붙들려 있었던 모습을 보게 되고, 이를 통해 우리도 역시 그러한 모세의 신앙을 따라가야 함을 배우게 됩니다.

출애굽기 15장은 이스라엘 백성들이 출出애굽하여 홍해를 건너는 상상도 못했던 일을 겪은 직후에, 하나님께 올려드린 찬양입니다. 따라서 1절에서 "이 때에 모세와 이스라엘 자손이 이 노래로 여호와께 노래하니 일렀으되 내가 여호와를 찬송하리니 그는 높고 영화로우심이요 말과 그 탄 자를 바다에 던지셨음이로다"라고 되어 있는 부분은, 그들의 체험이되 그 체험을 넘어선 하나님이 어떠한 분이 신가의 이해로 이어집니다. "2.여호와는 나의 힘이요 노래시며 나의 구원이시로다 ..." 이것은 이스라엘이 종 되었던 땅 애굽에서 자유자가 되게 하시려고 구원 해 내신 분이 바로 구원주救援主 하나님이시라는 고백입니다. 그런데 이는 단순한 고백 수준이 아니고 80세의 모세가 그의 삶을 통해 철저하게 깨닫 게 된 자각의 탄성이요 영적 감격의 표현입니다. 그래서 "11.여호와여 신 중에 주와 같은 자 누구니이까 주와 같이 거룩함에 영광스러우며 찬송할 만한 위엄이 있으며 기이 한 일을 행하는 자 누구니이까 12.주께서 오른손을 드신즉 땅이 그들을 삼켰나이다 13.주께 서 그 구속하신 백성을 은혜로 인도하시되 주의 힘으로 그들을 주의 성결한 처소에 들어가게 하시나이다" 라고 이어서 찬송하게 된 것입니다.

모세가 직접 경험한 일이 무엇인가요? 너무 뻔한 질문인가요? 아닙니다. 일부러 다시 질문해보는 것입니다. 그것은 모세가 이스라엘을 인도하여 먼저는 숙곳에서 발행하여 광야끝 에담에 장막을 치고 출애굽을 진행할 때에 하나님께서 낮에는 구름기둥으로, 밤에는 불기둥으로 이스라엘을 인 도하여 주신 일입니다. "낮에는 구름기둥, 밤에는 불기둥이 백성 앞에서 떠나지 아니하 니라" (출 13:22). 어떻게 이런 것을 상상할 수 있었을까요? 다음으로 바알스본 맞은편 바닷가에 장막을 쳤을 때 앞을 가로막고 있던 홍해가, 하나님 말씀 에 순종하여 모세가 지팡이를 높이 들었을 때에 갈라진 일이었습니다. "모 세가 바다 위로 손을 내어민대 여호와께서 큰 동풍으로 밤새도록 바닷물을 물러가게 하시니 물이 갈라져 바다가 마른 땅이 된지라" (출 14:21). 이를 평면만이 아닌 입체로 느껴보 면, 실로 인간의 생각과 상상을 넘어서는 일이었습니다. 앞에서 사용한 말 로 하면 출애굽의 역사는 철저하게 하나님의 초월적인 역사였습니다.

모세와 같은 우리 인간은 이러이러 하겠지라고 생각하는 수준의 한계를 가지고 출애굽하였지만, 하나님께서는 구름기둥과 불기둥으로 인도하셨 을 뿐 아니라 홍해 바닷물을 물러가게 하시고 이스라엘로 그곳을 건너가게 하신 능력과 역사, 즉 인간의 이해를 넘어서는 당신의 초월적인 역사를 통해 이스라엘을 구원救援해 내셨습니다. 이는 그리스도를 보내시되 왕으로 오시기를 바랐던 인간의 이해와는 달리, 무력하게 십자가에 달리게 하심으로 오직 그를 믿기만 하면 구원함을 얻게 하신 하나님의 방식과 상통합니다. 즉 하나님의 구원救援은 온전히 전체적인 역사요, 한 인생이 통째로 하나님께 속하고 하늘에 속하는 자가 되는 기적입니다.

그래서 출애굽 당시에 모세와 이스라엘 백성들이 하나님의 초월적 능력에 감격하고 놀라서 찬양한 내용이 "4.그가 바로의 병거와 그 군대를 바다에 던지시니 그 택한 장관이 홍해에 잠겼고 5.큰 물이 그들을 덮으니 그들이 돌처럼 깊음에 내렸도다 6. 여호와여 주의 오른손이 권능으로 영광을 나타내시니이다 여호와여 주의 오른손이 원수를 부수시니이다"(4-6절)이고, "8.주의 콧김에 물이 쌓이되 파도가 언덕 같이 일어서고 큰 물이 바다 가운데 엉기니이다 9.대적의 말이 내가 쫓아 미쳐 탈취물을 나누리라, 내가 그들로 인하여 내 마음을 채우리라, 내가 내 칼을 빼리니 내 손이 그들을 멸하리라 하였으나 10.주께서 주의 바람을 일으키시매 바다가 그들을 덮으니 그들이 흉용한 물에 납 같이 잠겼나이다"(8-10절)였습니다. 그러므로 이후로 언제든 하나님을 자신들의 이해 속에 가두려 하지 말고 오직 하나님의 하나님 되심을 생각하며 자신이 아니라 하나님만을 전적으로 의지하도록 하신 것입니다.

이 지점에서 아주 깊게 생각해야 할 것이, 이 일을 위해 자신을 다 드려섬긴 자가 80세의 모세였다는 사실입니다. 그는 자신의 인생이 이스라엘의 구원을 위해 부르심을 받았다는 것을 알았기에, 다른 곳에 눈을 돌리지 않고 온전히 그리고 철저히 하나님의 일이 드러나도록 순종했고 그 소명에 자기를 바쳤습니다. 여기서 도전을 받는 것은 우리 중에 누가 모세처럼 세상은 이해할 수 없는 하나님의 부르심 즉 소명召命에 자신을 바칠 수 있을까 하는 것입니다. 누가 어린 시절 부모로부터 버려지고, 동족으로부터 밀뜨러지고, 현실과 상황으로부터 도주할 수밖에 없어 광야에서 나그네가 되는 삶을 살 수 있을까요? 인간 본성을 가지고 있는 자라면 누구든 그런 길은 가고 싶지 않을 것입니다.

하지만 성경은 분명히 말씀하고 있습니다. 광야에 있었던 80 나이의 무력한 모세처럼 그렇게 자아가 없어질 때에만 하나님의 큰 일, 즉 구원의 역사요 출애굽의 기적을 볼 것이라는 진리를 말입니다. 이는 시간을 넘어 우리에게도 동일하게 요구됩니다. 이를 주님께서는 이렇게 말씀하셨습니다. "33.예수께서 돌이키사 제자들을 보시며 베드로를 꾸짖어 가라사대 사단아 내 뒤로 물러가라 네가 하나님의 일을 생각지 아니하고 도리어 사람의 일을 생각하는도다 하시고 34.무리와 제자들을 불러 이르시되 아무든지 나를 따라 오려거든 자기를 부인하고 자기 십자가를 지고 나를 좇을 것이니라 35.누구든지 제 목숨을 구원코자 하면 잃을 것이요 누구든지 나와 복음을 위하여 제 목숨을 잃으면 구원하리라" (막 8:33-35). 이 말씀의 구약적 모본을 우리는 모세에게서 보는 것입니다.

그러므로 이제 이러한 영적 영광의 부르심에 신종信從하며 온전히 자신을 드리는 성도 여러분이 되셔서, 참으로 구원의 역사를 목도하는 삶이요 그렇게 영광스러운 소명에 쓰임받는 인생들이 다 되시기를 소망합니다. 이를 위해 같이 기도하겠습니다.

「구속사」 설교 _ 제8강
출15:1-18; 행7:2-53

모세 ④

"애굽과 홍해와 광야에서 사십 년간"

　「구속사救贖史」 설교의 여덟 번째 시간으로, 이스라엘 구원역사를 다룸에 있어서 "모세"가 비로소 감당했던 세 번째 40년 - "출애굽 후 광야 40년"의 시간에 대해 살펴보려고 합니다. 그때가 모세의 나이 80세에서 120세까지였고, 사도행전 7:36-44절은 그때를 기록하고 있습니다. 스데반은 출애굽 후 40년간의 광야생활에 대해서 아주 자세하게 설명하지는 않지만, 그 기간에 대한 자신의 해석을 제시해줍니다. 그 해석은 광야 여정을 하나님의 관점으로 볼 수 있게 해 주는 영적으로 아주 귀한 내용입니다.

I. 모세와 이스라엘 비교

　모세와 이스라엘의 광야생활 40년에 대한 스데반의 해석은 모세와 이스라엘 백성을 비교하는 방식으로 제시되는데, 성경에 기록됨은 하나님의 평가가 그러한 것이라는 증거로 여겨집니다.

(1) 호칭적 비교

먼저 모세에 대해서는 "이 사람"(36절, 38절) "이 모세"(37절, 40절)라고 부르면서, 그저 누구를 막연히 호명하는 것이 아니라 마치 하나님께서 이사야 선지자를 통해 "... 내가 너를 구속하였고 내가 너를 지명하여 불렀나니 너는 내 것이라"(사 43:1)고 친근하게 말씀하신 것처럼 애착을 가지고 부르신 느낌이 묻어나옵니다. 스데반은 하나님께서 모세를 어떻게 생각하셨던가를 간파했고, 그분의 의향대로 여기서 모세를 다루고 있는 것입니다.

하지만 그에 비교되는 "이스라엘 자손"(37절)에 대해서는 "백성"(36절), "우리 조상들"(38-39절), "저희"(41-42절)라고 모세에게서 본 신적인 애정과 심정이 없이 그냥 건조하게 부릅니다. 그러면서 아주 은밀하면서도 객관적으로 하나님의 마음을 드러내기를 "저희를 ... 버려두셨으니"(42절)라고 하나님께서 그들에 대해 가지셨던 서운한 감정을 읽어냅니다. 특별히 42b-43절에서는 아모스 5:25-27절을 인용하여, 그들이 겉으로는 순종하는 척했지만 이중적이었던 내면의 불순종과 거절에 대해 냉철하게 다루셨음을 상기시킵니다.

하나님의 모세와 이스라엘 각각에 대한 상반된 대우(?)는 어떤 연유였겠습니까? 하나님께서는 당신께서 행하신 구원에 대해 이스라엘 백성들이 보인 반응들을 결코 기뻐하지 않으셨기 때문이라고 생각됩니다.

(2) 행실적 비교

그렇게 판단할 근거가 어디에 더 있는가 하면, 이제 스데반이 본격적으로 모세와 이스라엘의 40년 광야생활에 대해 비교하면서 말하길, 모세가 이스라엘을 출애굽하도록 인도하였을 뿐 아니라 애굽과 홍해, 광야생활 40년간 기사와 표적을 행한 자로 설명합니다(36절, "이 사람이 백성을 인도하여 나오게 하고 애굽과 홍해와 광야에서 사십 년간 기사와 표적을 행하였느니라"). 즉 모세가 이스라엘의 역사 가운데 매우 중요한 사람이었다는 평가를 내리고 있는 것입니다.

이를 집중해서 보면 스데반은 모세에 대해 40년동안 기사와 표적을 행하였다고 말하면서, 그 기간동안 모세에게서는 하나님의 능력이 한 번도 떠나지 않았음을 강조합니다. 그곳이 애굽이든, 홍해든 나아가 광야든 말입니다. 이는 상당한 의미를 담고 있습니다. 왜냐하면 하나님의 능력이 함께하였다는 표현은, 하나님께서 늘 동행하셨을 뿐만아니라 심지어 당신의 능력으로 일하도록 하셨다는 의미이기 때문입니다. 그래서 "하나님이 너희 형제 가운데서 나와 같은 선지자를 세우리라"(37절)고 기록한 신명기 18:15절의 말씀을 이해할 수 있는 것입니다. 즉 하나님 손에 붙들린 모세는 지도자였을 뿐아니라 하나님의 말씀을 전한 선지자로 여겨졌습니다. 이는 38절에서도 거듭 언급됩니다. "시내산에서 말하던 그 천사와 및 우리 조상들과 함께 광야 교회에 있었고 또 생명의 도를 받아 우리에게 주던 자가 이 사람이라." 여기서 주목할 대목은 "생명의 도道" 입니다. 신약적으로 말하면 진리요 로고스인데, 그러므로 모세는 나아가 오실 그리스도의 예표자도 되었던 것입니다.

종종 신자들이 은혜받고 여건이 괜찮으면 신앙생활도 잘 합니다. 하지만 신앙생활을 오래 했음에도 아무 것도 없이 도리어 낮아지고 무력해질 때는 종종 신앙을 내려놓기도 합니다. 하지만 모세는 그러지 않았습니다. 거의 80년간 버려지고 잊혀져 아무리 어렵고 힘들어도, 결코 자신을 내세울 수 없는 가장 처절한 밑바닥 같은 곳에서도 오직 하나님만을 붙잡았습니다. 아니 심지어 자신이 표적과 기사를 베푸는 등 능력이 출중했어도 오직 하나님의 뜻에 순종하기만을 가장 중요한 것으로 여겼습니다. 왜 그랬을까요? 그는 하나님께서 온 우주와 만물을 창조하신 분이요 생명과 화복을 주관하시는 만유의 주이심을 전 삶으로 고백하는 자였기 때문입니다. 이것이 모세의 삶을 판단하는 데 있어서 가장 핵심적인 부분입니다.

하지만 스데반은 출애굽기 32장의 사건에 대해 "39.우리 조상들이 모세에게 복종치 아니하고자 하여 거절하며 그 마음이 도리어 애굽으로 향하여 40.아론더러 이르되 우리를 인도할 신들을 우리를 위하여 만들라 애굽 땅에서 우리를 인도하던 이 모세는 어떻게 되었는지 알지 못하노라 하고 41.그 때에 저희가 송아지를 만들어 그 우상 앞에 제사하며 자기 손으로 만든 것을 기뻐하더니"(39-41절)라고 해서, 하나님을 알지 못하는 영적 무지를 부끄러워하지 않고 자기 뜻대로 행했던 이스라엘 백성들의 모습을 드러냈습니다. 그런데 이뿐 아니라, 앞에서 잠시 언급하였지만 그들의 광야생활 중에 하나님께서 명하신 제사드림에 있어서도 42하-43절의 원래 내용인 "25.이스라엘 족속아 너희가 사십년 동안 광야에서 희생과 소제물을 내게 드렸느냐 26.너희가 너희 왕 식굿과 너희 우상 기윤 곧 너희가 너희를 위하여 만들어서 신으로 삼은 별 형상을 지고 가리라 27.내가 너희를 다메섹 밖으로 사로잡혀 가게 하리라 이는 만군의 하나님이라 일컫는 여호와의 말씀이니라"(암 5:25-27)라는 아모스 선지자의 지적과 같이 진심되지 못한 형식적인 제사만을 드린 모습을 명확히 보여줍니다. 그들에게 있어서 이 모습들은 그저 자기들에게 기준을 두고 행한, 진정 만왕의 왕이시요 만주의 주이신 하나님을 바로 알지 못한 결과였던 것입니다.

II. 이스라엘은 왜 그랬을까?

이렇게 비교하면, 모세와 이스라엘 백성들이 같은 출애굽의 역사, 즉 애굽과 홍해 그리고 광야에서 동일한 기적과 표적을 체험하였건만 그들 각각의 행태는 너무도 달랐다는 역사적 진실이 명확히 보입니다. 그래서 모세와 함께 출出애굽하는 은혜를 동일하게 입은 이스라엘 백성들은 왜 그렇게 40년을 불손하게 보냈을까라는 질문이 일어납니다.

여러분은 어떻게 생각하시는지요? 앞에서 살핀 것처럼 스데반은 이를 "진심眞心"의 차이로 보았습니다. 아니 "하나님께서 구원해주신 은혜에 대한 심정적 감사의 정도" 차이라고 하는 것이 더 맞겠습니다. 그러면 성도 여러분은 어떠신가요? 여러분의 신앙은 과연 하나님이 대상인가요, 아니면 여러분 자신이 대상인가요? 아니 신자된 우리에게 어떻게 그런 질문이 있느냐고 할지 모르겠지만 다음을 살펴보면 우리 자신을 돌아보게 하는 이스라엘과 모세의 모습을 비교하여 보게 됩니다.

이스라엘을 먼저 살펴보면, 스데반은 이스라엘의 행동에 대해 가장 먼저 "우리 조상들이 모세에게 복종치 아니하고자하여 거절하며"(39절a.)라고 하면서, 하나님께서 세우신 모세를 거절하는 감정적 불순종을 가지고 있었음을 지적했습니다. 또한 이스라엘은 "그 마음이 도리어 애굽으로 향하여"(39절b.) 있었는데, 이는 출애굽하였음에도 죄된 과거를 그리워하는 본성적 심정에 붙잡혀 있었던 것입니다. 이에 더하여 출애굽 후에도 여전히 우상과 자기 손으로 만든 것을 기뻐하기까지 하였습니다(41절, "저희가 송아지를 만들어 그 우상 앞에 제사하며 자기 손으로 만든 것을 기뻐하더니"). 그뿐 아니라 이스라엘은 광야생활 40년 동안 하나님께 대하여 제대로 된 희생 제사조차 드린 적이 없었음을 스데반은 강하게 지적하였습니다. 이 모두 하나님을 섬기되 진심이 아닌 섬김을 가진 증거였던 것입니다.

이와 달리 모세는 "광야에서 우리 조상들에게 증거의 장막이 있었으니 이것은 모세에게 말씀하신 이가 명하사 저가 본 그 식대로 만들게 하신 것이라"(44절)라는 스데반의 관찰과 같이, 광야에서 회막 즉 성막을 허락받아 그것을 오직 주의 명대로 참으로 신실하게 제작하였을 뿐 아니라 거기에서 하나님과 교제하기를 기뻐하였다는 것을 알 수 있습니다. 성막 건설과 관련해서 출애굽기 40장을 보면 계속 반복되는 내용이, "모세가 그 같이 행하되 곧 여호와께서 자기에게 명하신

대로 다 행하였더라"(출 40:16)입니다. 23, 25, 27, 29절, 그리고 32절도 모두 "…여호와께서 모세에게 명하신 대로 되니라" 입니다. 이것은 진정 철저한 순종이며 그 순종의 내면에는 하나님의 구원의 은혜에 대한 진심한 감사가 영혼에 가득했던 것입니다.

(3) 신앙의 근원적 차이

그렇다면 이스라엘의 불순종 그리고 외적인 신앙과, 모세의 철저한 순종, 진심한 신앙의 근원적 차이는 무엇이었을까요? 성경은 완전한 성막이 완성되기 전인 초창기의 회막에서의 모세와 하나님과의 깊은 교제가 그 원인이라고 말합니다. "7.모세가 항상 장막을 취하여 진 밖에 쳐서 진과 멀리 떠나게 하고 회막이라 이름하니 여호와를 앙모하는 자는 다 진 바깥 회막으로 나아가며 8.모세가 회막으로 나아갈 때에는 백성이 다 일어나 자기 장막문에 서서 모세가 회막에 들어가기까지 바라보며 9.모세가 회막에 들어갈 때에 구름 기둥이 내려 회막문에 서며 여호와께서 모세와 말씀하시니 10.모든 백성이 회막문에 구름 기둥이 섰음을 보고 다 일어나 각기 장막문에 서서 경배하며 11.사람이 그 친구와 이야기함 같이 여호와께서는 모세와 대면하여 말씀하시며 모세는 진으로 돌아오나 그 수종자 눈의 아들 청년 여호수아는 회막을 떠나지 아니하니라"(출 33:7-11).

세상이 여러분을 흔들고 사람들이 무엇이라 하여도 하나님께 대한 개인적인 구원의 은혜와 감사를 잊지 마시기 바랍니다. 그리고 그것이 더욱 건강하고 아름답게 꽃피어서 교회적인 섬김과 나눔을 드러나게 하시기를 권합니다. 그러한 하나님과의 영적이며 인격적이고 내밀한 교제가 깊을 때 무엇도 여러분을 흔들 수 없을 것입니다.

III. 차이의 결과

따라서 그러한 차이의 결과가 어떻게 나타났는가 하면, 광야생활의 결과 여호수아와 갈렙을 제외한 이스라엘 백성들은 출애굽의 기적을 경험했으면서도 정작 약속의 땅에는 들어가지 못했습니다. 그 내용이 민수기 14:30-35절입니다. "여분네의 아들 갈렙과 눈의 아들 여호수아 외에는 내가 맹세하여 너희로 거하게 하리라 한 땅에 결단코 들어가지 못하리라 너희가 사로잡히겠다고 말하던 너희의 유아들은 내가 인도하여 들이리니 그들은 너희가 싫어하던 땅을 보려니와 너희 시체는 이 광야에 엎드러질 것이요 너희 자녀들은 너희의 패역한 죄를 지고 너희의 시체가 광야에서 소멸되기까지 사십년을 광야에서 유리하는 자가 되리라 너희가 그 땅을 탐지한 날수 사십일의 하루를 일년으로 환산하여 그 사십 년간 너희가 너희의 죄악을 질찌니 너희가 나의 싫어 버림을 알리라 하셨다 하라 나 여호와가 말하였거니와 모여 나를 거역하는 이 악한 온 회중에게 내가 단정코 이같이 행하리니 그들이 이 광야에서 소멸되어 거기서 죽으리라."

같은 시대 같은 곳에 있었어도 모세와 그가 맡긴 사명에 충성스러웠던 여호수아와 갈렙과 대비하여, 정작 출애굽의 주역이 되었어야 하는 이스라엘은 너무 다른 태도와 마음가짐을 가졌기에 결코 약속의 땅에 들어가지 못하고 광야에서 죽어야 했습니다. 이는 그때만의 일이 아닙니다. 1,500년이 흘러 스데반이 설교하고 있던 때에도 역시 그랬습니다. 육신을 입고 오신 우리 주님 그리스도의 십자가와 부활승천을 본 사도들과 제자들은 이전과는 전혀 다른 삶을 살았던 반면, 자신들의 과거에 가졌던 생각으로부터 자신을 돌이키려는 생각을 가지지 못했던 종교권력자들 - 대제사장과 서기관들은 여전히 인간 본성에 따라 살았고 그 기반위에 이 사건들을 받아들였습니다. 마치 과거에 자신의 조상들이 광야에서 모세가 보여준 하나님 백성의 복을 전혀 누리지 못한 채, 출애굽을 했음에도 여전히 애굽에 마음을 둔 자로 죽어가야 했던 것처럼 말입니다. 우리가 혹 광야에선 이스라엘이라면 어떻게 했어야 했고 지금 우리는 어떻게 해야 할까요?

지금도 우리는 늘 모세의 길과 이스라엘의 길이라는 선택의 기로에 놓여 있습니다. 간절히 권고하기는 사랑하는 성도 여러분, 모세의 길을 걸으십시오. 모세의 본을 따르십시오. 물론 버림받음과 광야 무명의 시절이 있겠지만 그렇게 해서 자기를 비우고 온전히 주의 뜻만을 위해 견고히 설 때, 시간이 흘러도 주께서 그것을 갚아주실 줄 믿습니다. 그리고 그 갚으심은 모세로부터 3,500년 후에 살고 있는 우리가 팔레스타인으로부터 먼 이 땅에서 그를 기억하듯이 주께서 다시 오시기까지 영원무궁할 것입니다. 그런 은혜가 여러분과 저에게 있기를 간절히 소망합니다.

「구속사」 설교 _ 제9강
출15:1-18; 행7:2-53

여호수아

"여호수아와 함께 ..."

　「구속사救贖史」 설교의 아홉 번째 시간으로, 이스라엘 구원역사 진행에 있어서 역시나 중요하게 쓰임 받은 "여호수아"에 대해 살펴보려고 합니다. 스데반은 사도행전 7:45절에서 여호수아를 소개하기를 "우리 조상들이 그것을 받아 하나님이 저희 앞에서 쫓아내신 이방인의 땅을 점령할 때에 여호수아와 함께 가지고 들어가서 다윗 때까지 이르니라"라고 하였습니다. 이 여호수아에 대한 소개는 앞에서 7:20-44절까지 다룬 모세의 소개와 비교하면 비중이 너무 작은 것 같기도 합니다. 그러나 이를 다른 한편으로 보면 스데반이 여호수아의 겸손함을 간파하고 있었다고 보입니다.

　왜냐하면 여호수아는 본인도 에브라임 지파의 두령 출신(민 13:8)이었음에도 불구하고, 모세의 시종으로 참으로 순전하고 겸손하게 행하였으되 하나님의 일인 출애굽 역사는 누구보다도 더 충성스럽고 용맹하게(민 14:6-9) 감당했기 때문입니다. 이는 성경적인 외유내강外柔內剛의 모습이며, 그렇기에 여호수아는 예수 그리스도의 예표豫表입니다. 그런데 성경적인 외유내강은 흔히 이야기하는 성품만의 문제가 아니라 신앙과 신념의 표출 방식이라고 할 수 있습니다. 즉 하나님께서 당신의 때에 당신의 방법으로 갚으신다는 영적 확신으로 인하여 겸손하게 인내하고 기다리면서 그것이 삶과 인품에 담겨지는 것입니다.

스데반의 짧은 평가 속에서 여호수아가 감당했던 두 가지 역할을 생각해보려고 합니다. 첫 번째는 하나님의 언약이 성취되도록 모세를 이어받아 출애굽의 사명을 감당한 일입니다. 여호수아는 그 사명을 위해 가나안 정복전쟁의 수행을 감당하고는 그것을 자신의 자랑이나 업적으로 여기지 않았습니다. 두 번째는 오직 공적인 신앙의 고백으로 제시함으로써 이것이 다윗의 때까지 이어져가도록 하였습니다. 스데반은 짧은 한 절의 말씀으로 이 두 가지 역할을 모두 담아내고 있습니다. "우리 조상들이 그것을 받아 하나님이 저희 앞에서 쫓아내신 이방인의 땅을 점령할 때에 여호수아와 함께 가지고 들어가서 다윗 때까지 이르니라." 이제 이 두 가지 역할에 대하여 좀 더 세부적으로 살펴보겠습니다.

I. 약속 성취의 주인공 여호수아

먼저 하나님의 언약이 성취되도록 모세를 이어받아 출애굽의 사명을 감당한 일을 살펴보도록 하겠습니다. 여호수아 1:1-4절에 보면 하나님께서 여호수아에게 직접 하신 말씀이 기록되어 있습니다. "여호와의 종 모세가 죽은 후에 여호와께서 모세의 시종 눈의 아들 여호수아에게 일러 가라사대 내 종 모세가 죽었으니 이제 너는 이 모든 백성으로 더불어 일어나 이 요단을 건너 내가 그들 곧 이스라엘 자손에게 주는 땅으로 가라 내가 모세에게 말한 바와 같이 무릇 너희 발바닥으로 밟는 곳을 내가 다 너희에게 주었노니 곧 광야와 이 레바논에서부터 큰 하수 유브라데에 이르는 헷 족속의 온 땅과 또 해 지는 편 대해까지 너희 지경이 되리라."

여기서 특별히 4절의 지명地名에 주목할 필요가 있는데, 광야와 이 레바

논에서부터 큰 하수 유브라데에 이르는 헷 족속의 온 땅과 또 해 지는 편
대해까지라는 곳은 팔레스타인, 즉 가나안 땅을 지칭합니다. 그런데 이 땅
은 여호수아가 모세를 이어받아 지도력을 발휘하게 되자 감당해야 할 지
역을 새롭게 제시하신 것이 아니고, 이미 믿음의 조상 아브라함 때부터 하
나님께서 약속하신 땅이었습니다. 창세기 15:13-16, 18-21절을 보면 "여호와
께서 아브람에게 이르시되 너는 정녕히 알라 네 자손이 이방에서 객이 되어 그들을 섬기겠고
그들은 사백년 동안 네 자손을 괴롭게 하리니 그 섬기는 나라를 내가 징치할찌며 그 후에 네
자손이 큰 재물을 이끌고 나오리라 너는 장수하다가 평안히 조상에게로 돌아가 장사될 것이
요 네 자손은 사대만에 이 땅으로 돌아 오리니 이는 아모리 족속의 죄악이 아직 관영치 아니
함이니라 하시더니 ... 그 날에 여호와께서 아브람으로 더불어 언약을 세워 가라사대 내가 이
땅을 애굽강에서부터 그 큰 강 유브라데까지 네 자손에게 주노니 곧 겐 족속과 그니스 족속과
갓몬 족속과 헷 족속과 브리스 족속과 르바 족속과 21.아모리 족속과 가나안 족속과 기르가
스 족속과 여부스 족속의 땅이니라 하셨더라" 라고 해서, 아브라함 당시에는 그곳에
사는 족속들의 이름을 따라 그 땅이 어디인가를 말하셨다면 여호수아에게
말씀하셨던 곳은 유브라데 강부터 해 지는 편 대해까지였습니다. 그곳은
아직 여호수아가 모세의 뒤를 이어 지도자가 되기 한참 전 열두 지파 중에
한 두령씩을 차출하여 정탐을 보낼 때, 에브라임 지파의 두령으로 모세의
명을 받아 가나안 땅을 정탐하고 와서 한 첫 보고인 민수기 13:27절, "모세
에게 보고하여 가로되 당신이 우리를 보낸 땅에 간즉 과연 젖과 꿀이 그 땅에 흐르고 이것은
그 땅의 실과니이다" 에서 언급한 곳이었습니다. 다시 말하면 우리가 잘 아는
"젖과 꿀이 흐르는 땅" 이라는 표현을 여호수아가 사용한 것입니다.

　물론 이 표현을 여호수아가 가장 먼저 사용한 것은 아닙니다. 출애굽기
33:3절에서 모세가 출애굽하여 갈 땅을 지칭하며 "너희로 젖과 꿀이 흐르는 땅에
이르게 하려니와 ..." 라는 표현을 사용하였는데, 이후로 민수기 13:27; 14:8;
16:13절과 신명기 6:3; 26:9, 15절 등에 사용되었습니다. 그런데 그 "젖과

꿀이 흐르는 땅"이 유브라데 강부터 해 지는 편 대해까지의 땅, 즉 비옥한 초생달이라고 부르는 가나안 땅이었던 것이지요.

그러므로 이 땅에 대한 하나님의 약속은 처음 아브라함에게 주어졌지만, 정작 그 위대한 모세도 그 땅에 들어가지 못하였으되 하나님께서 그 약속을 성취시키신 여호수아와 갈렙 만이 그 약속의 땅에 들어가게 되었던 것입니다. "모세의 보냄을 받고 땅을 탐지하고 돌아와서 그 땅을 악평하여 온 회중으로 모세를 원망케 한 사람 곧 그 땅에 대하여 악평한 자들은 여호와 앞에서 재앙으로 죽었고 그 땅을 탐지하러 갔던 사람들 중에 오직 눈의 아들 여호수아와 여분네의 아들 갈렙은 생존하니라"(민 14:36-38). 이를 뒤집어보면 여호수아와 갈렙을 제외한 출애굽 백성들은 가나안 정탐 이후 현실의 문제 앞에서 하나님의 약속에 대한 불신이 팽배해지다가 마침내 약속성취의 특권을 스스로 상실해버렸음을 보여줍니다. 그들은 같은 시간 같은 자리에 있었어도 가나안 입성이라는 약속의 성취를 볼 수 없었습니다. 평면적으로 보면 안 보이지만, 이렇게 역사를 따라 입체적으로 볼 때 인생이 뒤바뀌는 것을 생각하면 이는 참으로 의미심장합니다.

따라서 소망하기를 성도 여러분 모두가 여호수아와 갈렙과 같이 하나님께서 주신 약속의 성취를 보는 장본인이 되시기를 바랍니다. 이 말은 또한 교회가 매주일 함께 기도하는 고백과 꿈의 성취를 보는 분들이 되기를 바라는 것이기도 합니다. 우리 인생에 왜 여러 가지 변수變數들이 없겠습니까? 많습니다. 온갖 일들이 우리 인생에서 하나님의 약속이 성취되는 일을 막는 변수로 작용할 수 있지만, 약속의 땅에 들어가는 영광은 주께서 여호수아와 갈렙처럼 순전하고 충성스러운 자들에게 허락하시는 줄 믿습니다. 그렇기에 여러분의 인생 가운데 하나님의 약속이 성취되기를 소원한다면, 정녕 사람들의 마음이나 현실 그리고 자기 판단에 합한 자가 되지 말고 오직 하나님께 대하여 합한 자가 되기를 바랍니다. 뿐만 아니라 외롭고 힘들더라도 아니 아무도 이해해주지 않을지라도 하나님께 대해 합한 분들과 마음과 뜻을 함께하기를 바랍니다. 그럴 때 하나님께서 여호수아의 동지였던 갈렙에게 말씀하신 "오직 내 종 갈렙은 그 마음이 그들과 달라서 나를 온전히 좇았은즉 그의 갔던 땅으로 내가 그를 인도하여 들이리니 그 자손이 그 땅을 차지하리라"(민 14:24)는 인정을 여러분도 받으리라 확신합니다.

II. 가나안 정복전쟁 수행 및 공적 신앙고백자 여호수아

이제 두 번째로 보려는 여호수아의 수고는 약속대로 들어간 가나안의 정복전쟁을 오직 하나님의 말씀에 따라 신실하게 수행한 일이며, 나아가 자신의 공적인 신앙고백이 이스라엘 백성들, 특별히 가나안에 정착한 후손들에게 이어지게 한 일입니다. 이를 스데반은 "여호수아와 함께 가지고 들어가서 다윗 때까지 이르니라"(행 7:45절하)라고 덧붙여 말합니다.

(1) 여리고 정복

여호수아가 감당한 가나안 정복전쟁 중에 가장 특징적인 사건은 우리가 잘 아는 여리고성 함락사건입니다. 여호수아 6장에 그 사건을 이렇게 생생하게 기록하고 있습니다. "10.여호수아가 백성에게 명하여 가로되 너희는 외치지 말며 너희 음성을 들레지 말며 너희 입에서 아무 말도 내지 말라 그리하다가 내가 너희에게 명하여 외치라 하는 날에 외칠찌니라 하고 11.여호와의 궤로 성을 한 번 돌게 하니라 무리가 진에 돌아와서 진에서 자니라 … 20.이에 백성은 외치고 제사장들은 나팔을 불매 백성이 나팔 소리를 듣는 동시에 크게 소리질러 외치니 성벽이 무너져 내린지라 …"(수 6:10-11, 20).

사실 여리고성 함락사건의 핵심은 이스라엘 백성들의 "온전한 순종順從"입니다. 하나님께서 내리신 명령 앞에 인간 본성의 의심과 자기주장을 꺾고 철저하게 하나님의 일하심에 자신들을 의지한 모습이라고 할 수 있습니다.

현대 과학자들이 그 사건을 과학적으로 규명하고자, 외치는 소리의 진동이 여리고성을 무너뜨렸다고 주장하여도, 전쟁 수행에 있어서 그러한 과학적 규명만으로는 정황상 명확히 설득이 되지 않을 것입니다. 여기서는 도리어 신적 영역의 역사하심을 생각해야만 하는데, 이미 출애굽의 역사 가운데 홍해를 건넌 일 자체가 "하나님의 일하심에 대해서 철저히 순종한 일"이었음을 기억할 필요가 있습니다. "모세가 백성에게 이르되 너희는 두려워 말고 가만히 서서 여호와께서 오늘날 너희를 위하여 행하시는 구원을 보라 너희가 오늘 본 애굽 사람을 또 다시는 영원히 보지 못하리라 여호와께서 너희를 위하여 싸우시리니 너희는 가만히 있을지니라"(출 14:13-14). 그 결과는 무엇이었습니까? 인간의 이해와 상상을 초월하는 하나님의 일을 보고 체험한 것입니다. 그러므로 여호수아는 여리고성 정복을 앞두고 하나님의 뜻을 백성들에게 전하기를 "너희는 외치지 말며 너희 음성을 들레지 말며 너희 입에서 아무 말도 내지 말라" 그리고 "내가 너희에게 명하여 외치라 하는 날에 외칠찌니라"(수 6:10)라고 했으며, 그에 따라 이스라엘 백성들은 6일 동안을 철저하게 침묵하며 인간 본성적인 행동을 죽이고 오직 하나님의 일하심만을 기다렸다가 마침내 큰 소리를 외침으로 성벽을 무너뜨리는 놀라운 일을 목도하였습니다. 이것은 결국 여리고성 함락이 하나님께서 친히 행하신 일이라는 결론에 도달하게 할 뿐 아니라, 하나님의 백성들은 오직 주의 뜻을 기다리며 겸손히 침묵할 때 주의 역사가 나타나게 됨을 배우게 됩니다.

(2) 여호수아의 신앙고백

이러한 가나안 정복의 역사를 다 감당한 여호수아가 이제 나이 들어 죽음의 때를 기다리면서 한 고백이 무엇인지 여러분은 잘 아실 것입니다. "그러므로 이제는 여호와를 경외하며 성실과 진정으로 그를 섬길 것이라 너희의 열조가 강 저편과 애굽에서 섬기던 신들을 제하여 버리고 여호와만 섬기라 만일 여호와를 섬기는 것이 너희에게 좋지 않게 보이거든 너희 열조가 강 저편에서 섬기던 신이든지 혹 너희의 거하는 땅 아모리 사람의 신이든지 너희 섬길 자를 오늘날 택하라 오직 나와 내 집은 여호와를 섬기겠노라"(수 24:14-15). 보통 사람들은 인생 말년이라면 자기 공적을 이야기하느라 바쁠텐데, 심지어 모세도 못한 가나안 정복의 역사를 다 감당한 여호수아의 입에서 어떻게 하나님에 대한 찬양과 고백만 나올 수 있었을까요? 그것은 가나안 정복이 오직 하나님께서 친히 행하신 일이라는 진정한 신앙고백이 있었기 때문이요, 그렇기에 출애굽부터 가나안 정복까지를 체험한 여호수아는 이 신앙을 공적公的으로 알리고자 했던 것입니다.

그러므로 이러한 신앙고백에 대한 당시 이스라엘 백성들의 반응이 기록되기를 "백성이 대답하여 가로되 여호와를 버리고 다른 신들 섬기는 일을 우리가 결단코 하지 아니하오리니 이는 우리 하나님 여호와가 우리와 우리 열조를 인도하여 애굽땅 종 되었던 집에서 나오게 하시고 우리 목전에서 그 큰 이적들을 행하시고 우리가 행한 모든 길에서 우리의 지난 모든 백성 중에서 우리를 보호하셨음이며 여호와께서 또 모든 백성 곧 이 땅에 거하던 아모리 사람을 우리 앞에서 쫓아내셨음이라 그러므로 우리도 여호와를 섬기리니 그는 우리 하나님이심이니이다"(수 24:16-18)라고 했습니다. 할렐루야! 이러한 이스라엘 백성들의 고백이 우리의 고백이 되기 원하고 그들의 체험 신앙이 우리의 체험 신앙이 되기를 바랍니다.

물론 그들이 이미 하나님의 약속하심을 따라 젖과 꿀이 흐르는 땅 가나안에 들어왔고 그 지루한 정복전쟁을 다 마쳤기에 우리와는 다르다고 볼 수 있지만, 실제는 그렇지 않습니다. 언제고 상황은 신앙을 넘어서지 못하고 억제하지 못합니다. 오직 신앙만이 상황을 넘어서고 나아가 주의 일하심을 드러낼 수 있습니다. 그러므로 여호수아는 상황적 성취가 아닌 출애굽 역사의 전체를 하나님께서 주관하셨으며, 그분의 일하심의 결과가 출애굽과 가나안 정복으로 나타났음을 이스라엘 백성들 모두에게 각인시켜 주고자 했던 것입니다.

물론 여호수아 세대가 지난 후에 이스라엘은 사사 시대를 거치며 급속도로 신앙을 잃어갔지만, 이는 이후로 내밀하게 이어져 다윗에게로 계승됩니다. 그러한 신앙을 붙잡고 산 자들이 복됩니다. 그들은 분명코 소수요 세상의 이해 속에 담기지 않는 모습을 지닙니다. 하지만 하나님께서는 천여 년 후의 스데반으로 하여금 그들을 잊지 않고 계심을 증언하게 하셨습니다. 가장 인간적 소망이 없는 이때에 허락하신 구속사 설교를 함께 듣는 성도 여러분의 삶과 신앙 여정 역시 그러한 복과 은혜로 가득하기를 간절히 소망합니다.

「구속사」 설교 _ 제10강
출15:1-18; 행7:2-53

다윗

"다윗이 하나님 앞에서 은혜를 받아 ..."

「구속사救贖史」 설교의 열 번째 시간으로, 이스라엘 구원역사 진행에 있어서 핵심적 역할을 감당한 인물인 다윗 왕에 대해 살펴보려고 합니다. 물론 스데반이 설교하면서 다루는 사도행전 7:46의 "다윗이 하나님 앞에서 은혜를 받아 야곱의 집을 위하여 하나님의 처소를 준비케 하여 달라 하더니"는 주로 다윗이 감당하고 싶어 했던 성전 건축의 간구에 관련하여서만 다윗을 언급하지만, 실로 다윗을 살피면서는 마태복음 1장에 나오는 예수 그리스도의 계보라고 하는 전체적 조망 가운데 살피는 것이 더욱 도움이 되리라 생각합니다.

I. 예수 그리스도 계보系譜 속에서의 다윗

"1.아브라함과 다윗의 자손 예수 그리스도의 세계라 ... 17.그런즉 모든 대 수가 아브라함부터 다윗까지 열네 대요 다윗부터 바벨론으로 이거할 때까지 열네 대요 바벨론으로 이거한 후부터 그리스도까지 열네 대러라"(마 1:1-17). 마태는 유대인들을 대상으로 하여 예수 그리스도의 복음을 제시하면서, 17절에 기록하는 것처럼 그리스도의 오심을 조상 아브라함부터 다윗까지를 한 단락, 즉 열네 세대로 구분하고,

다윗부터 바벨론 이거까지 열네 세대 그리고 그로부터 예수 그리스도까지 열네 세대로 구분하여 총 42세대로 설명합니다. 정말 아브라함부터 그리스도까지 딱 42대 손孫만 있었느냐 하면 그렇지는 않습니다. 그런데 왜 열네 대로 구분했는가 하면, 다윗(דוד)이라는 히브리어 이름은 각각의 글자마다 숫자 값을 가지는 히브리어 글자 ד(4), ו(6), ד(4)으로 쓰는데, 그 숫자를 모두 더하면 4+6+4=14가 됩니다. 마태는 그리스도의 계보를 쓰면서 그리스도가 아브라함으로부터 다윗의 자손이면서 동시에 다윗 왕을 계승한 왕으로 오신 분이라는 것을 나타낼 의도로 열네 대를 강조했다고 할 수 있습니다.

무슨 말인가 하면, 이스라엘에서 아브라함은 이스라엘의 조상이지만 다윗은 이스라엘 역사상 가장 찬란한 영광의 왕으로서, 그리스도의 예표豫表요, 나아가 다시 오실 영광스러운 왕 중의 왕이 바로 그리스도이시라는 증거인 것입니다. 이는 야곱의 축복기도라고 불리는 창세기 49:10에 잘 나와 있는 예언입니다. "홀(笏: scepter)이 유다를 떠나지 아니하며 치리자의 지팡이가 그 발 사이에서 떠나지 아니하시기를 실로가 오시기까지 미치리니 그에게 모든 백성이 복종하리로다." 이 예언은 실제로 유다지파인 다윗에게서 이루어지고 후에는 다윗의 자손이신 그리스도에게서 결국 성취됩니다. 그것이 마태복음 1:1절의 "아브라함과 다윗의 자손 예수 그리스도의 세계라"는 선언적 설명입니다. 그리고 성경의 가장 마지막 장인 요한계시록에 이르러서는 다시 오실 만왕의 왕이신 그리스도를 예언하는 내용까지 연결됩니다. "나 예수는 교회들을 위하여 내 사자를 보내어 이것들을 너희에게 증거하게 하였노라 나는 다윗의 뿌리요 자손이니 곧 광명한 새벽별이라 하시더라"(계 22:16).

II. 스데반이 주목한 하나님께 대한 다윗의 진심

이렇게 이스라엘 전체 역사 속에서 온 우주의 왕이신 예수 그리스도를 예표하였던 통일 이스라엘의 왕 다윗의 위치와 비중이 너무도 중요함에도 불구하고, 스데반은 사도행전 7:46절에서 "다윗이 하나님 앞에서 은혜를 받아 야곱의 집을 위하여 하나님의 처소를 준비케 하여 달라 하더니"라고 다윗의 존재감을 하나님의 처소를 위하여 간구했던 자였다고만 평가합니다. 어떻게 보면 너무 비중이 적은 것 같습니다.

하지만 자세히 보면 스데반은 자신의 관점을 다윗 자체의 위대함이 아니라 하나님의 구원역사 속에서 모범이 된 다윗에 두었던 것입니다. 그리고 그 모범은 다른 무엇보다도 하나님의 영광을 위한 전심全心이라는 것을 간파하여 하나님의 전殿을 위한 전심으로 표현한 것입니다. 이는 스데반의 대단한 영적 통찰입니다. 실제로 다윗은 자신의 심정을 이 부분에서 가장 찬란하게 드러내었기 때문이지요.

(1) 사울을 왕으로 세우신 것에 대한 하나님의 후회와 그 대안으로써 다윗의 왕위 계승

이스라엘의 첫 번째 왕이었던 사울은 왕이 되고난 후 시간이 지나면서 하나님 중심의 통치보다는 인간 중심적인 통치를 하였습니다. 그 내용이 사무엘상 14:52절에 간략하게 잘 설명됩니다. "사울의 사는 날 동안에 블레셋 사람과 큰 싸움이 있었으므로 사울이 힘 있는 자나 용맹 있는 자를 보면 그들을 불러 모았더라." 그래서 사울 왕 하면 그 결말이 하나님의 후회로 나타납니다. "내가 사울을 세워 왕 삼은 것을 후회하노니 그가 돌이켜서 나를 좇지 아니하며 내 명령을 이루지 아니하였음이니라 하신지라 ..."(삼상 15:11). 그래서 사무엘은 그에게 하나님의 후회하심에 대한 통보를 마치고 거듭 말하기를 "사무엘이 죽는 날까지 사울을 다시 가서 보지 아니하였으니 이는 그가 사울을 위하여 슬퍼함이었고 여호와께서는 사울로 이스라엘 왕 삼으신 것을 후회하셨더라"(삼상 15:35)라고 하였습니다. 물론 전지전능하신 하나님께 어찌 후회하심이 있겠는가마는, 우리로 이해하게 하시려고 언어적

표현을 따라 그렇게 말씀하신 것입니다.

　이렇게 된 이유가 무엇일까 생각해보면, 사울이 현실에서 자신이 왕이다 보니 필요할 때 말고는 하나님께서 만왕의 왕이심을 잊고 행했던 것이 원인이었다고 할 수 있겠습니다. 말하자면 자신을 왕이 되도록 세우신 분이 하나님이신데 정작 왕이 되어서는 사심私心을 따라 지냈고, 실로 하나님께 대한 경외나 전심을 보이지 않았습니다. 그 대표적 예가 아말렉과의 전쟁 후에 전리품으로 취한 것들에 대한 처리에 있어서 하나님께서 모두 진멸하라고 하신 명령대로 행하지 않고, 자신의 인간적 필요와 욕심에 따라 행한 부분입니다. 이에 대한 사무엘의 지적이 사무엘상 15:9에 적나라하게 기록되어 있습니다. "사울과 백성이 아각과 그 양과 소의 가장 좋은 것 또는 기름진 것과 어린 양과 모든 좋은 것을 남기고 진멸키를 즐겨 아니하고 가치 없고 낮은 것은 진멸하니라." 이후에 살필 내용과 관련하여서, 사울은 사무엘상 9-15장까지 하나님께 대한 진심 혹은 배려(?)가 한 번도 없었습니다. 도리어 하나님께 무엇을 받을까 하는 것만을 추구했습니다.

　그래서 하나님께서는 사울에 반反하여, 하나님께 대해 순전하고 온전한 마음을 가진 자를 그에 대한 대안代案으로 세우셨습니다. "여호와께서 사무엘에게 이르시되 내가 이미 사울을 버려 이스라엘 왕이 되지 못하게 하였거늘 네가 그를 위하여 언제까지 슬퍼하겠느냐 너는 기름을 뿔에 채워가지고 가라 내가 너를 베들레헴 사람 이새에게로 보내리니 이는 내가 그 아들 중에서 한 왕을 예선하였음이니라" (삼상 16:1). 이제는 만왕의 왕이신 하나님께서 이스라엘 왕으로 세우셨건만 자신만을 위해 살았던 사울과는 전혀 다르게, 철저하게 만왕의 왕이신 하나님을 경외하고 자신이 가져야 할 진심과 전심으로 그 역할을 감당하는 새 왕이 세워지게 되었던 것입니다.

(2) 다윗이 왕이 될 수 있었던 이유는 인간적 외면이 아닌 중심에 있음

사울을 이어서 왕위를 계승할 자를 위해 사무엘은 하나님의 보내심을 받아 이새의 집으로 갔습니다. 그런데 거기 모인 아들들 중에 사무엘 자신의 마음에 드는 자에 대해 하나님께 여쭙자 주께서는 원하시지 않는다고 하면서 하신 말씀이 사무엘상 16:7절에 기록되어 있습니다. "여호와께서 사무엘에게 이르시되 그 용모와 신장을 보지 말라 내가 이미 그를 버렸노라 나의 보는 것은 사람과 같지 아니하니 사람은 외모를 보거니와 나 여호와는 중심을 보느니라."

여기서 우리는 하나님께서 어떤 사람에게 주목하시고 관심을 가지시는지 알게 됩니다. 즉 하나님께서는 결코 사람의 외모外貌/겉치레를 보시지 않고, 오직 사람의 중심/진심을 보십니다. 그래서 자신이 외적인 추구를 위해 살다가 그리스도를 만나면서 인생의 변혁을 겪고 자신의 전 인생을 주를 위해 헌신한 사도 바울은 로마서에서 이렇게 말했습니다. "하나님께서 각 사람에게 그 행한 대로 보응하시되 … 이는 하나님께서 외모로 사람을 취하지 아니 하심이니라"(롬 2:6,11). 따라서 사무엘은 그 자리에 있지 아니한 누가 더 있는가 물어보았고, 그렇게 해서 만난 자가 바로 막내 다윗이었습니다. "이에 보내어 그를 데려오매 그의 빛이 붉고 눈이 빼어나고 얼굴이 아름답더라 여호와께서 가라사대 이가 그니 일어나 기름을 부으라"(삼상 16:12). 이 내용이 자칫 다윗의 외모를 칭찬하는 듯 하지만, 실은 하나님 앞에 바르다는 강조를 하고 있음에 주목해야 합니다.

이는 사무엘상 17장에 나오는 유명한 사건인 골리앗을 이긴 일에서 아주 잘 알 수 있습니다. 사실 골리앗하면 이스라엘 군대가 벌벌 떨던 거인이요 군대 대장이었는데, 소년 다윗이 돌팔매를 들고 그에게 항거한 이유가 다름 아닌 하나님의 명예/영광을 위하였음을 우리는 볼 수 있습니다. 사무엘상 17:45-47의 말씀입니다. "다윗이 블레셋 사람에게 이르되 너는 칼과 창과 단창으

로 내게 오거니와 나는 만군의 여호와의 이름 곧 네가 모욕하는 이스라엘 군대의 하나님의 이름으로 네게 가노라 오늘 여호와께서 너를 내 손에 붙이시리니 내가 너를 쳐서 네 머리를 베고 블레셋 군대의 시체로 오늘날 공중의 새와 땅의 들짐승에게 주어 온 땅으로 이스라엘에 하나님이 계신줄 알게 하겠고 또 여호와의 구원하심이 칼과 창에 있지 아니함을 이 무리로 알게 하리라 전쟁은 여호와께 속한 것인즉 그가 너희를 우리 손에 붙이시리라." 다윗이 골리앗을 이긴 이 사건은 승리에만 주목할 것이 아니라 하나님께 대한 다윗의 진심에 대해 주께서 기뻐하셔서 주신 승리의 메시지임을 기억해야 합니다.

(3) 왕으로서의 다윗이 지향했던 핵심 - 하나님께 대한 진심

다윗은 엘리 제사장 때 블레셋과의 전쟁에서 빼앗겼다가 기럇여아림의 아비나답의 집에 모셔져 있던 하나님의 궤(삼상 7:1-2)를 예루살렘 성으로 옮겨오는 일에 자신의 모든 마음을 다하여 기뻐했습니다. "혹이 다윗 왕에게 고하여 가로되 여호와께서 하나님의 궤를 인하여 오벧에돔의 집과 그 모든 소유에 복을 주셨다 한지라 다윗이 가서 하나님의 궤를 기쁨으로 메고 오벧에돔의 집에서 다윗성으로 올라갈쌔 여호와의 궤 멘 사람들이 여섯 걸음을 행하매 다윗이 소와 살진 것으로 제사를 드리고. 여호와 앞에서 힘을 다하여 춤을 추는데 때에 베 에봇을 입었더라 다윗과 온 이스라엘 족속이 즐거이 부르며 나팔을 불고 여호와의 궤를 메어 오니라" (삼하 6:12-16).

하나님께 대한 이러한 마음은 다윗이 전쟁을 다 이기고 평안히 왕궁에서 쉴 때에, 나단 선지자에게 고백한 그의 진심에 더더욱 가득하였습니다. "왕이 선지자 나단에게 이르되 볼찌어다 나는 백향목 궁에 거하거늘 하나님의 궤는 휘장 가운데 있도다"(삼하 7:2). 이 고백이 다윗의 진심의 절정입니다. 우리는 본능적으로 남보다 우리 자신을 생각하고 주를 향한 신앙보다도 내게 미칠 신적 축복을 생각하는데, 다윗은 자신의 안위보다 하나님을 먼저 생각했습니다. 하나님께 대한 진심이라는 측면에서 보면 정말 가슴 저리게 부끄럽고 또한 참으로 닮고 싶은 신앙인 것입니다.

그런 다윗에 대해 하나님께서 나단 선지자를 통해 하신 말씀이, "그러므로 이제 내 종 다윗에게 이처럼 말하라 만군의 여호와께서 이처럼 말씀하시기를 내가 너를 목장 곧 양을 따르는 데서 취하여 내 백성 이스라엘의 주권자를 삼고 네가 어디를 가든지 내가 너와 함께 있어 네 모든 대적을 네 앞에서 멸하였은즉 세상에서 존귀한 자의 이름 같이 네 이름을 존귀케 만들어 주리라 내가 또 내 백성 이스라엘을 위하여 한 곳을 정하여 저희를 심고 저희로 자기 곳에 거하여 다시 옮기지 않게 하며 악한 유로 전과 같이 저희를 해하지 못하게 하여 전에 내가 사사를 명하여 내 백성 이스라엘을 다스리던 때와 같지 않게 하고 너를 모든 대적에게서 벗어나 평안케 하리라 여호와가 또 네게 이르노니 여호와가 너를 위하여 집을 이루고 네 수한이 차서 네 조상들과 함께 잘 때에 내가 네 몸에서 날 자식을 네 뒤에 세워 그 나라를 견고케 하리라 저는 내 이름을 위하여 집을 건축할 것이요 나는 그 나라 위를 영원히 견고케 하리라 나는 그 아비가 되고 그는 내 아들이 되리니 저가 만일 죄를 범하면 내가 사람 막대기와 인생 채찍으로 징계하려니와 내가 네 앞에서 폐한 사울에게서 내 은총을 빼앗은 것 같이 그에게서는 빼앗지 아니하리라 네 집과 네 나라가 내 앞에서 영원히 보전되고 네 위가 영원히 견고하리라 하셨다 하라"(삼하 7:8-16)였습니다. 이는 단순히 성전 건축에 대한 반응으로서의 하나님 말씀이 아니라, 다윗의 진심에 대한 하나님의 응답하심입니다.

이뿐 아니라 하나님께서 다윗에게 베푸신 은혜는 이미 약속하신 다윗의 후손에서 예수 그리스도가 오시도록 한 일입니다. 이는 바울이 비시디아 안디옥에서 행한 설교인 사도행전 13:22-23절에 상세하게 기록되어 있습니다. "... 다윗을 왕으로 세우시고 증거하여 가라사대 내가 이새의 아들 다윗을 만나니 내 마음에 합한 사람이라 내 뜻을 다 이루게 하리라 하시더니 하나님이 약속하신 대로 이 사람의 씨에서 이스라엘을 위하여 구주를 세우셨으니 곧 예수라."

실로 교회와 신자의 모든 문제는, 다윗 같이 진심으로 하나님과 그분의 영광을 위하여 자신을 쏟는 자들이 없기 때문입니다. 진심으로 하나님께 향하고 하나님만을 섬기려는 성도 여러분 모두, 다윗을 가리켜 하나님께서 붙여주신 "당신의 마음에 합한 자"라 불리는 은혜가 있기를 바랍니다. 뿐만 아니라 성도 여러분들을 통해 하나님의 은혜의 역사가 흐르고 흐르기를 소망합니다. 오 주님! 저희에게 그러한 은혜를 허락하옵소서. 아멘.

솔로몬

"솔로몬이 그를 위하여 집을 ..."

「구속사救贖史」 설교의 열한 번째 시간으로, 첫 성전을 건축한 솔로몬에 대해 살펴보려고 합니다. 스데반은 이를 설교하면서 다루기를 "다윗이 하나님 앞에서 은혜를 받아 야곱의 집을 위하여 하나님의 처소를 준비케 하여 달라 하더니 솔로몬이 그를 위하여 집을 지었느니라 그러나 지극히 높으신 이는 손으로 지은 곳에 계시지 아니하시나니"(행 7:46-48)라고 하면서 솔로몬의 성전 건축에 대해 일반적으로 가지고 있는 긍정적인 평가가 아닌 하나님의 부정적인 평가를 제시하고 있습니다. 즉 솔로몬이 아무리 최초의 성전을 건축하였지만 그것을 솔로몬의 업적이 아니라 그저 다윗의 업적을 이어서 감당한 일일 뿐이요 또한 주께서는 그 성전에 계시지 않았다고까지 언급합니다. 성전聖殿은 하나님께서 계시는 곳이라는 의미인데, 주께서는 계시지 않으신다고 하니 이는 상당히 심각한 평가임을 감지하게 됩니다. 그렇다면 스데반은 왜 이렇게 평가했을까요? 솔로몬 성전과 관련된 배경들과 그 의미를 살펴보겠습니다.

I. 다윗의 성전 건축 준비
- 자신은 참여할 수 없어도 여전한 다윗의 진심

역대상 22장을 보면 다윗은 자신이 감당하고자 하였으나 주께서 허락하지 않으신 성전 건축을 솔로몬에게 부탁합니다. "다윗이 그 아들 솔로몬을 불러 이스라엘 하나님 여호와를 위하여 전을 건축하기를 부탁하여"(대상22:6).

여기서 주목해 보면 아버지가 아들에게, 그리고 나라의 모든 것을 가진 통치자 왕이 아들에게 그냥 명령을 내려도 될 것을 굳이 '부탁' 을 합니다. 그만큼 다윗은 성전 건축 자체에 초점을 두기보다는, 광야의 성막처럼 유동하는 공간이 아닌 하나님께서 거하셔서 영원히 영광을 받으실 성전聖殿 그 자체에 대한 성심이 가득했습니다. "이르되 내 아들아 나는 내 하나님 여호와의 이름을 위하여 전을 건축할 마음이 있었으나 여호와의 말씀이 내게 임하여 이르시되 너는 피를 심히 많이 흘렸고 크게 전쟁하였느니라 네가 내 앞에서 땅에 피를 많이 흘렸은즉 내 이름을 위하여 전을 건축하지 못하리라 한 아들이 네게서 나리니 저는 평강의 사람이라 내가 저로 사면 모든 대적에게서 평강하게 하리라 그 이름을 솔로몬이라 하리니 이는 내가 저의 생전에 평안과 안정을 이스라엘에게 줄 것임이니라 저가 내 이름을 위하여 전을 건축할찌라 저는 내 아들이 되고 나는 저의 아비가 되어 그 나라 위를 이스라엘 위에 굳게 세워 영원까지 이르게 하리라 하셨나니 내 아들아 여호와께서 너와 함께 하시기를 원하며 네가 형통하여 여호와께서 네게 대하여 말씀하신 대로 여호와의 전을 건축하며 여호와께서 네게 지혜와 총명을 주사 너로 이스라엘을 다스리게 하시고 너의 하나님 여호와의 율법을 지키게 하시기를 더욱 원하노라"(대상 22:7-12). 이는 참으로 간절한 부탁이요 유지遺志였습니다.

그러면서 다윗은 솔로몬에게만 그 일을 맡기는 것이 아니었습니다. 백성들의 두령들인 방백方伯들에게 명령을 내리기를 "솔로몬을 도우라"(대상 22:17)고 합니다. 그뿐 아니라 성전 건축 자체보다 더 중요하게 진력한 일이 있는데 성전에서 제사와 성전 운용을 감당할 레위인을 선정하고 역할을 맡기며 조직하는 일을 다윗이 친히 감당했습니다. 이 내용이 역대상 23-26 장에 자세하게 나옵니다. 레위인들에게 맡긴 구체적인 일이 23:28-32절에 집약적으로 나오는데, "그 직분은 아론의 자손에게 수종들어 여호와의 전과 뜰과 골방에서 섬기고 또 모든 성물을 정결케 하는 일 곧 하나님의 전에서 섬기는 일과 또 진설병과 고운 가루의 소제물 곧 무교전병이나 남비에 지지는 것이나 반죽하는 것이나 또 모든 저울과 자를 맡고 새벽과 저녁마다 서서 여호와께 축사하며 찬송하며 또 안식일과 초하루와 절기에 모든 번제를 여호와께 드리되 그 명하신 규례의 정한 수효대로 항상 여호와 앞에 드리며 또 회막의 직무와 성소의 직무와 그 형제 아론 자손의 직무를 지켜 여호와의 전에서 수종드는 것이더라" 입니다.

그것뿐이 아닙니다. 그후에 27장에서는 이를 돕는 여타 지원조직인 각 족장과 천부장과 백부장 등을 조직합니다. 그리고 28장에서 성전 건축을 지시하고, 29장에서는 그 성전 건축에 쓸 예물들을 드리도록 일반 백성들을 권면하여 필요한 물질을 기쁨으로 감당하게 합니다. 그렇게 만든 조직은 상당히 체계적이었습니다. 그러니 비록 자신은 건축을 허락받지 못하였지만 얼마나 온 마음으로 그것을 준비했는지 알 수 있는 대목입니다. 여기서 성전 건축과 관련하여 다윗의 행동 중에 주목해야 할 점이 있는데, 그에게 있어서는 성전이라는 건물 자체보다 "하나님의 사람을 세우는 일"이 중요하고 우선하였다는 점입니다. 이는 한국 교회가 정말 깊이 생각해야 할 다윗의 모범적인 우선순위입니다. 왜냐하면 건물은 실물적이어서 당장 눈에 보이지만 사람은 보이지도 않고 실패 확률도 높기 때문입니다. 투자한 만큼 결과가 없을 수도 있습니다.

하지만 아무리 그러할지라도 눈물을 흘리며 반대 의견과 물질적 유익에 대한 유혹을 넘어서, 오직 하나님의 사람이라는 씨를 뿌려야 합니다. 그것이 하나님의 원칙이고 다윗은 그것을 알았기에 그 원칙을 따라 정말 전심으로 행했던 것입니다. 그리고 다윗은 죽습니다. 그런데 그의 마지막에 대해 역대상 29:28절은 이렇게 의미심장하게 기록하고 있습니다. "저가 나이 많아 늙도록 부하고 존귀하다가 죽으매 그 아들 솔로몬이 대신하여 왕이 되니라."

정말 사뭇 감동적이지 않은가요? 다윗이 죽기까지 존귀尊貴한 인생을 살았다고 직접 인정하신 이가 바로 하나님이십니다. 그분은 당신을 향해 전심을 다했던 다윗을 결코 잊지 않으셨던 것입니다.

II. 솔로몬의 성전 건축 - 그 열심과 변절變節

(1) 성전 건축의 은혜

다윗 사후에 솔로몬은 아버지 다윗이 준비해놓은 바탕 위에 성전 건축을 감당합니다. 역대하 5장 전체가 이 내용을 잘 기록하고 있습니다. "솔로몬이 여호와의 전을 위하여 만드는 모든 것을 마친지라 이에 그 부친 다윗이 드린 은과 금과 모든 기구를 가져다가 하나님의 전 곳간에 두었더라 이에 솔로몬이 여호와의 언약 궤를 다윗 성 곧 시온에서 메어 올리고자 하여 이스라엘 장로들과 모든 지파의 두목 곧 이스라엘 자손의 족장들을 다 예루살렘으로 소집하니 칠월 절기에 이스라엘 모든 사람이 다 왕에게로 모이고 이스라엘 장로들이 다 이르매 레위 사람이 궤를 메니라 궤와 회막과 장막 안에 모든 거룩한 기구를 메고 올라가되 제사장과 레위 사람이 그것들을 메고 올라가매 솔로몬왕과 그 앞에 모인 이스라엘 회중이 궤 앞에 있어 양과 소로 제사를 드렸으니 그 수가 많아 기록할 수도 없고 셀 수도 없었더라 제사장들이 여호와의 언약궤를 그 처소로 메어 들였으니 곧 내전 지성소 그룹들의 날개 아래라 그룹들이 궤 처소 위에서 날개를 펴서 궤와 그 채를 덮었는데 그 채가 길어서 궤에서 나오므로 그 끝이 내전 앞에서 보이나 밖에서는 보이지 아니하며 그 궤가 오늘까지 그곳에 있으며 궤 안에는 두 돌판 외에 아무것도 없으니 이것은 이스라엘 자손이 애굽에서 나온 후 여호와께서 저희와 언약을 세우실 때에 모세가 호렙에서 그 안에 넣은 것이더라 이 때에는 제사장들이 그 반차대로 하지 아니하고 스스로 정결케 하고 성소에 있다가 나오매 노

래하는 레위 사람 아삽과 헤만과 여두둔과 그 아들들과 형제들이 다 세마포를 입고 단 동편에
서서 제금과 비파와 수금을 잡고 또 나팔 부는 제사장 일백이십 인이 함께 서 있다가 나팔 부
는 자와 노래하는 자가 일제히 소리를 발하여 여호와를 찬송하며 감사하는데 나팔 불고 제금
치고 모든 악기를 울리며 소리를 높여 여호와를 찬송하여 가로되 선하시도다 그 자비하심이
영원히 있도다 하매 그 때에 여호와의 전에 구름이 가득한지라 제사장이 그 구름으로 인하여
능히 서서 섬기지 못하였으니 이는 여호와의 영광이 하나님의 전에 가득함이었더라."

그 얼마나 영광스럽고 찬란했을까요? 이는 건물이 주는 웅장함이나 위
용으로 인한 것이 결코 아니었습니다. 하나님의 임재하심으로 인한 그 영
광스러움이 모든 인간을 압도하는 것이요, 그러므로 이전에 체감하던 것
과는 비교할 수 없는 장엄함이 가득하여 오직 영광 받으실 분은 만왕의 왕
이신 하나님뿐이심을 고백하게 되었던 것입니다. 역대하 7:1-3절은 구체적
으로 그 성전 봉헌식 날의 장관을 묘사하기를, "솔로몬이 기도를 마치매 불이 하
늘에서부터 내려와서 그 번제물과 제물들을 사르고 여호와의 영광이 그 전에 가득하니 여호
와의 영광이 여호와의 전에 가득하므로 제사장이 그 전에 능히 들어가지 못하였고 이스라엘
모든 자손은 불이 내리는 것과 여호와의 영광이 전에 있는 것을 보고 박석 깐 땅에 엎드려 경
배하며 여호와께 감사하여 가로되 선하시도다 그 인자하심이 영원하도다 하니라"고 기록
하고 있습니다.

이와 같은 느낌이 드는 [성전에 올라가는 노래]라는 제호를 가진 시편
121편은 이렇게 노래합니다. "내가 산을 향하여 눈을 들리라 나의 도움이 어디서 올
꼬.나의 도움이 천지를 지으신 여호와에게서로다 ... 여호와는 너를 지키시는 자라 여호와께
서 네 우편에서 네 그늘이 되시나니 낮의 해가 너를 상치 아니하며 밤의 달도 너를 해치 아니
하리로다 여호와께서 너를 지켜 모든 환난을 면케 하시며 또 네 영혼을 지키시리로다 여호와
께서 너의 출입을 지금부터 영원까지 지키시리로다." 여기서 성전聖殿이 확대되기를
산山과 같은 웅장함으로 이해되고, 하나님의 인도하심은 낮의 해와 밤의

달이라는 무궁함으로 이해되기에 이를 시공간적으로 "영원"이라 찬양하고 있습니다.

(2) 변절變節

하지만 솔로몬은 그렇게 아버지 다윗의 전심을 이어받아 성전을 건축하였음에도 불구하고, 자기 시대時代가 다 지나가기도 전에 변절합니다. 열왕기상 11:9-10절은 그 모습과 이유를 이렇게 기록합니다. "솔로몬이 마음을 돌이켜 이스라엘 하나님 여호와를 떠나므로 여호와께서 저에게 진노하시니라 여호와께서 일찌기 두번이나 저에게 나타나시고 이 일에 대하여 명하사 다른 신을 좇지 말라 하셨으나 저가 여호와의 명령을 지키지 않았으므로."

예수께서 이렇게 말씀하신 것을 기억할 것입니다. "그러나 내가 너희에게 말하노니 솔로몬의 모든 영광으로도 입은 것이 이 꽃 하나만 같지 못하였느니라"(마 6:29). 주님은 왜 들에 핀 꽃 하나가 솔로몬의 영광보다 더 낫다고 설명하셨을까요? 그 이유는 바로 솔로몬의 변절에 있었다고 생각됩니다. 사실 하나님께서 솔로몬에게 주신 복이 얼마나 풍성하였는가 하면, 열왕기상 10:21-23절(대하 9:20-22)에 "솔로몬왕의 마시는 그릇은 다 금이요 레바논 나무 궁의 그릇들도 다 정금이라 은 기물이 없으니 솔로몬의 시대에 은을 귀히 여기지 아니함은 왕이 바다에 다시스 배들을 두어 히람의 배와 함께 있게 하고 그 다시스 배로 삼 년에 일차씩 금과 은과 상아와 잔나비와 공작을 실어 왔음이더라 솔로몬왕의 재산과 지혜가 천하 열왕보다 큰지라"라고 하여 역사상 가장 화려하고 찬란한 영광을 허락하셨습니다. 도대체 얼마나 부하게 하셨으면 심지어 은을 귀히 여기지 않았을 정도였을까요? 솔로몬이 그렇게 될 수 있었던 것은 "천하가 다 하나님께서 솔로몬의 마음에 주신 지혜를 들으며 그 얼굴을 보기 원하"(왕상 10:24)였기 때문이었지요.

그러나 솔로몬이 그 하나님 중심을 자기 중심으로 왜곡하면서부터, 그는 다윗보다 더 은혜를 입은 자이면서도 다윗에 비해 너무나 부족하게 하나님을 섬겼고 심지어 악으로 향했던 것입니다. 이를 성경은 결코 잊지 않고 냉정하게 기록하고 있습니다. "솔로몬의 나이 늙을 때에 왕비들이 그 마음을 돌이켜 다른 신들을 좇게 하였으므로 왕의 마음이 그 부친 다윗의 마음과 같지 아니하여 그 하나님 여호와 앞에 온전치 못하였으니 이는 시돈 사람의 여신 아스다롯을 좇고 암몬 사람의 가증한 밀곰을 좇음이라 솔로몬이 여호와의 눈앞에서 악을 행하여 그 부친 다윗이 여호와를 온전히 좇음 같이 좇지 아니하고 모압의 가증한 그모스를 위하여 예루살렘 앞 산에 산당을 지었고 또 암몬 자손의 가증한 몰록을 위하여 그와 같이 하였으며 ..." (왕상 11:4-7).

III. 성전 자체보다 더 중요한 예배 받으시는 분을 잃어버림

이러한 솔로몬의 변절을 알았기에, 스데반은 솔로몬의 성전 건축에 대해 "솔로몬이 그를 위하여 집을 지었느니라 그러나 지극히 높으신 이는 손으로 지은 곳에 계시지 아니하시나니" (행 7:47-48)라고 평가하면서 솔로몬 성전에 대하여 "하나님의 부재不在"라고 해석합니다. 또한 말라기서는 이를 확대하여 솔로몬을 따르는 백성들에 대한 하나님의 거절로 해석하며 이렇게 설명합니다. "만군의 여호와가 이르노라 너희가 내 단 위에 헛되이 불 사르지 못하게 하기 위하여 너희 중에 성전 문을 닫을 자가 있었으면 좋겠도다 내가 너희를 기뻐하지 아니하며 너희 손으로 드리는 것을 받지도 아니하리라" (말 1:11).

성도 여러분, 여러분의 신앙과 삶은 어떠한가요? 정말 하나님께서 기뻐 받으시는 영적 성전으로 세워져가고 있나요? 아니면 오직 솔로몬 성전처럼 하나님께서 계시지 않는 껍데기 성전인가요? 시대와 역사 속에는 솔로몬의 시작처럼 너무도 화려하게 신앙생활을 하였지만 실상은 하나님은 계시지 않는 성도들이 있어 왔습니다. 그러나 자신의 인생이 세상이 보기에는 다사다난하고 고생스러워 보기이도 하나, 하나님의 은혜로 인한 온갖

복으로 가득 찬 인생임을 인식하여 결코 변절하지 않고 도리어 죽을 때까지도 하나님께 직접 존귀하다는 평가를 받은 다윗이 보여준 것처럼 오직 전심으로 하나님을 섬기는 분들은 희귀합니다. 성도 여러분이 그러한 분들이 되시기를 바랍니다. 성전聖殿이라고 하는 찬란한 영광에 눈 두지 말고, 묵묵히 자기 안에 작은 주님의 나라를 세우는 분들 말입니다. 같이 기도하지요.

그리스도 ①

"의인이 오시리라"

「구속사救贖史」 설교의 열두 번째 시간으로, 구속사라는 하나님의 구원 계획의 정점이신 '그리스도'에 대해 이제부터 네 번에 걸쳐 상고詳考하는 시간을 가지려 합니다. 물론 스데반은 이를 직접적으로 설명하지는 않습니다. 그렇지만 자기 설교의 결론부와 이 설교 때문에 자신이 죽는 과정을 통해 다 보여줍니다.

그래서 이 설교부터는 성경을 사도행전 7:60절까지로 확대해서 읽고, 그 성경의 말씀을 따라 그리스도에 대해 다음 4단계로 생각할 것입니다. 먼저 (1) 예언을 따라 오신 의인義人이신 그리스도(52절a. "의인이 오시리라 예고한 자들을...") , (2) 그리스도의 죽음(52절b. "그 의인을 잡아준 자요 살인한 자가 되나니"), (3) 하나님 우편에 서신 주님(55절. "하늘을 우러러 주목하여 하나님의 영광과 및 예수께서 하나님 우편에 서신 것을 보고") 마지막으로 (4) 영혼을 받아주시는 주님(59-60절. "저희가 돌로 스데반을 치니 스데반이 부르짖어 가로되 주 예수여 내 영혼을 받으시옵소서 하고 무릎을 꿇고 크게 불러 가로되 주여 이 죄를 저들에게 돌리지 마옵소서 이 말을 하고 자니라")입니다.

I. 신구약의 통일성 : 모세의 율법과 선지자의 글과 시편에 나를 가리켜 기록된 모든 것(눅 24:44)

우선해서 첫 번째 내용인 (1) 예언豫言/예고豫告를 따라 오신 의인義人이 신 그리스도(52절a. "의인이 오시리라 예고한 자들을 ...")를 오늘 살펴보려고 합니다. 52절a. 말씀은 그리스도가 오시기 전에 그가 오시리라 예언한 선지자들이 있었다는 사실을 생각하게 합니다.

그런데 그리스도가 오시기 전과 오신 후에 기록된 모든 성경의 통일성 - 연속성에 대한 설명을 하기 전에 우선적으로 생각해보아야 할 것이 있습니다. 우리는 흔히 구약(舊約: OT)과 신약(新約: NT)이라고 나누어 부르지만, 원래 구약이라 부르는 성경의 첫 39권은 "그리스도를 위한 예언 자체"라고 하는 것이 옳습니다. 왜냐하면 주님께서 친히 첫 39권에 대해 "모세와 및 모든 선지자의 글로 시작하여 모든 성경에 쓴 바"(눅 24:27)와 "또 이르시되 내가 너희와 함께 있을 때에 너희에게 말한 바 곧 모세의 율법과 선지자의 글과 시편에 나를 가리켜 기록된 모든 것이 이루어져야 하리라 한 말이 이것이라 하시고"(눅 24:44)라고 말씀하셨기 때문입니다. 그런데 우리가 편의상 구약과 신약으로 나누면서부터 예언과 실제가 구별되게 되었고 각각 따로 떼어지는 결과를 가져왔습니다. 신자들조차 구약과 신약은 다른 책일 뿐 아니라 기호에 따라 더 어려운 책과 쉬운 책으로 구분하면서 전체가 하나님의 일관된 말씀으로 이해하기보다는 독자 입장의 선택 대상으로 전락하게 되었습니다.

그러나 이를 사도행전 7:52절과 같이 "그리스도를 위한 예언"으로 생각하면 성경의 앞 39권과 뒤 27권 즉 66권이 모두 그리스도에게 집중되므로, 성경의 진리가 전체적으로 무엇을 말씀하고자 하는지 아주 선명해집니다. 그렇게 구약과 신약을 떼어서 생각한 것에는 배경이 있는데, 19세기에 자유주의자들이 성경의 절대적 진리를 무너뜨리고자 하는 의도를 가지고 성경은 각기 다른 문서들을 짜깁기한 책이라고 주장(성경聖經의 편집설)하면서 성경을 정확무오한 하나님의 말씀이 아닌 사람들이 편집해서 만들어 놓은 성서聖書, 즉 기독교라는 한 종교의 경전으로 전락시키고 말았습니다. 그리고 구약과 신약을 구별함으로써 서로를 떼어놓았습니다. 신학계조차 그러한 근원적 왜곡을 인식하지 못한 채 그냥 실제적 사실로 받아들이면서 하나님의 말씀인 성경이 가진 전체적인 통일성과 그리스도를 중심으로 하는 초점을 잃어버리고, 구약과 신약이라는 분리된 성서, 즉 파편화 된 대상을 붙잡고 그 가운데서 그리스도를 찾아보려는 수고를 하고 있는 것입니다. 그전의 수많은 개혁자들과 그 계승자들은 성경이 오직 하나님의 말씀이라는 진리적 사실을 위해 목숨을 걸기까지 했건만 이것은 마치 사후약방문死後藥方文과 같은 현상이지요.

그러므로 성도 여러분, 여러분은 성경이야말로 전체적으로 영원하고 정확무오한 하나님의 말씀으로, 일관된 내용을 교훈하는 참된 진리임을 잊지 말아야 합니다. 그렇지 않으면 이성적 판단에 의해 눈치를 보고 그 안에서 그냥 종교적 위안을 받는 도구 정도의 수준으로 떨어뜨리고 마는 결과를 가져옵니다. 그래서 왕왕 나타나는 현상이 무엇이냐면, 성경을 전체적으로 읽어낼 수가 없으니 필요에 의해 성경을 읽다가 안 되면 다른 책이나 사람들의 말에 위로를 받으려고 하는 외부적인 대안적 탐구를 가지게 되는 것입니다. 그래서 서구에서는 동양 종교에 심취하기도 하고 뉴에이지나 여타 신비한 종교에 매료되기도 하였습니다.

그러나 우리는 가장 존귀한 하나님의 자기 계시이며 절대 진리이자 전체적인 교훈을 가졌습니다. 이 성경 전체는, 하나님께서 우리에게 구원을 위한 하늘의 선물로 주신 참된 진리이시며 생명의 길이신 그리스도를 가르쳐줍니다. 그래서 사도는 자신의 영적 아들인 디모데에게 "네가 어려서부터 성경을 알았나니 성경은 능히 너로 하여금 그리스도 예수 안에 있는 믿음으로 말미암아 구원에 이르는 지혜가 있게 하느니라 모든 성경은 하나님의 감동으로 된 것으로 교훈과 책망과 바르게 함과 의로 교육하기에 유익하니 이는 하나님의 사람으로 온전케 하며 모든 선한 일을 행하기에 온전케 하려 함이니라"(딤후 3:15-17)라고 말했던 것입니다. 성경은 구약과 신약, 심지어는 각 권으로 나누어지지 않는 전체입니다. 성도 여러분도 인생 가운데 더욱 이러한 전체요 모든 것 되시는 하나님의 말씀에 깊이 착념하시기 바랍니다.

II. 모든 성경의 주제이신 그리스도
: 모든 성경에 자기에 관한 것을 쓰심

이제는 앞의 설교들에서 스데반을 통해 살펴본, 성경의 앞 39권의 핵심적인 인물인 아브라함과 모세 그리고 다윗 등을 통해 우리는 무엇을 배웠는가를 돌아보아야 합니다. 물론 각각의 설교가 개별적일 수 있기 때문에 인물들의 상황에 따른 상이한 강조점을 전하기는 했지만, 빼놓지 않으려고 했던 것은 그들이 모두 그리스도의 예표豫表요, 그림자였다는 내용이었습니다. 결국 그들 자체만이 아니라 그들의 말과 행동 그리고 진심이 모두 그리스도를 지향하는 삶이었고 모습이었습니다.

누가복음에서 엠마오로 가는 두 제자에게 가르치셨던 부활하신 주님의 교훈인 "가라사대 미련하고 선지자들의 말한 모든 것을 마음에 더디 믿는 자들이여 그리스도가 이런 고난을 받고 자기의 영광에 들어가야 할 것이 아니냐 하시고 이에 모세와 및 모든 선지자의 글로 시작하여 모든 성경에 쓴 바 자기에 관한 것을 자세히 설명하시니라"(눅 24:25-27)는 말씀을 깊이 생각할 필요가 있습니다.

그들은 지금 예루살렘에서 슬퍼하며 자기들의 고향인 엠마오로 가고 있었는데, 왜 슬퍼했는가 하면 그리스도라는 선지자의 죽음 때문이었습니다. 그런데 그들은 그리스도가 생전에 친히 말씀하신 것처럼 십자가 고난과 부활의 의미를 전혀 모르고 있었고, 그분의 존재적 위치가 선지자들의 예언성취라는 의미 또한 전혀 모르고 있었습니다. 성경에서 수많은 선지자들을 통해 한 진리, 즉 그리스도께서 오실 것과 그분이 구원의 길이요 영원한 왕이심을 계속 가르쳐주었음에도 불구하고, 자신들의 현실에 매여 그 진리를 알지 못하고 깨닫지 못한 결과가 바로 그들의 영웅에 대한 기대의 상실이 가져다준 슬픔이었습니다. 그러니 그들의 슬픔은 헛된 슬픔이요, 어리석은 자기 감정이라고 할 수 있겠습니다.

우리도 얼마나 그런 경우가 많은지 모릅니다. 사실 신자는 하나님의 일하심에 따라 사는 자들인데, 현실 속에서 슬퍼 울고 안타까워서 울면서도 왜 우는지 모릅니다. 분을 내고 혈기를 뿜어내는데 그 근본 이유를 모릅니다. 감정이 복받치고 현실과 하나님의 섭리가 자기 이해에 들어오지 않으니 그냥 인간적으로 반응하는 것입니다. 이에 대해 저도 전에는 설명도 하고 설득도 해보았지만 이제는 잘 하지 않게 되는 것이, 아무리 이해시키려 설명해도 주께서 은혜를 주셔서 눈을 열어주시지 않으면 안 된다는 것을 깨닫게 되었기 때문입니다. 그래서 열린교회의 정체성에 대해 "이에 저희 마음을 열어 성경을 깨닫게 하시고"(눅 24:45)라고 말씀드렸던 것이지요.

그러므로 요한복음 17장에서 주님께서 친히 기도하신 "예수께서 이 말씀을 하시고 눈을 들어 하늘을 우러러 가라사대 아버지여 때가 이르렀사오니 아들을 영화롭게 하사 아들로 아버지를 영화롭게 하게 하옵소서 아버지께서 아들에게 주신 모든 자에게 영생을 주게 하시려고 만민을 다스리는 권세를 아들에게 주셨음이로소이다 영생은 곧 유일하신 참하나님과 그의 보내신 자 예수 그리스도를 아는 것이니이다"(요 17:1-3)에 그 의미가 모두 담겨 있습니다. 성경 전체는 오직 그리스도를 보게 해주는 것입니다. 왜 냐하면 "그는 보이지 아니하시는 하나님의 형상이요 모든 창조물보다 먼저 나신 자니 만물 이 그에게 창조되되 하늘과 땅에서 보이는 것들과 보이지 않는 것들과 혹은 보좌들이나 주관 들이나 정사들이나 권세들이나 만물이 다 그로 말미암 ..."(골 1:15-16a.)았기 때문입니 다. 이는 로마서 11:36절의 "만물이 주에게서 나오고 주로 말미암고 주에게로 돌아감 이라 ..."는 내용과 일치함을 알 수 있습니다. 즉 그리스도는 창조 전부터 아 버지와 함께 계셨고 지금도 그러하신 삼위 하나님이시라는 사실입니다.

이렇게 진리요 생명이신 그리스도를 진심으로 전 삶을 통해 알게 될 때 에만 비로소 울음과 분노를 그치고 주님께서 그러하신 것처럼 하나님의 섭리하심을 따라 성도 한 사람 한 사람이 자신이 감당해야 할 사명과 역할 을 묵묵히 감당하는 길을 갈 수 있게 됩니다. 하나님께서 갚아주심을 따라 "살다 죽는 것으로 말하는 길"을 걸을 수 있게 됩니다. 말하지 않는데 삶이 말이 되고 소리가 되어 전해져가는 삶이라고 할까요? 우리 주께서 보이셨 던 삶이 바로 그러한 삶인 것입니다. 다시 말하면 우리 주 예수 그리스도께 서는 스데반의 "의인(the Righteous One)이 오시리라" 예고된 설교처럼, 선지 자들의 예언을 따라 그 예언이 성취되는 삶을 사셨고 그 예언이 이루어지 는 삶이 되셨습니다.

인생의 소명이라고 할 수 있는 이것이 신자에게 있어서 왜 중요한가 하 면, 우리가 왜 살아야 하는지에 대하여 현실과 이생에의 집착이 아닌, 창 조주 하나님의 섭리와 그 부르심을 따라 사는 삶에 대한 선명한 의식을 갖 게 해주기 때문입니다. 물론 우리는 부족하여서 처음이나 한동안은 모를 수 있고 주변부를 헤맬 수 있습니다. 하지만 주의 부르심을 깨닫는 때부터 는 흔들림 없이 정진해야 합니다. 오직 한 길, 즉 그리스도께서 친히 모범 을 보이시고 우리를 부르신 섭리적 삶과 목적이 있는 그 길을 위해 말입니다. 사랑하는 성도 여러분, 여러분에게 그 부르심은 무엇이며 어떤 일이며 어디로 가야하는 것입니까?

Ⅲ. 그리스도를 더 깊이 알자

선지자들의 존재와 사명은 모두 오직 그리스도에게 있었습니다. 이를 집약적으로 보여주는 내용이 히브리서입니다. 구약 인용이 가장 많아 구약적인 책이라고도 일컬어지는 히브리서는 성경의 첫 39권이 모두 그리스도를 말한다는 사실을 보여줍니다. 스데반의 설교에서 "의인이 오시리라 예고한 자들"이 무엇을 하였는지를 정리해주는 것입니다. "옛적에 선지자들로 여러 부분과 여러 모양으로 우리 조상들에게 말씀하신 하나님이 이 모든 날 마지막에 아들로 우리에게 말씀하셨으니 이 아들을 만유의 후사로 세우시고 또 저로 말미암아 모든 세계를 지으셨느니라 이는 하나님의 영광의 광채시요 그 본체의 형상이시라 그의 능력의 말씀으로 만물을 붙드시며 죄를 정결케 하는 일을 하시고 높은 곳에 계신 위엄의 우편에 앉으셨느니라"(히 1:1-3).

이 내용이 더욱 확장되어 히브리서 11장에서 믿음을 가지고 살았던 신앙 선배들을 하나하나씩 설명하고는 덧붙이는 내용이 히브리서 12:2a의 "믿음의 주요 또 온전케 하시는 이인 예수를 바라보자 ..."라는 사실을 주목할 필요가 있습니다. 다시 말하면 아벨부터 시작하여 아브라함, 요셉, 모세, 라합 그리고 다윗까지 그들은 어떻게 그러한 믿음을 가졌고 지켰는가하면 그들은 그리스도를 바라보았기 때문이라는 것입니다. 히브리서 11:39a에서는 "이 사람들이 다 믿음으로 말미암아 증거를 받았 ..."다고 말합니다. 그러면서 놀랍게도 그런 엄청난 신앙의 선배들과 비교하여 "하나님이 우리를 위하여 더 좋은 것을 예비하셨은즉 ..."(히 11:40a)이라고 하면서 지금 이 시대를 사는 우리가 얼마나 복된 자들인가를 선포합니다.

그러니 이미 그리스도를 아는 우리는 "이러므로 우리에게 구름 같이 둘러싼 허다한 증인들이 있으니 모든 무거운 것과 얽매이기 쉬운 죄를 벗어 버리고 인내로써 우리 앞에 당한 경주를 경주하며 믿음의 주요 또 온전케 하시는 이인 예수를 바라보자 저는 그 앞에 있는 즐거움을 위하여 십자가를 참으사 부끄러움을 개의치 아니하시더니 하나님 보좌 우편에 앉으셨느니라"(히 12:1-2)라는, 그리스도만을 온전히 바라보고자 하는 지향과 목표를 가지고 살아야 할 것입니다. 더 직접적으로는 그리스도를 피상적으로만 아는 수준이 아니라, 우리의 삶 가운데 그리스도의 삶을 어떻게 녹여내야 하고 그것을 위해 내가 감당할 바가 무엇인지 그리고 우리 교회가 감당할 바가 무엇인지를 고민하면서 살펴야 할 것입니다.

매년 10월 31일은 종교개혁 기념일입니다. 500년전 종교개혁자들은 오직 성경이 말씀하는 진리인 그리스도를 아는 참된 지식을 위해 살았고, 그것은 지금껏 그 정신을 유지하려 애쓰는 자들을 통해 계속 이어지고 있습니다. 그러므로 인생 가운데 붙잡고 정진해야 할 것들이 많겠지만, 무엇보다 영원한 그리스도에게 인생을 드리는 여러분이 되시기 바랍니다. 그럴 때 진리이신 그리스도께서 여러분을 대변해 주시고 보호해 주시고 인도해 주시는 은혜가 있을 줄 믿습니다. 당장은 우리에게 직접적이 아니어도, 만물의 주되신 그리스도만을 온전히 알고 붙잡으며 의지할 때 주께서 갚아 주시는 더 영광스러운 하늘의 일들이 삶 가운데 나타나는 은혜가 성도 여러분께 있기를 소망합니다.

「구속사」설교 _ 제13강
출15:1-18; 행7:2-60

그리스도 ②

"그 의인을 잡아준 자요 살인한 자가 되나니 ..."

「구속사救贖史」설교의 열세 번째 시간으로, 하나님의 구원 계획의 정점이신 그리스도에 대해 두 번째로 살피려 합니다. 앞에서 다룬 '예언을 따라 오신 그리스도' (52절상. "의인이 오시리라 예고한 자들을 ...")에 이어서 '그리스도의 죽음' (52절하 "그 의인을 잡아준 자요 살인한 자가 되나니")에 대해 생각합니다. 그리스도의 죽음은 다르게 표현하면 하나님의 비밀한 구원방법인 "그리스도의 십자가" 라고 하겠습니다.

I. 인간은 이해할 수 없는 하나님의 지혜의 방식
(출애굽 사건과 일관된 하나님의 놀라운 구원역사)

그리스도께서 오실 것을 예언한 선지자 중의 한 명이 이사야 선지자입니다. 성탄 때마다 묵상케 되는 마태복음 1:22-23절 "이 모든 일의 된 것은 주께서 선지자로 하신 말씀을 이루려 하심이니 가라사대 보라 처녀가 잉태하여 아들을 낳을 것이요 그 이름은 임마누엘이라 하리라 하셨으니 이를 번역한즉 하나님이 우리와 함께 계시다 함이라" 에서 그 선지자가 이사야이고 그 본문은 이사야 7:14절입니다.

선지자 중에 이사야는 그리스도를 가장 많이 예언한 선지자라고 할 수 있는데, 그의 중요한 교훈 중에 이러한 내용이 있습니다. "여호와의 말씀에 내 생각은 너희 생각과 다르며 내 길은 너희 길과 달라서 하늘이 땅보다 높음 같이 내 길은 너희 길보다 높으며 내 생각은 너희 생각보다 높으니라"(사 55:8-9). 즉 인간은 하나님의 지혜를 다 알 수 없다는 말씀이지요. 이사야 선지자는 55장에서 이 말을 하기 전에 이사야 53:7하-8절에서도 이미 이렇게 이야기 했습니다. "... 마치 도수장으로 끌려가는 어린 양과 털 깎는 자 앞에 잠잠한 양 같이 그 입을 열지 아니하였도다 그가 곤욕과 심문을 당하고 끌려 갔으니 그 세대 중에 누가 생각하기를 그가 산 자의 땅에서 끊어짐은 마땅히 형벌 받을 내 백성의 허물을 인함이라 하였으리요."

이렇게 말한 이사야 선지자의 가르침을 유대인들은 장장 700여 년이 지나도록 아무도 깨닫지 못하였습니다. 즉 그렇게 비밀秘密한 말씀이요 실제實際가 무엇인지 알지 못하는 내용으로 지속되었던 것입니다. 그래서 도리어 선지자 말라기가 예언한, "보라 여호와의 크고 두려운 날이 이르기 전에 내가 선지 엘리야를 너희에게 보내리나"(말 4:5)라는 말씀을 따라서 엘리야와 같이 강력한 메시아를 기대하였던 것이 유대인들의 메시아 대망사상이었습니다. 하지만 이사야로부터 700여 년 후에 에디오피아의 내시장관이 이사야 53장의 내용이 기록된 글을 읽던중, 마침 초대교회의 일곱 집사 중에 한 명인 빌립이 성령의 이끌림을 받아 그와 만나서 그 뜻을 풀어줍니다. 그 기록이 사도행전 8:29-35절입니다. "성령이 빌립더러 이르시되 이 병거로 가까이 나아가라 하시거늘 빌립이 달려가서 선지자 이사야의 글 읽는 것을 듣고 말하되 읽는 것을 깨닫느뇨 대답하되 지도하는 사람이 없으니 어찌 깨달을 수 있느뇨 하고 빌립을 청하여 병거에 올라 같이 앉으라 하니라 읽는 성경 귀절은 이것이니 일렀으되 저가 사지로 가는 양과 같이 끌리었고 털 깎는 자 앞에 있는 어린 양의 잠잠함과 같이 그 입을 열지 아니하였도다 낮을 때에 공변된 판단을 받지 못하였으니 누가 가히 그 세대를 말하리요 그 생명이 땅에서 빼앗김이로다 하였거늘 내시가 빌립더러 말하되 청컨대 묻노니 선지자가 이 말 한 것이 누구를 가리킴이뇨 자기를

가리킴이뇨 타인을 가리킴이뇨 빌립이 입을 열어 이 글에서 시작하여 예수를 가르쳐 복음을
전하니."

　여기서 우리가 알 수 있는 것은 실로 인간 스스로는 하나님의 비밀이시
며 구원의 신비한 계획이신 그리스도를 결코 알 수 없다는 사실입니다. 뿐
만 아니라 메시아이신 그리스도가 그렇게 작고 천한 모습, 고난당하고 핍
박받으며 죽음 가운데 나아가리라는 것은 더더욱 생각할 수도 없었습니
다. 그러니 그러한 인간의 이해 속에 주님은 결코 담기실 수 없었고, 이해
되실 수도 없었던 것입니다. 이를 사도 바울은 "그러나 우리가 온전한 자들 중에
서 지혜를 말하노니 이는 이 세상의 지혜가 아니요 또 이 세상의 없어질 관원의 지혜도 아니
요 오직 비밀한 가운데 있는 하나님의 지혜를 말하는 것이니 곧 감취었던 것인데 하나님이 우
리의 영광을 위하사 만세 전에 미리 정하신 것이라 이 지혜는 이 세대의 관원이 하나도 알지
못하였나니 만일 알았더면 영광의 주를 십자가에 못 박지 아니하였으리라"(고전 2:6-8)고
했습니다. 주께서는 그렇게 인간의 이해에 담길 수 없는 내용과 모습으로
오셔서 마굿간의 아기 예수요, 십자가를 향해 가는 속죄의 어린양으로 죽
으셨습니다. 따라서 우리는 반드시 우리편에서의 이해가 아니라 하나님편
에서 하나님의 지혜가 얼마나 크고 높고 무궁하신가에 대해 생각해야 합
니다.

　시편기자는 그러하기에 "내가 측량할 수 없는 주의 의와 구원을 내 입으로 종일 전
하리이다"(시 71:15)라고 했고, 심지어 온 몸으로 고난을 겪어낸 욥조차도 "하
나님은 마음이 지혜로우시고 힘이 강하시니 ... 측량할 수 없는 큰 일을, 셀 수 없는 기이한 일
을 행하시느니라 그가 내 앞으로 지나시나 내가 보지 못하며 그가 내 앞에서 나아가시나 내
가 깨닫지 못하느니라"(욥 9:4a., 10-11)라고 고백했습니다. 우리 역시 그러한 하
나님의 높고 위대하신 섭리와 계획에 대해 겸손함과 진지함을 고백해야
할 것입니다. 이를 사도 바울은 이렇게 표현합니다. "깊도다 하나님의 지혜와

지식의 부요함이여, 그의 판단은 측량치 못할 것이며 그의 길은 찾지 못할 것이로다"(롬 11:33).

II. 십자가의 죽음이라는 더 큰 비밀이자 하나님의 능력
(구원역사의 절정 - 십자가)

(1) 베드로

삼 년동안 제자로서 그리스도께 배웠고 수행했던 베드로는 주께서 당신을 누구라 하느냐고 물으셨을 때 당당하게 "주는 그리스도시니이다"(막 8:29)라고 했음에도 불구하고, 곧이어 주께서 "인자가 많은 고난을 받고 장로들과 대제사장들과 서기관들에게 버린 바 되어 죽임을 당하고 사흘만에 살아나야 할것을 비로소 저희에게 가르치시"(막 8:31)자, 이에 대해서 맹렬히 반대했습니다.

이를 1차적으로 자신들의 기대에 대한 실망감이라고도 할 수 있지만, 더 나아가서는 '자기 이해에 들어오지 않는 주님의 일에 대한 거부'라고 하는 것이 더 좋은 해석이라 보입니다. 그래서 주님은 자기가 애써 길러 온 제자에 대해서 이렇게까지 책망하십니다. "예수께서 돌이키사 제자들을 보시며 베드로를 꾸짖어 가라사대 사단아 내 뒤로 물러가라 네가 하나님의 일을 생각지 아니하고 도리어 사람의 일을 생각하는도다 하시고 무리와 제자들을 불러 이르시되 아무든지 나를 따라 오려거든 자기를 부인하고 자기 십자가를 지고 나를 좇을 것이니라"(막 8:33-34).

우리도 신앙생활을 하면서 이런 베드로의 태도를 얼마나 드러내는지 모릅니다. 의외로 신앙이 좋다고 하는 분들일수록 자기 이해, 경험 그리고 주장이 견고합니다. 그래서 하나님께서 섭리적으로 행하시는 일들에 대해 자기 이해를 따라 "신앙적인데 합리적으로" 대응합니다. 이제는 좀 안다고 생각해서이지요. 그것이 안 되면 심지어 스스로 거두어버리고 맙니다.

제13강 _ 그리스도 ② (출15:1-18; 행7:2-60) · 127

이는 자신만만했고 무엇인가를 아는 듯한 착각에 살았던 제 자신의 이야기이기도 합니다. 하지만 "하늘이 땅보다 높음 같이"라는 이사야의 표현처럼 우리의 이해는 하나님에 미치지 못합니다. 아니, 미칠 수 없습니다. 그래서 우리는 주께서 그 의미를 알리시고 드러내실 때까지 사람들의 평가를 의식하지 말고 묵묵히 자신에게 주어진 길을 감당하며 순종의 길을 걸어야 합니다.

베드로가 나중에 쓴 베드로전서를 보면, 이제 자기 이해의 한계와 실수를 극복하고 하나님의 섭리와 진리를 붙잡는 베드로를 만나게 됩니다. 뿐만 아니라 더 발전하여, 그 진리, 즉 그리스도를 통해 드러내신 십자가 죽음이라는 하나님의 구원 계획을 전파하는 복된 종국終局을 맞는 자가 됩니다. "찬송하리로다 우리 주 예수 그리스도의 아버지 하나님이 그 많으신 긍휼대로 예수 그리스도의 죽은 자 가운데서 부활하심으로 말미암아 우리를 거듭나게 하사 산 소망이 있게 하시며 썩지 않고 더럽지 않고 쇠하지 아니하는 기업을 잇게 하시나니 곧 너희를 위하여 하늘에 간직하신 것이라 너희가 말세에 나타내기로 예비하신 구원을 얻기 위하여 믿음으로 말미암아 하나님의 능력으로 보호하심을 입었나니"(벧전 1:3-5). 진정 소망하기를 십자가라는 놀라운 하나님의 비밀한 진리에 대한 이해가 성도 여러분께 있기를 바랍니다.

(2) 바울

역시 처음에는 그리스도를 인정할 수 없었던 사도 바울은, 하나님의 신비인 그리스도를 깨닫고는 이렇게 썼습니다. "내가 복음을 부끄러워하지 아니하노니 이 복음은 모든 믿는 자에게 구원을 주시는 하나님의 능력이 됨이라 ..."(롬 1:16). 뿐만 아니라 "그러나 내게는 우리 주 예수 그리스도의 십자가 외에 결코 자랑할 것이 없으니 그리스도로 말미암아 세상이 나를 대하여 십자가에 못 박히고 내가 또한 세상을 대하여 그러하니라"(갈 6:14).

철저한 유대주의자였던 그가 입장과 사상 그리고 근본적 삶의 전적인 변혁을 겪게 된 이유는 과연 무엇이었을까요? 그것은 그리스도가 하나님의 구원 계획으로 죽으시기 위해 이땅에 오신 하나님의 아들이심을 알게 되었기 때문입니다. "모든 사람이 죄를 범하였으매 하나님의 영광에 이르지 못하더니 그리스도 예수 안에 있는 구속으로 말미암아 하나님의 은혜로 값 없이 의롭다 하심을 얻은 자 되었느니라 이 예수를 하나님이 그의 피로 인하여 믿음으로 말미암는 화목 제물로 세우셨으니 이는 하나님께서 길이 참으시는 중에 전에 지은 죄를 간과하심으로 자기의 의로우심을 나타내려 하심이니 곧 이 때에 자기의 의로우심을 나타내사 자기도 의로우시며 또한 예수 믿는 자를 의롭다 하려 하심이니라"(롬 3:23-26).

그러한 진리를 깨달은 결과로, 사도 바울은 이후에 자기가 가는 곳곳마다 동일한 진리인 십자가의 도를 가르쳤습니다. 고린도 교회에게는 "십자가의 도가 멸망하는 자들에게는 미련한 것이요 구원을 얻는 우리에게는 하나님의 능력이라"(고전 1:18)라고 했고, 갈라디아 교회에게는 앞에 인용한 것처럼 "그러나 내게는 우리 주 예수 그리스도의 십자가 외에 결코 자랑할 것이 없으니 그리스도로 말미암아 세상이 나를 대하여 십자가에 못 박히고 내가 또한 세상을 대하여 그러하니라"(갈 6:14)라고 했으며, 또한 골로새 교회에게는 "그의 십자가의 피로 화평을 이루사 만물 곧 땅에 있는 것들이나 하늘에 있는 것들을 그로 말미암아 자기와 화목케 되기를 기뻐하심이라"(골 1:2)고 했습니다. 이제 그는 그리스도가 오직 하나님의 비밀한 구원의 방식인 십자가를 위하여 오셨고, 그 십자가를 지셨으며, 그를 따르는 자들은 자신들의 십자가를 지며 살게 하신 분이심을 당당히 말하게 되었던 것입니다.

(3) 그리스도

베드로와 바울이 이러할 수 있었던 것은, 우리 주님이신 예수 그리스도께서 친히 십자가의 길을 걸으심에 대해 하나님께서 갚아주신 보상이 무엇인지 알았기 때문입니다. 그것이 무엇입니까? 바울은 빌립보서를 통해 이렇게 말합니다. "그는 근본 하나님의 본체시나 하나님과 동등됨을 취할 것으로 여기지 아니하시고 오히려 자기를 비어 종의 형체를 가져 사람들과 같이 되었고 사람의 모양으로 나타나셨으매 자기를 낮추시고 죽기까지 복종하셨으니 곧 십자가에 죽으심이라 이러므로 하나님이 그를 지극히 높여 모든 이름 위에 뛰어난 이름을 주사 하늘에 있는 자들과 땅에 있는 자들과 땅 아래 있는 자들로 모든 무릎을 예수의 이름에 꿇게 하시고 모든 입으로 예수 그리스도를 주라 시인하여 하나님 아버지께 영광을 돌리게 하셨느니라"(빌 2:6-11). 이것이 하나님의 지혜의 방식인 십자가와 그에 순종한 자들에 대한 하나님의 갚으심의 절정입니다. 이렇게 설명한 사도는 다시 덧붙입니다. "그러므로 나의 사랑하는 자들아 너희가 나 있을 때 뿐 아니라 더욱 지금 나 없을 때에도 항상 복종하여 두렵고 떨림으로 너희 구원을 이루라"(빌 2:12).

III. 십자가의 진가를 알고 사는 성도 (구원역사를 따라 사는 성도)

사랑하는 성도 여러분, 우리는 어떠합니까? 우리는 오늘 무엇을 붙잡고 신앙생활을 하며 그것을 어떤 자세로 지향하며 살아가고 있습니까? 찬송가 149장(통일 147장) "주 달려 죽은 십자가"는 이러한 십자가 지향의 정신을 깨닫게 된 17세기의 아이작 와츠가 지은 찬송인데, 이렇게 노래합니다.

"When I survey the wondrous cross On which the Prince of glory died, My richest gain I count but loss, And pour contempt on all my pride. ..."
"영광의 왕께서 달려 죽으신 놀라운 십자가를 내가 살펴보오니, 나의 가장 많은 이익을 헤아려보오나 그 모두 잃은 바라 나의 자만감에 대해 경멸을 쏟습니다."

어찌 이렇게 노래할 수 있었습니까? 세상에 속한 유한한 가치가 십자가를 통해 보이신 그리스도의 무한하심을 담아낼 수 없음을 알았기 때문입니다. 주께서 걸으신 십자가에 대해 갚아주신 아버지 하나님의 영광이 참으로 크고 놀랍기 때문입니다. 이러한 비밀이요 진리를 깨닫는 은혜가 여러분과 제게 있기를 소망합니다. 그리고 그 십자가를 따라 살아가는 은혜요 영적인 기쁨이 가득하기를 기도합니다.

131

「구속사」설교 _ 제14강
출15:1-18; 행7:2-60

그리스도 ③

"예수께서 하나님 우편에 서신 것을 보고 …"

「구속사救贖史」설교의 열네 번째 시간으로, 신자에게 가장 감사한 일인 그리스도께서 십자가를 지시고는 부활 승천하심으로 하나님 보좌우편에서 영광된 왕으로서 다스리고 계실 뿐 아니라 친히 신자된 우리의 중보자가 되어주신다는 내용(55절 "하늘을 우러러 주목하여 하나님의 영광과 및 예수께서 하나님 우편에 서신 것을 보고")을 살펴보려 합니다. 감사를 그저 현실적 충만으로만 이해하게 된 세대 가운데, 그리스도에 대한 세 번째 이해인 이 내용을 통해 보다 더 큰 감사를 누릴 수 있기를 소망합니다.

실제로 신자들이 그리스도께서 부활 승천하시기 전에 이 땅에 사역하셨던 내용에 대해서는 잘 알고 있지만, 승천 후에 계신 모습에 대해서는 절대적으로 이해가 부족합니다. 그래서 "그리스도에 대한 이해"라고 하면 주로 성육신과 십자가 사역에만 집중합니다. 그것도 물론 중요한 내용이긴 합니다만 간과하면 안 되는 사실은 그리스도께서 행하시는 구원 사역은 승천 후 지금까지도 하나님 우편에서 다스리고 계시며, 다시 오시는 재림까지 포함한다는 사실입니다. 이것이 신자에게 그리스도의 재림을 기다리게 하는 요소요, 주께서 다시 오셔서 행하실 심판의 날이 두렵고 무서운 날이 아니라 기쁘고 감사한 기대되는 날이 될 수 있는 이유입니다.

I. 그리스도께서 승천하신 모습

직접적인 기록은 없지만 스데반은 자신의 생애에서 이 사건을 직접적이든 아니면 간접적이든 목격하지 않았을까 여겨지는 부분이 바로 그리스도의 승천입니다. 사도행전 1:6-11절이 그 장면입니다. "저희가 모였을 때에 예수께 묻자와 가로되 주께서 이스라엘 나라를 회복하심이 이때니이까 하니 가라사대 때와 기한은 아버지께서 자기의 권한에 두셨으니 너희의 알 바 아니요 오직 성령이 너희에게 임하시면 너희가 권능을 받고 예루살렘과 온 유대와 사마리아와 땅 끝까지 이르러 내 증인이 되리라 하시니라 이 말씀을 마치시고 저희 보는데서 올리워 가시니 구름이 저를 가리워 보이지 않게 하더라 올라가실 때에 제자들이 자세히 하늘을 쳐다 보고 있는데 흰옷 입은 두 사람이 저희 곁에 서서 가로되 갈릴리 사람들아 어찌하여 서서 하늘을 쳐다 보느냐 너희 가운데서 하늘로 올리우신 이 예수는 하늘로 가심을 본 그대로 오시리라 하였느니라"(행 1:6-11).

누가가 기록한 사도행전 6-7장의 스데반에 대한 내용이 사도행전 1장과 결코 멀리 떨어지지 않은 내용임을 생각할 때, 스데반이 그리스도의 부활 후 사역 모습과 더불어 영광스러운 승천에 대해 잘 알고 있지 않았을까 생각해 봅니다. 그 결과 부활 승천하신 그리스도에 대한 신앙이 진리를 향한 그의 마음속에 가득하여, 스데반으로 하여금 여타한 두려움과 불의, 현실적 왜곡을 넘게 했으리라 상상해 볼 수 있습니다. 그렇기 때문에 사도행전 7:55-56절에서 "스데반이 성령이 충만하여 하늘을 우러러 주목하여 하나님의 영광과 및 예수께서 하나님 우편에 서신 것을 보고 말하되 보라 하늘이 열리고 인자가 하나님 우편에 서신 것을 보노라"고 할 수 있었을 것입니다.

스데반에게 그런 이해가 없었다면 그저 영적인 환상을 본 것이라고 했을 터인데, 실제적으로 주님을 알아본 것이라면 스데반이 주님이 누구신가를 실제로 알았기 때문에 그분이 영광스러운 하나님 우편에 서 계신 것을 볼 수 있었다고 생각됩니다. 이뿐만 아니라 집사로 선출될 때도 "믿음과 성령이 충만" 하였기에(행 6:5) 그렇게 자신을 향하여 살기가 등등한 위협상황에서도 하나님만 의지하였고, 그래서 성경은 "스데반이 성령이 충만하여" (행 7:55)라고 거듭 언급하고 있다고 보입니다. 따라서 혹자들은 그저 성령 충만을 축복이나 행복과 연관하는데 그치지만, 스데반은 그 성령 충만함으로 하늘이 열리고 주께서 하나님 우편에 서신 것을 볼 수 있었던 것이지요. 이는 땅에 있으되 '땅에 매인 성령 충만(?)' 이라는 언밸런스의 모습이 아니라, 진정으로 주님의 영이신 성령으로 충만하여서 하늘의 영광과 하늘의 세계를 보는 은혜를 누렸던 증거입니다. 성도 여러분 모두가 그런 은혜 입기를 간절히 소망합니다.

그러기 위해서는 무엇보다 믿음과 성령에 충만해야 하고 더하여 하나님의 진리에 붙들려야 할 것이요, 그러할 때 이땅에 살아도 하늘의 세계를 보며 하늘의 영광을 누리게 될 줄 믿습니다. 왜냐하면 그것이 신자가 붙잡고 지향하며 살아야 하는 교훈이자 영원한 소망이기 때문입니다. 그래서 이에 대해 사도 바울은 골로새 교회에 이렇게 말했습니다. "그러므로 너희가 그리스도와 함께 살리심을 받았으면 위엣 것을 찾으라 거기는 그리스도께서 하나님 우편에 앉아 계시느니라 위엣 것을 생각하고 땅엣 것을 생각지 말라 이는 너희가 죽었고 너희 생명이 그리스도와 함께 하나님 안에 감취었음이니라 우리 생명이신 그리스도께서 나타나실 그 때에 너희도 그와 함께 영광 중에 나타나리라" (골 3:1-4).

II. 승천 후에 하늘에서 다스리시는 주님

이제 그런 영광스러운 하늘의 세계를 우리에게 허락하시고자, 십자가에 죽으시되 삼일 만에 부활하시고 마침내 승천하셔서 하나님 우편에 앉아계신 그리스도에 대해 더 살펴보겠습니다. 성경에서 그리스도께서 감당하시는 사역을 살펴보면 여러 가지가 있는데 이를 잘 설명하는 웨스트민스터 신앙고백을 보면 "하나님께서는 그 영원하신 목적에서 기쁘신 뜻대로 그 독생자 주 예수를 하나님과 사람 사이에 중보자로 세우셨다. 예수님은 선지자와 제사장과 왕과 교회의 머리와 구주가 되시고, 만물의 후사와 세상의 심판자가 되셨다 ..."(신앙고백 8장 1항)라고 설명하고 있습니다. 이를 간략하게 세 가지로 요약할 수 있는데, 신학자들은 이것을 그리스도의 3중직 즉 세 가지 직분이라고 정리해줍니다. 이땅에 계시면서 감당하셨던 선지자先知者직, 승천하신 후에 감당하고 계시는 제사장祭司長직, 그리고 왕王직이 그 세 가지입니다.

(1) 선지자先知者 그리스도

먼저 그리스도께서 선지자先知者 직분을 감당하셨음은, 당신이 많은 진리의 가르침과 미래적 예언을 하셨음에도 불구하고 그리스도이심을 믿지 않던 고향사람들을 향해 하신 말씀인 마태복음 13:57-68절에서 알 수 있습니다. "예수를 배척한지라 예수께서 저희에게 말씀하시되 선지자가 자기 고향과 자기 집 외에서는 존경을 받지 않음이 없느니라 하시고 저희의 믿지 않음을 인하여 거기서 많은 능력을 행치 아니하시니라." 인간들은 메시아가 오실 것은 알았지만 자기 이해에만 빠져 자신들이 원하는 강력한 엘리야 같은 이를 기다렸을 뿐 정작 낮아져 마구간에 아기예수로 오신 그리스도를 받아들이지 못하였습니다. 뿐만 아니라 곁에 오신 그리스도를 인간적 이해로만 보는 영적 무지로 인하여 그 선지先知적 가르침을 받지 않았습니다. "자기 땅에 오매 자기 백성이 영접지 아니하였으나"(요 1:11).

하지만 예수께서 친히 찾아가신 사마리아에서는 우물가에 찾아온 여인이 자신의 부끄러운 과거와 현실에 대해 다 알고 계시는 주님에 대해 "여자가 가로되 주여 내가 보니 선지자로소이다"(요 4:19)라는 고백을 함으로 주님께서 선지자로 오셨음을 드러냅니다. 그렇기에 성령 강림 이후에 베드로는 솔로몬 행각에 모인 자들에게 설교하면서 자신이 이제는 철저하게 깨달은 신명기 18:15절에 말씀한 모세의 예언을 확신하며 그리스도에 대해 증거하기를 "모세가 말하되 주 하나님이 너희를 위하여 너희 형제 가운데 나 같은 선지자 하나를 세울 것이니 너희가 무엇이든지 그 모든 말씀을 들을 것이라"(행 3:22)고 했던 것입니다.

(2) 제사장祭司長 그리스도

그리스도에 대해 깊이 상고한 히브리서 기자는 그리스도의 제사장 되심을 설명합니다. "또한 이와 같이 그리스도께서 대제사장 되심도 스스로 영광을 취하심이 아니요 오직 말씀하신 이가 저더러 이르시되 너는 내 아들이니 내가 오늘날 너를 낳았다 하셨고 또한 이와 같이 다른데 말씀하시되 네가 영원히 멜기세덱의 반차를 좇는 제사장이라 하셨으니"(히 5:5-6). 이는 그리스도의 제사장직이 우리에게 주는 유익 때문인데 이를 히브리서 4:14-16절에서 말씀합니다. "그러므로 우리에게 큰 대제사장이 있으니 승천하신 자 곧 하나님 아들 예수시라 우리가 믿는 도리를 굳게 잡을찌어다 우리에게 있는 대제사장은 우리 연약함을 체휼하지 아니하는 자가 아니요 모든 일에 우리와 한결 같이 시험을 받은 자로되 죄는 없으시니라 그러므로 우리가 긍휼하심을 받고 때를 따라 돕는 은혜를 얻기 위하여 은혜의 보좌 앞에 담대히 나아갈 것이니라"(히 4:14-16).

따라서 승천하신 그리스도께서 우리를 위해 수행하시는 대제사장직으로 인해 우리는 더 이상 죄에 매여 허덕일 필요가 없고 오직 그리스도께 나아가기만 하면 주의 보혈공로와 은혜로 구원과 더불어 죄사함의 은혜를 누리게 됨을 강조하고 있습니다. 이 얼마나 큰 은혜요 얼마나 놀라운 구원의 역사인지 모릅니다. 그렇기에 여전히 스스로의 노력 혹은 봉사 등으로 구원을 얻고자 한다면 신앙을 가져도 죄와 삶의 무게 때문에 힘들게 되기에, 이렇게 왜곡된 구원 이해를 가진 분들에게는 그리스도께서 제사장 직분을 가지고 이를 하늘 보좌에서까지 감당하고 계시다는 교리로 말미암아 얻는 은혜와 그로 인한 자유가 가득할 것입니다.

　신자가 살면서 죄로부터의 끝없는 유혹과 그로 인한 실패와 좌절이 왜 없겠습니까? 하지만 우리에게는 우리 죄를 대속하시고 언제나 하나님 우편에 계신 제사장 그리스도가 계십니다. 사도는 죄에 대하여 정죄하는 주장들에 대해 명료하게 정리했습니다. "그러므로 이제 그리스도 예수 안에 있는 자에게는 결코 정죄함이 없나니 이는 그리스도 예수 안에 있는 생명의 성령의 법이 죄와 사망의 법에서 너를 해방하였음이라"(롬 8:1-2). 그리스도로 인한 구원의 은혜가 성도 여러분에게 영원토록 계속되기를 바랍니다. 할렐루야 !!!

(3) 왕王 그리스도

　마지막으로 살필 내용은 그리스도의 왕王직분, 즉 왕 되심인데, 이에 대해 사도 바울은 에베소 교회에 보내는 편지를 통해 이렇게 찬양합니다. "그 능력이 그리스도 안에서 역사하사 죽은 자들 가운데서 다시 살리시고 하늘에서 자기의 오른편에 앉히사 모든 정사와 권세와 능력과 주관하는 자와 이 세상뿐 아니라 오는 세상에 일컫는 모든 이름 위에 뛰어나게 하시고 또 만물을 그 발 아래 복종하게 하시고 그를 만물 위에 교회의 머리로 주셨느니라"(엡 1:20-22). 이를 설명이라 하지 않고 찬양讚揚이라고 하는 것은 왕이시고 통치자이시기에 그분께 보내는 영광을 담고자 그렇게 한 것입니다. 물론 에베소서 1:3 이하는 "찬송하리로다 ..."로 시작되고, 1:16 이하는 기도입니다. 그러나 전체적인 내용이 하나님의 구원 섭리에 대한 찬양이며 경배 및 영광송과 같은 내용이라 할 수 있습니다.

이 시대 한국에 사는 우리는 왕王직이 익숙하지 않지만, 한 나라의 왕에게는 폐하陛下라든가 전하殿下라는 표현을 씁니다. 영어 표현으로는 His/Her Majesty라거나 His/Her Highness라고 하는데 그 의미는 해당하는 나라 가운데 가장 높고 가장 엄중한 지위를 가진 분이라는 뜻입니다. 성경적 일례로 다니엘 6:21절에 보면 "다니엘이 왕에게 고하되 왕이여 원컨대 왕은 만세수를 하옵소서"라는 내용이 나옵니다. 이는 신하가 왕을 접견할 때마다 하는 찬송/송축적 표현으로 "만세수萬歲壽를 하라"는 것은 영원히 살라는 말이요, 그 왕의 권능과 영향력이 온 천하/시대에 미친다는 표현이지요.

그러므로 승천하신 그리스도께서는 그렇게 대상과 시대를 모두 포괄하여 다스리는 왕이시기에, 이를 요한계시록 17:14에서는 이렇게 찬양합니다. "저희가 어린 양으로 더불어 싸우려니와 어린 양은 만주의 주시요 만왕의 왕이시므로 저희를 이기실터이요 또 그와 함께 있는 자들 곧 부르심을 입고 빼내심을 얻고 진실한 자들은 이기리로다."

만주의 주시요 만왕의 왕이신 분이 우리의 주님이시고 우리의 중보자 되신다고 생각하면, 현실에 있어서도 직면한 일들에 연연하기보다는 진정 왕이시고 영원한 주이신 그분께 나아가 구하며 의지하는 일이 더 복된 일임을 알게 될 것입니다. 뿐만 아니라 이후와 종말의 때를 생각하여도 역시나 심판이 두렵거나 무서운 일이 아니라 기대되는 일이요 칭찬받고 상받을 날을 기다림과 같은 것입니다. 그래서 사도는 그런 기대에 가득찬 마음을 빌립보 교회에 보내는 편지를 통해 표현하기를 "오직 우리의 시민권은 하늘에 있는지라 거기로서 구원하는 자 곧 주 예수 그리스도를 기다리노니 그가 만물을 자기에게 복종케 하실 수 있는 자의 역사로 우리의 낮은 몸을 자기 영광의 몸의 형체와 같이 변케 하시리라"(빌 3:20-21)고 했습니다.

소망하기를 그리스도만 더 의지하고 그리스도만 기뻐하고 그리스도로 말미암아 더욱 하늘의 소망을 가진 것으로 감사하는 여러분 되시기를 바랍니다. 그리고 계속 기도하기를 "주님, 죄와 현실로부터 은혜와 영원에 더 가까워지게 하시니 감사합니다. 우리의 삶과 인생 그리고 신앙을 통해 주님께서 영광 받으시는 존재가 되게 하여 주옵소서"라는 찬송의 간구를 드리는 여러분 되시기를 기도합니다.

「구속사」설교 _ 제15강
출15:1-18; 행7:2-60

그리스도 ④

"주 예수여 내 영혼을 받으시옵소서"

　　「구속사救贖史」 설교의 열다섯 번째 시간으로, 구속사라는 하나님의 구
원계획의 정점이신 그리스도에 대해 마지막으로 살피는 시간입니다. 이제
까지 우리는 성경의 말씀을 따라 그리스도에 대해 4단계로 생각해 왔는데,
먼저 (1) 예언을 따라 오신 의인義이신 그리스도(52절a. "의인이 오시리라 예고한
자들을..."), (2) 그리스도의 십자가(52절b. "그 의인을 잡아준 자요 살인한 자가 되나
니"), (3) 하나님 우편에 계신 주님(55절 "하늘을 우러러 주목하여 하나님의 영광과 및
예수께서 하나님 우편에 서신 것을 보고")을 살펴보았습니다. 오늘은 그 마지막으
로 (4) 영혼을 받아주시는 주님(59-60절, "저희가 돌로 스데반을 치니 스데반이 부르짖
어 가로되 주 예수여 내 영혼을 받으시옵소서 하고 무릎을 꿇고 크게 불러 가로되 주여 이 죄
를 저들에게 돌리지 마옵소서 이 말을 하고 자니라"), 즉 영원히 계시는 주님이시며
다시 오실 재림주로서의 그리스도를 생각하려고 합니다.

I. 재림주에 대한 구약적 예언

이전에 우리 신앙이 얼마나 "이 땅적인가"를 언급했습니다. 그리스도로 말미암아 구원 얻은 신자라면 마땅히 생각해야 할 것이 하늘에 속한 영생 적 삶이요 영원한 삶에 대한 지향을 가진 인생입니다. 즉 종말을 사는 인생 인 것입니다. 그런데 땅에 매인 가르침은 이미 구약에서부터 예언된 영생 에 대한 가르침이자 그 귀중한 역사를 감당하시는 그리스도에 대한 예언 의 내용을 말해주지 못합니다.

일반적으로 다니엘과 세 친구의 "그리 아니하실찌라도"(단 3:18)라는 내용만 기억하는 다니엘서에는, 이미 오실 그리스도의 왕권과 그 그리스도의 영 원한 권세에 대한 예언이 이렇게 기록되어 있습니다. "내가 또 밤 이상 중에 보 았는데 인자 같은 이가 하늘 구름을 타고 와서 옛적부터 항상 계신 자에게 나아와 그 앞에 인 도되매 그에게 권세와 영광과 나라를 주고 모든 백성과 나라들과 각 방언하는 자로 그를 섬기 게 하였으니 그 권세는 영원한 권세라 옮기지 아니할 것이요 그 나라는 폐하지 아니할 것이니 라"(단 7:13-14).

물론 여기서 사용한 용어인 "인자人子"라는 표현은 그리스도께서 친히 당신 자신에 대해 가리키시며 "인자의 온 것은 잃어버린 자를 찾아 구원하려 함이니 라"(눅 19:10)와 "인자의 온 것은 섬김을 받으려 함이 아니라 도리어 섬기려 하고 자기 목숨 을 많은 사람의 대속물로 주려 함이니라"(막 10:45)라고 사용하신 표현임을 생각할 때, 응당 다니엘의 예언은 그리스도를 의미하는 것입니다. 그뿐 아니라 이 는 주님의 오심, 즉 초림初臨뿐 아니라 나아가 다시 오심인 재림再臨에 대한 예언이기도 한 것이지요. 그러므로 재림再臨의 역사는 그리스도께서 정녕 온 우주와 세계를 참으로 온전하게 다스리시는 통치의 완성이 이루어질 내용임을 이미 하나님께서는 구약에서부터 다니엘을 통해 예언하셨던 것 입니다.

II. 재림주에 대한 신약적 예언

(1) 예수님의 직접 약속

재림에 대한 예언은 주님께서 오신 후에도 친히 말씀하심을 통해 계속되었습니다. 요한복음 14:1-3절을 보면 "너희는 마음에 근심하지 말라 하나님을 믿으니 또 나를 믿으라 내 아버지 집에 거할 곳이 많도다 그렇지 않으면 너희에게 일렀으리라 내가 너희를 위하여 처소를 예비하러 가노니 가서 너희를 위하여 처소를 예비하면 내가 다시 와서 너희를 내게로 영접하여 나 있는 곳에 너희도 있게 하리라"(요 14:1-3)라고 하시면서 주께서 지금 오심이 단번에 끝나는 것이 아니라 다음을 위한 준비, 즉 '재림을 위한 초림' 이심을 설명하고 계십니다.

이러한 주님의 말씀은 여기서 그치지 않습니다. 요한복음 14:18절에서도 "내가 너희를 고아와 같이 버려두지 아니하고 너희에게로 오리라"라고 거듭 재림再臨에 대해 말씀하실 뿐 아니라, 이후 28절 상반절에서도 "내가 갔다가 너희에게로 온다 하는 말을 너희가 들었나니 ..."라고 하시면서 강조의 강조를 하고 계십니다. 어디 이뿐입니까? 마태복음 16:27절에서 주님은 말씀하시기를 "인자가 아버지의 영광으로 그 천사들과 함께 오리니 그 때에 각 사람의 행한대로 갚으리라"고 하셨습니다. 또한 누가복음 17:30절에서도 자신의 다시 오심에 대해 "인자의 나타나는 날에도 이러하리라"고 제자들로 하여금 각성하도록 거듭거듭 말씀하셨던 것입니다.

(2) 천사와 사도의 약속

주님의 이러한 약속뿐 아니라 천사 또한 주님의 재림을 약속했습니다. "... 너희 가운데서 하늘로 올리우신 이 예수는 하늘로 가심을 본 그대로 오시리라 하였느니라"(행 1:11b.). 그리고 부활 승천하신 주님께서 찾아와 만나주셨던 사도 바울 역시 자신의 서신들 속에서 분명한 확신으로 주님의 재림에 대해 말하기를, 고린도전서 1:7절 "너희가 모든 은사에 부족함이 없이 우리 주 예수 그리스도의 나타나심을 기다림이라"라고 하였고, 특별히 재림에 대한 기대로 가득 찼던 데살로니가 교회에 보내는 편지에서는 "우리의 소망이나 기쁨이나 자랑의 면류관이 무엇이냐 그의 강림하실 때 우리 주 예수 앞에 너희가 아니냐"(살전 2:19), "그 후에 우리 살아 남은 자도 저희와 함께 구름 속으로 끌어 올려 공중에서 주를 영접하게 하시리니 그리하여 우리가 항상 주와 함께 있으리라"(살전 4:17)고 확신에 차서 거듭 강조하여 말했던 것입니다.

(3) 계시록의 약속

이뿐만이 아닙니다. 마지막 때에 대한 신비한 예언을 담은 요한계시록에서 사도 요한 역시 주님의 재림에 대해 분명하게 예언하기를 "볼찌어다 구름을 타고 오시리라 각인의 눈이 그를 보겠고 그를 찌른 자들도 볼터이요 땅에 있는 모든 족속이 그를 인하여 애곡하리니 그러하리라 아멘"(계 1:7), "보라 내가 속히 오리니 이 책의 예언의 말씀을 지키는 자가 복이 있으리라 하더라"(계 22:7)고 하였습니다. 그러면서 그리스도께서 친히 하신 말씀을 덧붙여 "주 하나님이 가라사대 나는 알파와 오메가라 이제도 있고 전에도 있었고 장차 올 자요 전능한 자라 하시더라"(계 1:8)고 그 분명하여 변할 수 없는 재림의 약속에 대한 진리를 전해주었습니다.

III. 재림약속을 가진 자의 삶

그러하기에 신자는 그리스도 재림의 약속을 가진 자입니다. 그러면 신자는 재림을 기다리며 어떻게 살아야 할까요?

(1) 마라나타

주 안에서 사랑하는 성도 여러분, "마라나 타(μαραυα θα / marana tha)"라는 단어를 들어보셨을 것입니다. 이 단어는 원래 아람어로 "우리 주님, 오십

시오(our Lord, come!)"라는 말인데, 고린도전서 16:22절에서는 "주께서 임하시
느니라"고 우리말로 번역되어 있지만 헬라어 성경에는 "마라나 타"라고 되
어 있습니다. 여기뿐 아니라 요한계시록 22:20절에 "이것들을 증거하신 이가 가
라사대 내가 진실로 속히 오리라 하시거늘 주 예수여 오시옵소서"라고 할 때에도 다른
단어인 ἔρχου (에르쿠, 오시옵소서)를 사용하여 거듭 "ἔρχομαι (에르코마이),
ἔρχου (에르쿠)"를 반복하여 강렬히 희구하는 표현으로 기록한 것입니다. 즉
신자는 현실과 이땅이 아닌 종말과 하늘에 대한 기다림을 가지고 살아야 합
니다.

(2) 재림을 기다리는 이유

그렇다면 왜 그들은 주님의 재림을 기다렸을까요? 아니 여러분은 왜 재
림을 기다리는지요? 의료기술이 발달하여 건강 100세 시대를 맞으면서,
사람들은 죽음을 기다리기보다는 더 나은 삶, 즉 현실적인 삶과 인생에 대
한 관심이 더욱 커지고 있습니다. 이에 대해 재림을 기다리는 삶이 마치 현
실을 포기하고 죽음을 기다리는 것으로 오해되기도 합니다. 아니면 이상
하게 해석해서 현실적 재림으로 이해합니다.

그러나 신자들이 재림을 기다리는 이유는, 죄와 악으로 얼룩진 불완전
한 세상이 아니라 영원한 왕이시고 진정한 주인이신 그리스도께서 오셔서
다스리심으로 맞이하게 될 완성된 세계, 다시 말하면 에덴동산의 회복이
요 온 우주의 재창조를 기대하기 때문입니다. 즉 신자는 불완전한 세계 속
에서 그저 현실적인 만족을 구하며 살아서는 안 되고, 완성될 세계를 바라
보며 영원함으로 채워지기를 바라며 살아야 하는 것입니다.

(3) 새 하늘과 새 땅

그러한 완성될 세계를 성경에서는 다른 용어로 "새 하늘과 새 땅"이라고

합니다. 요한계시록 21:1-4절은 그 "새 하늘과 새 땅"에 대해 다음과 같이 예언합니다. "또 내가 새 하늘과 새 땅을 보니 처음 하늘과 처음 땅이 없어졌고 바다도 다시 있지 않더라 또 내가 보매 거룩한 성 새 예루살렘이 하나님께로부터 하늘에서 내려오니 그 예비한 것이 신부가 남편을 위하여 단장한 것 같더라 내가 들으니 보좌에서 큰 음성이 나서 가로되 보라 하나님의 장막이 사람들과 함께 있으매 하나님이 저희와 함께 거하시리니 저희는 하나님의 백성이 되고 하나님은 친히 저희와 함께 계셔서 모든 눈물을 그 눈에서 씻기시매 다시 사망이 없고 애통하는 것이나 곡하는 것이나 아픈 것이 다시 있지 아니하리니 처음 것들이 다 지나갔음이러라." 그런데 그 새 하늘과 새 땅을 누가 다스리는가 할 때에, "또 내게 말씀하시되 이루었도다 나는 알파와 오메가요 처음과 나중이라 ..."(계 21:6a.)고 하면서, 앞에서 살핀 바된 "주 하나님이 가라사대 나는 알파와 오메가라 이제도 있고 전에도 있었고 장차 올 자요 전능한 자라 하시더라"(계 1:8)를 생각나게 합니다. 즉 우리 주님이 그 재림의 날 온 우주와 천하 만물을 주관하시는 왕이시며 전능자로 오신다는 사실입니다. 그러므로 새 하늘과 새 땅에 대한 기다림은 역시 우리 주님의 재림再臨에 대한 기다림과 같은 내용입니다. 그리고 그 새 하늘과 새 땅에서는 전혀 슬픔이나 아픔이 없고 온전한 기쁨과 감사만이 있을 것이기에, 신자들은 그 날을 기다리고 갈망하며 사는 것입니다.

(4) 재림을 기다리는 현재적 삶 : 위로와 충만

그렇게 그리스도의 재림을 알고 기다리면 기다릴수록, 우리는 신자가 가진 진정한 위로와 그로 인한 충만함이 무엇인가를 알게 되고 그것을 현실 가운데 누리게 됩니다. 이것이 신자의 능력입니다. 즉 주님의 종말을 기다리기에 어떠한 현실에 대해서도 이길 힘을 얻게 되고, 나아가 도리어 현실의 어려움을 향해 도전해가는 성숙함을 배우게 됩니다. 또한 우리는 여기서 진정한 신자가 가진 능력의 근원인 영원한 약속에 대한 확신, 즉 종말에 대한 든든한 신념과 확신을 보게 됩니다.

450여 년 전에 이미 하이델베르크 요리문답 제1문은 이렇게 묻고 답합니다. "제1문 : 사나 죽으나 당신의 단 하나의 위로는 무엇입니까? 답 : 사나 죽으나 나는 나의 것이 아니고, 몸과 영혼이 모두 신실하신 구주 예수 그리스도의 것입니다. 주께서 보배로운 피를 흘려 나의 모든 죄값을 치러주셨고 마귀의 권세로부터 나를 자유롭게 하셨습니다. 또한 하늘에 계신 아버지의 뜻이 아니고는 나의 머리카락 하나라도 상하지 않는 것처럼 주님께서는 나를 항상 지켜주십니다. 실로 이 모든 것이 협력하여 나의 구원을 이룹니다 ..."

여기서 주님의 지켜주심은 과연 언제까지인가를 생각해 볼 필요가 있습니다. 우리가 믿는 주님이 다시 오실 그분이시요 재림주라고 하는 사실은 주께서 우리를 영원토록 인도하시고 지키시며 마침내 심판하실 때 품어주실 분이라는 확신으로 인도합니다. 교회는 그러므로 어떠한 사람이나 외적 현실에 대한 기대와 믿음이 아닌, 오직 주님의 다시 오심과 그때에 갚으실 은혜와 영광을 기대하며 자신에게 주어진 길을 걷고 감당해야 할 몫을 해나가는 공동체인 것입니다.

교회 속에서 성찬에 참여하는 성도들은, 사도 바울이 그 의미를 교훈한 말씀을 깊이 새겨야 합니다. "내가 너희에게 전한 것은 주께 받은 것이니 곧 주 예수께서 잡히시던 밤에 떡을 가지사 축사하시고 떼어 가라사대 이것은 너희를 위하는 내 몸이니 이것을 행하여 나를 기념하라 하시고 식후에 또한 이와 같이 잔을 가지시고 가라사대 이 잔은 내 피로 세운 새 언약이니 이것을 행하여 마실 때마다 나를 기념하라 하셨으니 너희가 이 떡을 먹으며 이 잔을 마실 때마다 주의 죽으심을 오실 때까지 전하는 것이니라" (고전 11:23-26).

그러므로 이제까지도 그러했겠지만 이후로 더더욱 주님 오실 때까지 믿음이 변치 않고 묵묵히 주님의 나라를 섬기는 여러분 되시기를 권면합니다. 그러할 때 우리 구주 그리스도께서 다시 오실 그날, 온 땅과 하늘이 주의 영광으로 가득 차는 일을 보게 될 것입니다. 죄와 사망이 모두 무릎 꿇고 어두움과 아픔이 다 사라진 날, 영원한 왕이시요 영광의 주께서 우리와 함께 영원토록 왕위에서 다스리실 것이기에 그 백성됨의 자랑과 자부심이 넘치게 될 줄 믿습니다.

베드로 ①

"베드로가 이것을 보고 백성에게 말하되 ..."

「구속사救贖史」 설교의 열여섯 번째 시간으로, 하나님의 구원 계획인 그리스도에 대해 분명히 알게 되면서부터, 이전과 달리 그리스도와 그분을 통해 이루어지는 하나님의 구원역사를 모든 것으로 알고 살아간 '베드로'에 대해 두 번에 걸쳐 생각해보려고 합니다. 그 첫 시간으로 베드로의 과거와 변화를 살펴보겠습니다.

I. 베드로의 과거 - 메시아로 인한 자기 기대와 그 열심

(1) 부르심의 이면

우리가 베드로에 대해 웬만큼 잘 알고 있기 때문에 다른 이야기는 하지 않고, 베드로가 예수님께 제자로 부름받은 일부터 살펴보려고 합니다. 일반적으로 마태복음 10:1-4절이나 마가복음 3:13-19절 그리고 누가복음 6:12-16절 등에 예수께서 제자들을 부르신 내용이 나옵니다. 그런데 이들에는 "예수께서 그 열두 제자를 부르사 ..."(마 10:1절a.) 하는 식으로 예수님은 부르신 주체이시고, 제자들은 객체로서 그냥 부르심을 받은 자들의 명단이 나오는 방식으로 기록되어 있습니다. 하지만 요한복음 1:40-42절에 보면 제자들이 왜 예수님의 부르심에 따라왔는지 자기들끼리 한 대화를 통해 그 객체 입장에서의 사유事由를 살펴볼 수 있습니다. 내용을 보면 "요한의 말을 듣고 예수를 좇는 두 사람 중에 하나는 시몬 베드로의 형제 안드레라 그가 먼저 자기의 형제 시몬을 찾아 말하되 우리가 메시아를 만났다 하고(메시아는 번역하면 그리스도라) 데리고 예수께로 오니 예수께서 보시고 가라사대 네가 요한의 아들 시몬이니 장차 게바라 하리라 하시니라 게바는 번역하면 베드로라)"고 기록되어 있음을 볼 때, 베드로는 분명 예수님을 자신들이 기다렸던 메시아로 소개받았기에 주저없이 따랐음을 알 수 있습니다.

그래서 마태복음 16:15-16절에 예수께서 "가라사대 너희는 나를 누구라 하느냐"라고 물으셨을 때에 "시몬 베드로가 대답하여 가로되 주는 그리스도시요 살아계신 하나님의 아들이시니이다"라고 정확하게 대답했던 것입니다. 그런 베드로에게 주님께서는 "예수께서 대답하여 가라사대 바요나 시몬아 네가 복이 있도다 이를 네게 알게 한 이는 혈육이 아니요 하늘에 계신 내 아버지시니라 또 내가 네게 이르노니 너는 베드로라 내가 이 반석 위에 내 교회를 세우리니 음부의 권세가 이기지 못하리라 내가 천국 열쇠를 네게 주리니 네가 땅에서 무엇이든지 매면 하늘에서도 매일 것이요 네가 땅에서 무엇이든지 풀면 하늘에서도 풀리리라"(마 16:17-19)라고 인정해 주시기까지 하셨습니다.

(2) 불협화음

하지만 예수께서 메시아(자기 중심의 개념으로만 생각한)라고 여겼기에 좇았을 뿐인 베드로는 주님께서 당신의 고난과 십자가 죽음에 대해 가르치시자 마태복음 16:22절에서 볼 수 있듯이 "베드로가 예수를 붙들고 간하여 가로되 주여 그리 마옵소서 이 일이 결코 주에게 미치지 아니하리이다"라고 말했습니다. 왜냐하면 자신의 기대가 사라지는 것을 견딜 수 없었기 때문이었을 것입니다.

이뿐 아니라 마태복음 17장에서 베드로는 예수님께서 베드로와 야고보와 요한을 데리고 변화산에 가셨을 때, 영화로운 모습으로 변화되어 모세와 엘리야와 더불어 말씀하시는 장면을 보게 되자 자신의 기대를 담아 말하기를 "베드로가 예수께 여짜와 가로되 주여 우리가 여기 있는 것이 좋사오니 주께서 만일 원하시면 내가 여기서 초막 셋을 짓되 하나는 주를 위하여, 하나는 모세를 위하여, 하나는 엘리야를 위하여 하리이다"(마 17:4)라고 했습니다. 그러나 그것은 예수님께서 원하시는 방향이 아니었습니다.

또한 예수님께서 베드로가 당신을 부인하리라고 말씀하시자 "베드로가 대답하여 가로되 다 주를 버릴찌라도 나는 언제든지 버리지 않겠나이다 예수께서 가라사대 내가 진실로 네게 이르노니 오늘밤 닭 울기 전에 네가 세 번 나를 부인하리라 베드로가 가로되 내가 주와 함께 죽을찌언정 주를 부인하지 않겠나이다 하고 모든 제자도 이와 같이 말하니라"(마 26:33-35)고 하며, 여전한 자기중심과 열심에 따라 지탱하던 베드로의 모습을 볼 수 있습니다.

그렇지만 결국 그러한 자기 기대와 자기 열심의 결과는 무엇이었습니까? 마태복음 26:75절은 베드로의 한계를 이렇게 기록하고 있습니다. "이에 베드로가 예수의 말씀에 닭 울기 전에 네가 세 번 나를 부인하리라 하심이 생각나서 밖에 나가서 심히 통곡하니라." 어찌 이뿐입니까. 요한복음 21:2-4절은 더 나아가 베드로의 몰락을 우리에게 전해주는데, "시몬 베드로와 디두모라 하는 도마와 갈릴리 가나 사람 나다나엘과 세베대의 아들들과 또 다른 제자 둘이 함께 있더니 시몬 베드로가 나는 물고기 잡으러 가노라 하매 저희가 우리도 함께 가겠다 하고 나가서 배에 올랐으나 이 밤에 아무 것도 잡지 못하였더니 날이 새어갈 때에 예수께서 바닷가에 서셨으나 제자들이 예수신 줄 알지 못하는지라" 고 기록하고 있습니다.

즉 베드로는 과거에 어부였기에 주님의 십자가 이후에 메시아를 좇았던 자기 열심을 버리고 과거의 생업으로 돌아갔지만, 이제는 고기 한 마리조차 잡지 못하는 무능한 모습일 뿐만 아니라 주님이 찾아오셨어도 알아보

지 못하는 비참한 모습을 보여주고 있는 것입니다. 이를 "베드로의 몰락沒
落"이라고 부를 수 있겠는데, 하나님의 뜻이 아닌 잘못된 기대와 자기 열심
으로 채워진 베드로 인생에 대한 짧은 평가라 할 수 있겠습니다.

II. 베드로의 변화 - 인격적 만남을 통한 내면과 외적 삶의 전환

(1) 내면의 변화 by 인격적 만남

그랬던 베드로가 요한복음 21장에 오면, 어떻게 하나님의 사람으로 변
화할 수 있었는지 그 이유를 보여줍니다. 십자가 이후에 자포자기 심정으
로 디베랴 바닷가에 돌아갔던 베드로, 한 인생으로는 몰락해버린 베드로
를 주님께서 "친히 찾아가셨습니다". 그 찾아가심을 통해, 즉 십자가에서
죽으시고 약속대로 삼 일만에 부활하신 그 "주님과의 인격적인 만남"을
통해, 그때부터는 자기 기대와 열심 그리고 목적지향적인 삶이 아니라 철
저히 하나님의 사람으로 변화되는 모습을 보여줍니다.

[여기서 "인격적인 만남"이라는 표현에 무척 주목해야 하는데, 주
님께서 십자가에 달리심을 보았던 베드로는 주님의 부활하심에 대
해 막달라 마리아와 같은 여인들 이후에 가장 먼저 무덤에 가서 확
인하기도 했습니다. "베드로는 일어나 무덤에 달려가서 구푸려 들여다 보니
세마포만 보이는지라 그 된 일을 기이히 여기며 집으로 돌아가니라"(눅 24:12). 뿐
만 아니라 베드로는 부활의 주님을 만난 적도 있었습니다. 이는 누
가복음 24:36절 이하에 잘 기록되어 있고, 또한 마가복음 16:14절에
"그 후에 열한 제자가 음식 먹을 때에 예수께서 저희에게 나타나사 저희의 믿음 없
는 것과 마음이 완악한 것을 꾸짖으시니 이는 자기의 살아난 것을 본 자들의 말을 믿
지 아니함일러라"고 기록되어 있습니다. 그때에 주님은 우리가 잘 아
는 선교의 사명을 제자들, 즉 베드로를 포함한 제자들에게 주셨던

것입니다.

그 다음 시간 간격인 마태복음 28:20절 이후, 마가복음 16:18절 이후 19절 이전까지, 누가복음 24:49절 이후 50절 이전까지의 시간으로 보이는 요한복음 21장에서, 주님은 자기를 알아보지도 못하는 베드로를 친히 찾아가셨습니다. 물론 요한복음 21장에 대해서는, 성경 원본에는 없는데 이후에 붙여진 내용이라는 주장이 있습니다. 왜냐하면 요한복음 20:30-31절이 책을 마치는 내용과 같은 표현이기 때문이고 또한 요한복음 21:25절 내용이 그러하기 때문입니다. 뿐만 아니라 앞에서 살핀 것처럼 부활하신 주님께서 제자들을 찾아가셔서 만나주시고 선교 사명을 주시는 것으로 복음서가 끝나기 때문에 응당 21장은 마치 끼어든 것과 같이 여겨지기 때문입니다.

그러나 요한복음 21:14절이 "이것은 예수께서 죽은 자 가운데서 살아나신 후에 세 번째로 제자들에게 나타나신 것이라"라고 말씀할 뿐 아니라 전제적으로 모든 성경 말씀이 하나님의 말씀이요 주께서 주신 정확무오한 말씀임을 믿는 우리로서는, 왜 그리고 어느 때 이런 일이 있었는지 아니 성경이 늘 외적으로 드러난 사건뿐 아니라 내면적 사건에 솔직하고 진실하다는 입장에서 볼 때, 요한복음 21장은 상당한 의미가 있습니다.]

그러므로 베드로가 제자로서의 진정한 소명을 갖게 된 일이 요한복음 21장 이후임을 생각할 때, 마치 신자가 구원받은 이후에도 성화 과정을 거쳐 신자 됨을 갖추어가는 것과 같이 생각할 수 있습니다. 그러한 과정 중의 모습이 소명을 버리고 디베랴 바닷가로 도망갔다가, 자신을 찾아오신 주님을 다시 만난 베드로의 모습이었습니다. 3년을 같이 모시고 다녔음에도 앞에서 언급한 것과 같이 "날이 새어갈 때에 예수께서 바닷가에 서셨으나 제자들이 예수신줄 알지 못하는지라"(요 21:4)라고 해서 찾아오신 주님을 알지 못했다는 내용은 실로 그들이 정말 알지 못함이 아닌 "회피함일 수도 있다는 추측"을 자아내기도 합니다.

하지만 더 이상 피해갈 수 없는 주님의 주님 되심과 그분의 말씀 앞에 선 자신의 존재가 무엇인지, 가야 할 길이 무엇인지, 감당해야 할 소명이 무엇인지 선명히 드러나게 되었을 때, 베드로는 그분 앞에 무릎을 꿇습니다. "예수께서 가라사대 와서 조반을 먹으라 하시니 제자들이 주신줄 아는 고로 당신이 누구냐 감히 묻는 자가 없더라 예수께서 가서서 떡을 가져다가 저희에게 주시고 생선도 그와 같이 하시니라"(요 21:12-13). 그리고 주님께서 준비해주신 그 영광스러운 조찬을 먹은 후에 주님은 베드로의 심장에 대고 세 번이나 "나를 사랑하느냐?"고, 즉 사람들보다 그리스도이신 당신을 정말 사랑하느냐고 물으셨습니다.

사실 제자가 되어 소명召命의 길을 걷는 것은 외치는 구호로도 되지 않고 외적 활동으로도 되지 않습니다. 영혼과 심장에 들려오는 주의 부르심을 자신이 들을 때, 주의 소명을 인격적으로 알았을 때에만 가능합니다. 다른 사람들은 그것을 전혀 모를 수 있습니다. 그래서 겉으로 드러난 것만을 평가합니다. 하지만 오직 영혼의 귀를 열어서 주의 부르심을 좇으라는 소명을 깨달은 사람은 하나님의 역사 속에서 자신이 가야 할 길을 묵묵히 갑니다. 왜냐하면 그가 지난 후에 반드시 하나님의 평가가 있을 것이기 때문입니다. 그렇기에 이후에 베드로가 어떻게 했다는 내용이 없이 요한복음이 끝나기는 합니다만, 디베랴 바닷가 이전과 이후의 베드로의 삶이 전혀 달라졌음을 우리는 알고 있습니다. 왜 변화되었느냐고요? 그 자신의 영혼과 심장에 주의 부르심과 소명을 알았기 때문입니다.

사랑하는 성도 여러분, 여러분은 어떠하신가요? 주의 부르심을 들었나요? 주께서 여러분을 필요로 하심을 깊이 체감했나요? 물론 부르심은 영혼의 체험이요 알지 못할 때 일어나는 신비로운 일이기도 합니다. 그러나 그것을 마침내 자각하였는가는 매우 중요한 일입니다. 그런 역사가 여러분에게 있기를 소망합니다.

(2) 외면의 변화 for 소명召命

이렇게 주를 인격적으로 만난 베드로는 이전의 자기 이해와 열심 그리고 숨겨진 야망을 따라 살던 때와는 전혀 다른 진리의 삶을 살아갑니다. 그 절정이 사도행전 3장에 나오는 앉은뱅이를 걷게 하였던 신앙고백이었습니다. "베드로가 가로되 은과 금은 내게 없거니와 내게 있는 것으로 네게 주노니 곧 나사렛 예수 그리스도의 이름으로 걸으라 하고"(행 3:6). 실제로 그가 메시아를 좇으며 갈망하던 내용을 비유적으로 표현한다면 '은과 금' 일진대, 자신에게는 그런 것들이 없다는 진실한 고백을 하면서 도리어 더 큰 능력이 되시는 그리스도를 제시합니다. 바로 그 이름에 능력이 있음을 베드로는 알았고 믿었고 그것으로 살았던 것입니다. 그러자 그 수혜를 앉은뱅이가 누리게 되었습니다.

이는 성도인 우리도 마찬가지입니다. 인간적 능력인 돈, 학벌, 명예가 없음을 고백하고 오히려 능력의 근원되시는 주님 예수 그리스도만을 의지할 때 하늘의 주께서 베푸시는 능력이 우리의 주변에서 정말 놀랍게 드러날 줄로 믿습니다. 그럴 때 우리에게 뿐만 아니라 우리 주변으로 하여금 변화하게 하는 능력의 원천이 될 것입니다.

그렇기에 베드로는 거기서 멈추지 않고, 사도행전 3:11절 이하에서 이제 앉은뱅이 한 사람을 넘어 솔로몬 행각에 모인 모든 백성들에게 동일한 진리를 전합니다. 하나님께서 그로 하여금 먼저 한 사람에게 전하게 하신 진리의 사역을 섭리 가운데 확장시키셔서 모든 백성에게 듣게 하신 것입니다. 그러므로 하나님의 구원사역이 먼저 유대인들에게 더 광범위하게 전해지고 이후에 이방인들에게도 전해지게 하는 어머니 교회로서의 예루살렘 교회가 되게 하십니다. 그 내용은 계속 살피고 있는 구원의 역사요 그 절정이신 그리스도입니다.

"베드로가 이것을 보고 백성에게 말하되 이스라엘 사람들아 이 일을 왜 기이히 여기느냐 우리 개인의 권능과 경건으로 이 사람을 걷게 한 것처럼 왜 우리를 주목하느냐 아브라함과 이삭과 야곱의 하나님 곧 우리 조상의 하나님이 그 종 예수를 영화롭게 하셨느니라 너희가 저를 넘겨주고 빌라도가 놓아 주기로 결안한 것을 너희가 그 앞에서 부인하였으니 너희가 거룩하고 의로운 자를 부인하고 도리어 살인한 사람을 놓아 주기를 구하여 생명의 주를 죽였도다 그러나 하나님이 죽은자 가운데서 살리셨으니 우리가 이 일에 증인이로라 그 이름을 믿으므로 그 이름이 너희 보고 아는 이 사람을 성하게 하였나니 예수로 말미암아 난 믿음이 너희 모든 사람 앞에서 이같이 완전히 낫게 하였느니라"(행 3:12-16).

즉 베드로 자신이 기대하던 메시아가 아니라 하나님께서 허락하신 그리스도만이 모든 죄와 아픔 그리고 병과 죽음으로부터 구원하는 능력이심을 전하고 있는 것입니다. 이제 이것은 베드로로 하여금 허상적 메시아를 좇게 하지 않고 참되고 영원하신 구원주 그리스도를 따라 살게 하는 능력이 되었습니다. 그리고 그러한 진실한 깨달음과 변화는 베드로 자신만이 아닌 5천 명에 이르는 제자들을 일으키는 도구(행 4:4)로 주께 사용되었던 것입니다. 할렐루야!

소망하기를 이렇게 변화된 참 소명자의 모습을 주께서 베드로만의 모습이 아니라 여러분들의 모습이 되게 하시기를 원합니다. 그리고 변화된 여러분으로 말미암아 또한 주변이 변화되는 역사가 있기를 축원합니다.

「구속사」 설교 _ 제17강
출15:1-18; 행10:34-48

베드로 ②

"베드로가 입을 열어 가로되 …"

「구속사救贖史」 설교의 열일곱 번째 시간으로, 자기 기대와 열심에 붙들렸던 베드로가 그리스도와의 인격적 만남을 통해 변화된 후에도, 외부적 극한으로 말미암아 점진적인 성숙을 거쳐 하나님의 구원역사를 자기 자신에게만 아니라 전 인류의 중심에 두는 데까지 자라갔다는 것에 대해 생각하려 합니다.

I. 구원받은 자의 자기 한계

베드로는 제자로서 주님을 따랐지만 자기가 기대하던 메시아로서의 주님을 따랐기에 주님의 공생애 동안 그리고 그 이후 디베랴 바닷가에 찾아오신 주님을 만나기까지는 결국 자기 기대와 열심 안에 갇혀 있었다는 사실을 이미 살폈습니다. 그러다가 그리스도의 부르심을 새롭게 깨닫고는 변화되어서 야망의 상징인 "은과 금"이 아닌 하나님의 신비한 능력인 "그리스도"의 이름만을 들고 선 결과, 먼저는 앉은뱅이를, 또한 예루살렘 교회를, 그리고 나아가 유대인들 가운데 5천 명이나 되는 이들로 하여금 베드로의 변화가 끼친 영향력을 누리게 하였습니다. 그럼에도 불구하고 분명하게 구별해야 할 것은, 그것이 베드로의 전 삶 즉 그의 생각/편견이나 삶의 문화/양식이 모두 한 번에 바뀐 것은 아니었다는 사실입니다.

이것은 신자가 신앙을 갖게 되어도 처음부터 다른 사람들을 생각하는 경우보다는 자기 자신과 자기 일에 허덕이는 경우가 대부분임과 같습니다. 왜냐하면 일반적으로 신앙의 계기가 자신의 갈급함 때문이기에 아무리 신앙을 가지게 되어도 금방 그런 자기 세계로부터 벗어나서 갑작스레 대인大人이 되는 경우는 드문 것입니다. 때문에 바로 그런 모습이 나타나는 경우에는 그 사람이 선망의 대상이 되기도 합니다. 그런데 그것이 일반적이지 않기에 응당 일반적으로 한 번에 바뀌지 않고 부족한 경우가 '당연'해지는 것은 주의해야 합니다. 이것들이 신앙의 일반화 혹은 보편화로 자리잡아 계속 그 상태에 머무르게 하면 안 됩니다. 즉 그것이 다가 아니라 성장 과정 중에 있는 한 사건이라는 인식을 가져야 하는 것입니다. 도리어 신자가 진정한 신앙적 성숙을 이루어내는 과정은 마치 물이 오랜 시간 동안 변함없이 흐르고 떨어져서 바위를 뚫고 깎아내는 것과 같이, 신자도 직분자도 사역자도 성숙과 진리의 세계를 알기 위해서는 오랜 시간 자아와 자기 문화/자랑이 깎이고 없어지고 마침내 진리의 모습을 갖추는, '단계'와 '과정' 그리고 '내용'이 필요한 것입니다. 이를 일반적으로 그리스도를 닮는다고 말하고, 후에 기록한 베드로의 표현으로는 "신의 성품性品에 참예하는 자"(벧후 1:4)가 되는 것입니다. 교리적으로는 구원의 여정을 거친다고 합니다.

그러므로 베드로를 다룸에 있어서 조금 더 주목해 보아야 하는 것은 베드로가 그렇게 변화되었음에도 불구하고, 여전히 유대인이라는 자기 민족에게만 시야가 제한되었다는 사실입니다. 사도행전 10:28-29절이 그 내용을 이렇게 증언하고 있습니다. "이르되 유대인으로서 이방인을 교제하는 것과 가까이 하는 것이 위법인 줄은 너희도 알거니와 하나님께서 내게 지시하사 아무도 속되다 하거나 깨끗지 않다 하지 말라 하시기로 부름을 사양치 아니하고 왔노라 묻노니 무슨 일로 나를 불렀느뇨."

이를 설명하기 위해 예수께서 하셨던 사역을 조금 살펴보려고 합니다. 예수님께서는 공생애 기간 동안 갈릴리와 유대에만 머물지 아니하시고, 사마리아와 같은 이방인들의 지역에도 가셨던 적이 있습니다. 특별히 마태복음 15:21절 이하에 보면 예수님께서 두로와 시돈지방에 가셨는데, 거기서 한 가나안 여인이 자기 딸이 귀신이 들렸다고 하면서 고쳐달라는 청을 합니다. 그러자 그녀에게 하신 주님의 말씀을 들어보면, "가나안 여자 하나가 그 지경에서 나와서 소리질러 가로되 주 다윗의 자손이여 나를 불쌍히 여기소서 내 딸이 흉악히 귀신들렸나이다 하되 예수는 한 말씀도 대답지 아니하시니 제자들이 와서 청하여 말하되 그 여자가 우리 뒤에서 소리를 지르오니 보내소서 예수께서 대답하여 가라사대 나는 이스라엘 집의 잃어 버린 양 외에는 다른데로 보내심을 받지 아니하였노라 하신대 여자가 와서 예수께 절하며 가로되 주여 저를 도우소서 대답하여 가라사대 자녀의 떡을 취하여 개들에게 던짐이 마땅치 아니하니라 여자가 가로되 주여 옳소이다마는 개들도 제 주인의 상에서 떨어지는 부스러기를 먹나이다 하니 이에 예수께서 대답하여 가라사대 여자야 네 믿음이 크도다 네 소원대로 되리라 하시니 그 시로부터 그의 딸이 나으니라"(마 15:22-28)였습니다. 이 중에 24절의 "이스라엘 집의 잃어버린 양 외에는"이라는 표현이 베드로가 사도행전 10:28절에 이야기한 유대인을 위한 사역을 말한 것입니다. 당시 메시아 사상은 여호와의 자기 민족에 대한 약속이었기 때문에, 그것이 유대인의 문화였고 법이었습니다. 즉 베드로의 1차 변화는 자기를 넘는 것에서 왔다면, 2차 변화는 외부적 한계를 넘는 것에서 온 것이라 할 수 있습니다.

II. 구원을 깨달은 자의 시야 확장

그렇기에 이제부터 살피는 사도행전 10장의 사건이 없었다면, 베드로는 아무리 자신이 변화가 되었어도 그의 가치관과 세계관과 지경은 자기 민족인 유대인에게만 머물러 있었을 것이요, 오늘날 우리가 대하는 것처럼 이렇게 복음의 능력과 지경이 넓어지는 일은 없었을 것입니다. 즉 자신이 외부적 자극으로 인한 깨어짐을 통해 결국 지경이 넓어지게 된 것입니다.

베드로로 하여금 사도행전 10:9-22절에서 체험하도록 주께서 허락하신 환상은, 베드로의 이해에 있어서 유대인에게만 국한된 세계관을 온 세계 즉 이방인들까지도 능히 품는 이해로 바꾸는 계기가 됩니다. 베드로의 환상 중에 먹으라고 한 짐승들인 "땅에 있는 각색 네 발 가진 짐승과 기는 것과 공중에 나는 것들"(12절)은 레위기 11장에 나오는 부정하다고 규정된 짐승들이었습니다. "여호와께서 모세와 아론에게 고하여 그들에게 이르시되 이스라엘 자손에게 고하여 이르라 육지 모든 짐승중 너희의 먹을만한 생물은 이러하니 짐승중 무릇 굽이 갈라져 쪽발이 되고 새김질하는 것은 너희가 먹되 새김질하는 것이나 굽이 갈라진 짐승 중에도 너희가 먹지 못할 것은 이러하니 약대는 새김질은 하되 굽이 갈라지지 아니하였으므로 너희에게 부정하고 사반도 새김질은 하되 굽이 갈라지지 아니하였으므로 너희에게 부정하고 토끼도 새김질은 하되 굽이 갈라지지 아니하였으므로 너희에게 부정하고 돼지는 굽이 갈라져 쪽발이로되 새김질을 못하므로 너희에게 부정하니 너희는 이 고기를 먹지 말고 그 주검도 만지지 말라 이것들은 너희에게 부정하니라 물에 있는 모든 것중 너희의 먹을 만한 것은 이것이니 무릇 강과 바다와 다른 물에 있는 것 중에 지느러미와 비늘 있는 것은 너희가 먹되 무릇 물에서 동하는 것과 무릇 물에서 사는 것 곧 무릇 강과 바다에 있는 것으로서 지느러미와 비늘 없는 것은 너희에게 가증한 것이라"(레 11:1-10). 이것은 하나님의 명령이기에, 레위기를 통해 율법으로 조성된 출애굽 이후의 이스라엘 민족에게는 절대적일 수밖에 없는 내용이었습니다.

그런데 환상을 통해 베드로에게 들린 하늘의 소리는 세 번이나 "하나님께서 깨끗게 하신 것을 네가 속되다 하지 말라"(행 10:15-16)였습니다. 하지만 여전히 베드로는 율법과 유대 전통속에 있었기에, 17절에 보면 이를 계속적으로 의심하였습니다. 물론 이에 대해 베드로는 아무런 잘못이 없습니다. 다만 앞에서도 언급한 바와 같이, 이를 객관적으로 살피고 있는 우리는 이런 진통을 겪으면서 비로소 자기에게 고정되어 있던 눈이 열리고 시야가 확대되며 세계관이 확장됨을 알게 된다는 교훈입니다.

본문인 34절 이하에 오면, 자기 기대와 열심의 야망적 메시아관을 버리고 인격적인 주님을 사랑하게 된 베드로가, 유대 중심적인 세계관에서 시야가 넓어지고 변화되어 이방과 온 우주를 품는 전환점이 되는 부분이 나옵니다. 이러한 단계적 성장과 그에 따른 영적인 성숙함은 신자 모두에게 적용되는 내용입니다.

그러므로 우리도 "그런즉 선 줄로 생각하는 자는 넘어질까 조심하라"(고전 10:12)는 바울 사도의 권고를 귀기울여 들어야 합니다. 그러면서 나아가 하나님께서 우리 인생 가운데 힘든 일들을 허락하시면서도 우리를 결코 포기하지 않으시고 성화의 과정을 통해 영광의 자리까지 이끄심을 깨달아야 합니다. "또 미리 정하신 그들을 또한 부르시고 부르신 그들을 또한 의롭다 하시고 의롭다 하신 그들을 또한 영화롭게 하셨느니라"(롬 8:30). 이것은 우리의 성숙을 향한 하나님의 계속적인 일하심이 구속사 속에 담긴 내면적 역사입니다.

따라서 그렇게 신자로 더 크고 더 높고 더 넓게 바라보도록 인격과 시야가 자라가게 하시는 우리 아버지 하나님의 지혜와 범위의 무궁함을 베드로가 깨닫고 드린 첫 고백이 34-35절입니다. "베드로가 입을 열어 가로되 내가 참으로 하나님은 사람의 외모를 취하지 아니하시고 각 나라중 하나님을 경외하며 의를 행하는 사람은 하나님이 받으시는 줄 깨달았도다"(행 10:34-35). 여기의 외모外貌는 사람의 겉모양이 아니라 문맥상으로 인간 안에 가진 선입견과 자기 이해의 한계라고 하는 것이 더 좋을 것입니다. 그래서 유대라는 지역적 한계 속에서, 이제 각 나라라고 하는 세계적인 확장과 나아가 우주적 확대가 베드로 안에 이루어집니다. 물론 이는 앞에서도 언급한 바와 같이 꼭 지역적이나 공간적 확대만이 아니라, 시야와 의식 그리고 결집적으로는 세계관의 확대/확장/성장/성숙이라고 하는 것이 좋습니다.

사랑하는 성도 여러분, 여러분들의 신앙은 어떠합니까? 혹 자녀, 가족 그리고 우리 교회라고 하는 축소적 세계 이해에만 머물러 있지는 않은지요? 아니면 정말 아직 다 알지도 만나보지도 못했지만 나와 우리를 넘어서는 공동체와 교회에 대한 확대적 이해를 가지고 있는지요? 주께서는 우리가 가진 신앙의 부요함을 은혜와 복이라고 하는 열매로도 알게 하시지만, 더 확대하여 볼 때 나만 혹은 우리만이 아니라 확대된 저 곳과 그들 가운데에도 있는 주의 역사하심을 보면서 감사하고 누리기를 원하십니다. 왜냐하면 주께서는 우리가 마침내 당신께서 지으시고 다스리시는 온 세계와 우주까지를 영적으로 품는 자로 자라기 원하시기 때문입니다.

따라서 그런 시야의 확대를 경험하게 된 베드로는 이제 그 내용을 단순히 공간적 확대로만 보지 않고, 그리스도의 복음에 담겨 있는 시공간적인 넓이와 길이와 높이와 깊이로 이해하게 됩니다. 그것이 36-43절의 내용입니다. "만유의 주 되신 예수 그리스도로 말미암아 화평의 복음을 전하사 이스라엘 자손들에게 보내신 말씀 곧 요한이 그 세례를 반포한 후에 갈릴리에서 시작되어 온 유대에 두루 전파된 그것을 너희도 알거니와 하나님이 나사렛 예수에게 성령과 능력을 기름붓듯 하셨으매 저가 두루 다니시며 착한 일을 행하시고 마귀에게 눌린 모든 자를 고치셨으니 이는 하나님이 함께 하셨음이라 우리는 유대인의 땅과 예루살렘에서 그의 행하신 모든 일에 증인이라 그를 저희가 나무에 달아 죽였으나 하나님이 사흘만에 다시 살리사 나타내시되 모든 백성에게 하신 것이 아니요 오직 미리 택하신 증인 곧 죽은자 가운데서 일어나신 후 모시고 음식을 먹은 우리에게 하신 것이라 우리를 명하사 백성에게 전도하되 하나님이 산 자와 죽은 자의 재판장으로 정하신 자가 곧 이 사람인 것을 증거하게 하셨고 저에 대하여 모든 선지자도 증거하되 저를 믿는 사람들이 다 그 이름을 힘입어 죄 사함을 받는다 하였느니라"(행 10:36-43). 여기에는 사도행전 3장에서 본 설교와 구속사적 이해에 있어서는 같으면서도, 한층 더 깊어지고 앞으로 나아간 풍성한 이해가 담겨 있습니다.

우리는 지금 시간의 흐름 속에 표면적으로 이루어진 일과 사건만 보는 것이 아니라, 그 내면적 주체 즉 역사의 주관자이신 하나님의 역사를 보고 있습니다. 특별히 38절과 40절에 "하나님이 나사렛 예수에게 성령과 능력을 기름붓듯 하셨으매..." "하나님이 사흘만에 다시 살리사 나타내시되"라는 말씀을 통해, 만왕의 왕 되시고 만주의 주 되신 그리스도를 보내시고 성령으로 충만케 하시고 심지어 십자가의 죽음뿐 아니라 부활의 역사를 감당케 하신 분이 바로 '하나님'이심을 보고 있는 것입니다. 더하여 전에 자신이 야망적으로 좇던 메시아가 아니라 진정으로 하나님께서 약속하시고 결국 그 약속대로 보내신 그리스도로서, 이후로 "42.... 하나님이 산 자와 죽은 자의 재판장으로 정하신 자가 곧 ..." 그리스도이심을 알게 된 것입니다. 이 두 내용은 결국 요한복음 17:3절에서 주께서 친히 가르쳐 주신 '영생永生'과 직결됩니다. "영생은 곧 유일하신 참 하나님과 그의 보내신 자 예수 그리스도를 아는 것이니이다." 이는 단순한 진술적 고백이 아니라, 베드로가 이제는 자기 세계를 넘어 영적 진리의 세계를 알게 되었음을 드러내는 증거가 됩니다. 할렐루야!

베드로에게 허락하셨던 영적 진리의 세계를 아는 은혜가 있기를 소망합니다. 그러기 위해서는 자기를 부인하고 야망과 기대, 그리고 열심을 포기하는 과정을 겪겠지만, 그러한 대가를 지불해도 아깝지 않을 영적인 부요함과 하늘의 영광스러움이 영혼과 삶 가운데 넘치시길 기도합니다.

「구속사」 설교 _ 제18강
출15:1-18; 행13:16-52

바울 ①

"바울이 일어나 손짓하며 말하되 ..."

「구속사救贖史」 설교의 열여덟 번째 시간으로, 하나님의 구원계획인 그리스도와 그분을 통한 자신의 소명에 대해 분명히 알게 된 직후 신자의 삶을 주저 없이 살아갔던 사람 "바울"에 대해서 살펴보려고 합니다. 이미 두 번에 걸쳐 베드로에 대해 살피면서, 베드로의 야망은 예수님의 제자로 3년을 따라다닌 동안도 변화되지 않았지만, 결국 부활하신 주님께서 디베랴에 찾아오심을 통해 변화되었던 사실을 확인했고, 그런 변화에도 불구하고 여전히 자기 한계인 유대주의에서 마침내는 이방인에게까지 시야가 확대된 사실을 파악했습니다. 어떻게 보면 변화도 더디고 진정한 헌신도 더뎠던 베드로였음에도 불구하고 그를 결코 포기하지 않으신 주님의 기다리심이 우리가 기억하는 수제자 베드로가 되게 한 것입니다.

I. 바울의 회심 (vs 베드로의 변화)

오늘 살필 바울은 베드로와는 전혀 다르게, 그리스도를 만나자마자 전 인생이 한꺼번에 뒤바뀐 케이스였습니다. 그 이전까지 달리던 방향인 그리스도를 믿는 사람들을 핍박하던 인생에서, 이제는 그리스도를 전하는 인생으로 변화되었던 것입니다. 이를 잘 기록하고 있는 내용인 사도행전 9:3-9, 19하 -22절을 보려고 합니다.

먼저 9:3-9절은 바울의 회심사건을 이렇게 기록하고 있습니다. "사울이 행하여 다메섹에 가까이 가더니 홀연히 하늘로서 빛이 저를 둘러 비추는지라 땅에 엎드러져 들으매 소리 있어 가라사대 사울아 사울아 네가 어찌하여 나를 핍박하느냐 하시거늘 대답하되 주여 뉘시오니이까 가라사대 나는 네가 핍박하는 예수라 네가 일어나 성으로 들어가라 행할 것을 네게 이를 자가 있느니라 하시니 같이 가던 사람들은 소리만 듣고 아무도 보지 못하여 말을 못하고 섰더라 사울이 땅에서 일어나 눈은 떴으나 아무 것도 보지 못하고 사람의 손에 끌려 다메섹으로 들어가서 사흘 동안을 보지 못하고 식음을 전폐하니라" (행 9:3-9).

19하-22절을 보면, 바울은 자신이 만나서 변화되게 된 원인인 그리스도에 대해 증거하는 삶을 힘껏 감당하고 있습니다. "... 사울이 다메섹에 있는 제자들과 함께 며칠 있을쌔 즉시로 각 회당에서 예수의 하나님의 아들이심을 전파하니 듣는 사람이 다 놀라 말하되 이 사람이 예루살렘에서 이 이름 부르는 사람을 잔해하던 자가 아니냐 여기 온 것도 저희를 결박하여 대제사장들에게 끌어 가고자 함이 아니냐 하더라 사울은 힘을 더 얻어 예수를 그리스도라 증명하여 다메섹에 사는 유대인들을 굴복시키니라" (행 9:19하-22).

우리 중에 누가 베드로 같고, 누가 바울 같을까요? 이렇게 상상해보는 일은 베드로와 바울이라고 하는 상반된 인물들을 주셔서 우리 자신을 돌아보게 합니다. 또한 우리 모습이 그들과 같든 아니면 제3, 제4의 모습이든 상관없이 하나님의 구원계획을 따라 우리를 결코 포기하지 않으시고 일을 이루어 가시는 하나님에 대해 생각할 수 있게 해줍니다. 이는 베드로와 바울이 나기 오래 전에 이미 이사야에 의해 예언된 그리스도에 대한 말씀의 성취입니다. "이는 한 아기가 우리에게 났고 한 아들을 우리에게 주신 바 되었는데 그 어깨에는 정사를 메었고 그 이름은 기묘자라, 모사라, 전능하신 하나님이라, 영존하시는 아버지라, 평강의 왕이라 할 것임이라 그 정사와 평강의 더함이 무궁하며 또 다윗의 위에 앉아서 그 나라를 굳게 세우고 지금 이후 영원토록 공평과 정의로 그것을 보존하실 것이라 만군의 여호와의 열심이 이를 이루시리라"(사 9:6-7).

이렇게 바울을 생각해볼 때, 베드로와는 다른 스타일로 부름에 대한 반응을 보였고, 다른 사명과 역할을 감당하도록 하신 하나님의 섭리에 따라 충성스럽게 그 사명을 감당하였습니다. 따라서 우리는 어떠한 모습이든 어떠한 성품과 기질이든 모두 하나님의 구원역사에 참예할 수 있도록 부름받았음을 잊어서는 안 됩니다. 문제는 그것을 주께서 주신 바요 주의 영광을 위해 사용되도록 허락된 것임에도 불구하고, 그리하지 못하고 자기에게 매여 있고 시야가 제한되어 있는 것입니다. 그러나 이들이 보여준 모습을 통해 교훈을 받아 자기를 둘러싸고 있는 한계를 박차고 나가면, 처음에는 힘들지만 마침내 하나님께서 허락하시는 세계와 역사를 보게 될 것이라는 진리를 기억해야 합니다.

II. 회심 후 주저 없이 자신의 소명召命인 이방인을 위한 사역을 감당한 바울

(1) 바울의 소명과 사명

바울의 사명은 무엇이었던가요? 사도행전 9:10-15절에 그 내용이 기록되어 있습니다. 그런데 이 내용은 바울 자신은 전혀 몰랐던 내용입니다. 그러한 하나님의 섭리가 아나니아에게 들려지고 있을 때에, 바울은 지극히 무력하게도 눈조차 뜰 수 없는 고통중에 헤메고 있었습니다. "그 때에 다메섹에 아나니아라 하는 제자가 있더니 주께서 환상 중에 불러 가라사대 아나니아야 하시거늘 대답하되 주여 내가 여기 있나이다 하니 주께서 가라사대 일어나 직가라 하는 거리로 가서 유다

집에서 다소 사람 사울이라 하는 자를 찾으라 저가 기도하는 중이다 저가 아나니아라 하는 사람이 들어와서 자기에게 안수하여 다시 보게 하는 것을 보았느니라 하시거늘 아나니아가 대답하되 주여 이 사람에 대하여 내가 여러 사람에게 듣사온즉 그가 예루살렘에서 주의 성도에게 적지 않은 해를 끼쳤다 하더니 여기서도 주의 이름을 부르는 모든 자를 결박할 권세를 대제사장들에게 받았나이다 하거늘 주께서 가라사대 가라 이 사람은 내 이름을 이방인과 임금들과 이스라엘 자손들 앞에 전하기 위하여 택한 나의 그릇이라" (행 9:10-15).

　이 내용은 우리에게 두 가지 중요한 신학적 이해를 주는데, 먼저 그 한 가지는 창조주께서는 당신의 창조계획 및 구원섭리를 따라 인류의 한 사람 한 사람이 감당해 나갈 부분에 대한 전 이해를 가지고 계시다는 것과, 두 번째는 온 우주 가운데 그리고 그 시대 가운데 바울은 이방인을 위한 사도로 하나님께서 작정하셨고 그를 위해 그 때에 부름을 받았다는 사실입니다.

　그렇지만 많은 사람들은 하나님의 섭리를 받아들이기 어려워합니다. 혹시나 하나님의 섭리와 자기 계획/소망/야망이 충돌할 때는 더더욱 그 섭리를 피하고 싶어합니다. 마치 요나처럼 말이지요. 이를 요나서 1:1-3절은 이렇게 기록하고 있습니다. "여호와의 말씀이 아밋대의 아들 요나에게 임하니라 이르시되 너는 일어나 저 큰 성읍 니느웨로 가서 그것을 쳐서 외치라 그 악독이 내 앞에 상달하였음이니라 하시니라 그러나 요나가 여호와의 낯을 피하려고 일어나 다시스로 도망하려 하여 욥바로 내려갔더니 마침 다시스로 가는 배를 만난지라 여호와의 낯을 피하여 함께 다시스로 가려고 선가를 주고 배에 올랐더라" (욘 1:1-3). 요나는 두 번이나 여호와의 낯을 피하고 있습니다. 하지만 만유의 주님이시기에 무소부재(無所不在 - 하나님의 존재와 섭리가 미치지 않는 곳이 없으신)하신 하나님을 피할 수는 없었습니다. 이는 바울에게도 그리고 우리에게도 마찬가지입니다. 중요한 것은 그런 하나님의 부르심, 보내심 그리고 섭리하심을 피하지 않고 순전하게 받아들이고, 그것을 위해 진력하는 것입니다. 왜냐하면 결국 모든 피조물과 주의 백성들은, 창조주이시요 만왕의 왕이시며 만주의 주이신 하나님의 뜻과 섭리를 따라 살아가게 될 것이기 때문입니다.

그러므로 할 수만 있다면, 섭리에 순종하고 주의 부르심과 그 인도하심에 따라 힘껏 감당하는 일처럼 복된 삶이 없습니다. 아니 그것이 인생에게는 가장 복된 삶입니다. 그래서 요리문답은 인생의 가장 복된 삶에 대해 "사람의 가장 중요하고 고귀한 목적은 하나님을 영화롭게 하는 것과 그분을 영원히 마음을 다하여 즐거워하는 것" 이라고 가르쳐줍니다. 그럼에도 불구하고 인간의 죄된 본성과 자기 마음대로 살고 싶은 교만은 언제고 하나님의 뜻을 떠나게 하고 인간적인 야망과 기대 가운데 살아가게 합니다. 그러므로 그 본성과 교만을 따를 것인가 아니면 섭리와 부르심을 따를 것인가는 당장은 그 차이가 인간적 편함과 현실로만 비교되지만, 이후에는 영적인 수준에 따라 차이가 나게 됩니다. 바울에게 있어서 귀한 모습은 그러한 자기 부르심과 소명을 깨닫고, 즉시로 그것을 순종하는 삶을 살았다는 것에 있습니다. 이는 마치 창세기 12:1-4절의 아브라함과 시간을 건너뛰면서 상통相通하는 모습이라 할 수 있습니다. "여호와께서 아브람에게 이르시되 너는 너의 본토 친척 아비 집을 떠나 내가 네게 지시할 땅으로 가라 내가 너로 큰 민족을 이루고 네게 복을 주어 네 이름을 창대케 하리니 너는 복의 근원이 될찌라 너를 축복하는 자에게는 내가 복을 내리고 너를 저주하는 자에게는 내가 저주하리니 땅의 모든 족속이 너를 인하여 복을 얻을 것이니라 하신지라 이에 아브람이 여호와의 말씀을 좇아 갔고 롯도 그와 함께 갔으며 아브람이 하란을 떠날 때에 그 나이 칠십오 세였더라"(창 12:1-4).

사랑하는 성도 여러분, 여러분은 주의 부르심 앞에서 어떻게 살고 있습니까? 소망하기를 소명을 자각하는 은혜가 있기를 바랍니다. 그래서 자랑과 명예와 즐거움과 만족이 부르는 인생이 아니라 하나님의 영원한 부르심과 신적 소명이 이끌어가는 영생을 사는 삶이 되기를 간곡히 권면합니다.

(2) 바울의 구속사적 이해

이 대목에서 바울의 설교가 전하는 내용에 대해 생각해 보겠습니다. 읽으면 알 수 있으리라 싶어 스데반의 설교처럼 강조하지 않았지만, 베드로가 행한 설교인 사도행전 3:12-26절과 10:34-48절도 모두 구속사를 다루고 있습니다. 뿐만 아니라 놀랍게도 사도행전 13장의 바울 설교도 모두 구속사의 내용입니다. 바울은 사도행전 13:17절에서, "이 이스라엘 백성의 하나님이 우리 조상들을 택하시고 애굽 땅에서 나그네 된 그 백성을 높여 큰 권능으로 인도하여 내사"라는 출애굽의 역사부터 시작하여, 22-23절에서 "폐하시고 다윗을 왕으로 세우시고 증거하여 가라사대 내가 이새의 아들 다윗을 만나니 내 마음에 합한 사람이라 내 뜻을 다 이루게 하리라 하시더니 하나님이 약속하신 대로 이 사람의 씨에서 이스라엘을 위하여 구주를 세우셨으니 곧 예수라" 하여 결국 구원역사의 핵심인 그리스도를 다윗과 관련하여 설명합니다. 이를 통해 바울은 이전에 자기가 자기 열심으로 살 때는 전혀 보지 못했던 하나님의 구원역사를, 이제는 그리스도로 말미암아 시야가 바뀌어 새로운 소명을 깨닫고는 비로소 볼 수 있게 된 것입니다.

그런데 우리가 주목해야 하는 것은 그러한 소명의 최대 수혜자가 바로 바울 자신이었다는 사실입니다. 이를 설명하는 내용이 38-39절인데 "그러므로 형제들아 너희가 알 것은 이 사람을 힘입어 죄 사함을 너희에게 전하는 이것이며 또 모세의 율법으로 너희가 의롭다 하심을 얻지 못하던 모든 일에도 이 사람을 힘입어 믿는 자마다 의롭다 하심을 얻는 이것이라"고 해서, 자기 자신이 먼저 알고 누리게 된 '이신칭의以信稱義', 즉 믿음으로 의롭게 되었음을 전하고 있습니다. 이는 이후에 로마서 1:16-17절에 기록된 바와 일치합니다. "내가 복음을 부끄러워하지 아니하노니 이 복음은 모든 믿는 자에게 구원을 주시는 하나님의 능력이 됨이라 첫째는 유대인

에게요 또한 헬라인에게로다 복음에는 하나님의 의가 나타나서 믿음으로 믿음에 이르게 하
나니 기록된 바 오직 의인은 믿음으로 말미암아 살리라 함과 같으니라"(롬 1:16-17).

이러한 사도 바울의 구원과 복음에 대한 분명한 이해는, 종교개혁을 감
당한 마틴 루터에게 영향을 끼쳐, 온 세계 역사를 다시 쓰게 하였습니다.
따라서 바울이 깨닫게 된 구원역사는 단순히 역사 지식에 미치는 것이 아
니라, 그로 하여금 역사 진행의 핵核을 갖게 하는 것이었고, 그 핵核은 자신
에게만 머물지 않고 이후로 흐르고 흘러서 온 세계 역사에 영향을 미치는
결과를 가져오게 했습니다. 그러면 그 출발점은 무엇일까요? 바로 자신이
하나님의 구원역사 진행에 있어서 어느 지점에서 어느 역할을 감당해야
하는가를 깨닫는 것이었습니다. 바꾸어 말하면 자신의 섭리적 존재 의미
요, 구속사적 존재 의미를 깨닫는 것입니다.

사랑하는 성도 여러분, 하나님께서는 여러분을 왜 이때 나게 하셨고 살
게 하시며 교회로 부르셔서 이러한 진리를 깨닫게 하셨을까요? 물론 바울
이 자기 열심으로 살 때도 하나님은 이미 계셨고, 다메섹으로 달려가고 눈
이 어두워 헤매일 때도 하나님께서는 바울을 통해 이루실 당신의 계획을
이미 드러내셨습니다. 여러분이 어디서 어떻게 행하고 있었든 상관없이
하나님께서는 당신의 일을 계획하셨고 이루어오셨으며 지금도 동일하게
이루고 계십니다. 그렇기에 중요한 것은 우리 자신이 그 하나님의 계획하
심과 섭리에 따른 부르심에 순종하며 나아가고 있는가 하는 문제입니다.
우리는 과연 지금 온 우주 가운데 그 광대하고 풍성하며 충만한 주의 뜻을
따라 살아가는 삶을 살고 있는가, 우리를 통해 이루실 하나님의 역사에 자
신을 드리는가, 현실 앞에 포기하지 않는가, 그것만을 위해 살겠노라고 굳
게 결심하고 그 길을 묵묵히 가는가 하는 것입니다. 46-49절은 바울이 가
졌던 소명과 그로 인한 영향력을 보여줍니다. "바울과 바나바가 담대히 말하여
가로되 하나님의 말씀을 마땅히 먼저 너희에게 전할 것이로되 너희가 버리고 영생 얻음에 합

당치 않은 자로 자처하기로 우리가 이방인에게로 향하노라 주께서 이같이 우리를 명하시되 내가 너를 이방의 빛을 삼아 너로 땅 끝까지 구원하게 하리라 하셨느니라 하니 이방인들이 듣고 기뻐하여 하나님의 말씀을 찬송하며 영생을 주시기로 작정된 자는 다 믿더라 주의 말씀이 그 지방에 두루 퍼지니라"(행 13:46-49).

소망하기를 성도 여러분들의 삶이 바울의 그런 영향과 은혜를 이어가는 소명자의 삶이 되기를 간구합니다.

「구속사」 설교 _ 제19강
출15:1-18; 행21:40-22:29

바울 ②

"바울이 ... 백성에게 ... 말하여 가로되 ..."

「구속사救贖史」 설교의 열아홉 번째 시간으로, 그리스도의 부르심을 따라 곧바로 이방인을 위한 사명을 감당하고자 했던 바울이, 죽음의 위협에서조차 주저 없이 그 일을 행할 때에 열려진 놀라운 섭리를 생각해보고자합니다.

I. 주께서 친히 부르신 소명의 삶을 따라 현실의 자리를 떠나기를 주저하지 않았던 바울

사도행전 22장은 사도 바울이 사도행전에서 세 번이나 했던 설교이자자기 체험 고백의 둘째 내용입니다. 두 번째라고 해서 크게 다른 내용은아니고 세 번 모두 내용상으로는 같은데, 정황과 강조점이 조금씩 다를뿐입니다. 처음 사도행전 9장은 바울이 체험한 일에 대한 객관적 기록이라면, 이 22장과 26장은 각각 일반 대중들 앞에서의 바울의 체험에 대한자기 고백입니다. 더더욱 26장은 재판정에서 아그립바 왕에게 자기 체험을 이야기하면서 그런 은혜를 동일하게 체험하기를 권하기까지 한 내용입니다.

그래서인지 사도행전 22장은 앞의 9장과 26장과 같은 내용이면서도, 다른 느낌이 있습니다. 그 대표적인 부분이 22:5하-11절인데 같이 보겠습니다. "내가 저희에게서 다메섹 형제들에게 가는 공문을 받아 가지고 거기 있는 자들도 결박하여 예루살렘으로 끌어다가 형벌 받게 하려고 가더니 가는데 다메섹에 가까왔을 때에 오정쯤 되어 홀연히 하늘로서 큰 빛이 나를 둘러 비춰매 내가 땅에 엎드려 들으니 소리 있어 가로되 사울아 사울아 네가 왜 나를 핍박하느냐 하시거늘 내가 대답하되 주여 뉘시니이까 하니 가라사대 나는 네가 핍박하는 나사렛 예수라 하시더라 나와 함께 있는 사람들이 빛은 보면서도 나더러 말하시는 이의 소리는 듣지 못하더라 내가 가로되 주여 무엇을 하리이까 주께서 가라사대 일어나 다메섹으로 들어가라 정한 바 너의 모든 행할 것을 거기서 누가 이르리라 하시거늘 나는 그 빛의 광채를 인하여 볼 수 없게 되었으므로 나와 함께 있는 사람들의 손에 끌려 다메섹에 들어갔노라" (행 22:5하-11).

누가가 3인칭 시점으로 기록한 바울의 객관적 회심 사건의 기록인 사도행전 9장과는 달리 여기서의 주어는 모두 "내가(5, 7, 10절)"입니다. 즉 바울과 주님의 대화 내용을 직접 화법으로 기록한 것인데 이는 바울 자신이 가졌던 분명한 확신을 담고 있습니다. 즉 바울은 주님께로부터 이방인을 위한 부르심에 대해 직접 들은 바를 전해줍니다. 내용은 거기서 그치지 않고 그가 들었던 더 힘든 명령도 알려줍니다. "후에 내가 예루살렘으로 돌아와서 성전에서 기도할 때에 비몽사몽간에 보매 주께서 내게 말씀하시되 속히 예루살렘에서 나가라 저희는 네가 내게 대하여 증거하는 말을 듣지 아니하리라 하시거늘 내가 말하기를 주여 내가 주 믿는 사람들을 가두고 또 각 회당에서 때리고 또 주의 증인 스데반의 피를 흘릴 적에 내가 곁에 서서 찬성하고 그 죽이는 사람들의 옷을 지킨줄 저희도 아나이다 나더러 또 이르시되 떠나가라 내가 너를 멀리 이방인에게로 보내리라 하셨느니라" (17-21절).

앞서 사도행전 9장을 설명하면서, "이 내용은 바울 자신은 전혀 몰랐던 바요 자신은 그러한 하나님의 섭리가 아나니아에게 들려지고 있을 때에, 바울은 지극히 무력하게도 눈조차 뜰 수 없는 고통 중에 헤메이고 있었을 뿐이었다"는 대목을 기억하시죠? 그런데 이제 22장을 보면 그러한 고통이 지나고 난 후에 바울은 주께서 친히 그에게 이방인에 대한 소명이라는 하나님의 섭리와 계획에 대해 들었다고 고백하는 것을 보게 됩니다. 그리고 바울은 그의 순종을 익숙한 현실을 포기하고 떠나서 새로운 도전으로 나아가는 것부터 시작했습니다. 바울은 이전에 자기의 힘과 열심으로 살 때에는 결코 그 지향점을 알 수 없었는데, 그 고통스러운 사건을 만나면서 이제 자신이 꼭 감당해야만 하는 이방인을 위한 사명을 깨달았고, 그 사명을 위해서는 익숙하던 곳으로부터 떠나 멀리 이방인에게 가야만 했던 것입니다. 하지만 어떻게 가야할지는 몰랐습니다.

우리는 일반적으로 많은 사람들이 그렇게 살아가기에, 우리 개개인이 가진 어떤 고유함이나 존중감을 모르면서 살기 쉽습니다. 그래서 마음에는 도전 정신이 있지만 그래도 안정되게 주어진 삶을 영위하는 것에 만족하고 그 길을 주로 찾고 머뭅니다. 하지만 소명감을 갖는 것은 그와 다릅니다. 세상은 전혀 몰라도 나만이 감당해야 하는 무엇을 아는 긴장감이자 그로 인한 충만함이라고 할까요? 그러하기에 바울은 사도행전 9장의 사건이 그저 그때 일어났던 사건으로서만이 아니라, 22장과 26장처럼 어느 때고 늘 되새기게 되는 자신의 존재이유요 자신만이 감당해야 할 사명이었던 것입니다. 이를 달리 말하면, 영원히 잊을 수 없는 구원의 은혜이면서 동시에 구원받은 자로서의 살아가야 하는 소명적 삶이라고 할 수 있습니다. 그것을 위해서는 포기해야 할 것이 너무 많지만 그럼에도 불구하고 가야하고, 가고 싶은 삶인 것입니다.

주께서 사랑하시는 성도 여러분, 여러분은 무엇으로 살아가십니까? 여러분을 살게 하고 감당하게 하는 주님의 섭리와 부르심은 무엇입니까? 물론 많은 사람들은 현실을 따라 살아갑니다. 그러나 그렇기에 향방이 없이, 인생의 진정한 의미를 누리지 못한 채 다른 것들로 자신을 채우려고 살아가게 됩니다. 바울도 그런 인생의 공허함에 대해 언급한 바가 있습니다. "그러므로 내가 달음질하기를 향방 없는 것 같이 아니하고 싸우기를 허공을 치는것 같이 아니하여"(고전 9:26). 하지만 우리에게도 바울이 깨달은 것처럼 모든 인생을 향한 주님의 뜻과 계획이 있는데, 당장 바울과 같은 직접적인 체험이 아니더라도 분명하게 우리를 향한 그 계획과 부르심을 따라 살아가야 함을 깨닫습니다. 그때가 사실은 성도의 인생에서는 가장 행복한 때입니다. 그것이 작은 일이든 큰 일이든, 아무도 인정해주지 않는 자리이든 아니면 모두가 인정하되 아무도 그 고통을 알아주지 않는 자리이든, 모두가 구원의 역사라는 주님의 큰 일에 참여하는 것임을 알고 묵묵히 가야 하는 것입니다. 그것을 아는 것이 세상의 무엇을 가짐보다 더 큰 일이요 더 부요한 일임을 알고 누려야 하는 것, 그것이 바로 하나님의 백성인 신자의 삶이기 때문입니다.

II. 소명을 따라 현재적 어려움 너머를 향해 나아갔던 바울, 그 앞에 나타난 섭리적 역사 - 로마 행行

그럼에도 불구하고 앞에서 여러 번 언급한 것처럼 바울에게는 평범하게 사는 것보다 분명히 더 큰 어려움, 심지어 죽음의 위협까지 있었습니다. 여기 사도행전 22장에는 바울이 현실의 안정으로부터 떠나도록 명하시는 주님의 말씀과 더불어 그가 처했던 죽음의 위험이 계속되고 있음이 기록됩니다. 22-23절입니다. "이 말 하는 것까지 저희가 듣다가 소리질러 가로되 이러한 놈은 세상에서 없이 하자 살려 둘 자가 아니라 하여 떠들며 옷을 벗어 던지고 티끌을 공중에 날리니." 이것은 9장에서 이미 두 차례나 겪었던 일이기도 합니다. "여러 날이 지나매 유대인들이 사울 죽이기를 공모하더니 그 계교가 사울에게 알려지니라 저희가 그를 죽이려고 밤낮으로 성문까지 지키거늘"과 "또 주 예수의 이름으로 담대히 말하고 헬라파 유대인들과 함께 말하며 변론하니 그 사람들이 죽이려고 힘쓰거늘"(행 9:23-24, 29)이 그러했는데 역시 22장에도 계속되고 있습니다.

(1) 소명의 이유

그렇다면 왜 사도행전 9장에도 그리고 22장에도 이러한 두 가지 요소, 즉 바울의 소명에 대한 고백과 더불어 그가 처했던 죽음의 위협이 계속되었을까요? 그것은 주께서 우리를 부르신 소명의 삶은 결코 쉽고 편하게, 해도 되고 아니면 마는 그런 수준의 것이 아닌, 진정으로 따라야 할 고귀한 내용이기 때문입니다. 그래서 인간적으로는 결코 스스로 갈 수 없지만, 그 가치는 인생을 걸고 감당해야 할 영생의 일인 것이지요. 그렇기에 수없이 포기될 현실과 불가능한 여건에서도, 세상이 줄 수 없는 영적인 위로와 평강, 그리고 소명에 대한 감격이 그 길을 갈 수 있게 하는 유일한 원동력이요, 이유가 됨을 보여주는 것입니다.

그렇기에 여기서 바울이 거듭 회심 체험을 객관적 사실에서 주관적 확신으로 설명하는 이유를 알게 되는데, 먼저는 부르신 삶을 살아가기 위해서는 오직 주의 은혜로 부름받았고 오늘도 부름을 따라 살고 있다는 사실을 잊지 말아야 하기 때문입니다. 만약 날마다 그 은혜를 누리지 못하면 소명은 부담스러운 짐이며 감당하기 어렵기만 한 영적 빚이 됩니다. 하지만 은혜로 부름받았다는 신앙적 겸손을 갖게 되면, 교회를 섬기는 일도 동료들을 돌아보는 일도 모두 감사요 기쁨인 것입니다. 또한 두 번째는 그 부르심을 따라 사는 한 하나님께서는 우리를 날마다 채우실 뿐 아니라 마침내 영원하게도 채우실 것이라는 확신을 가질 수 있기 때문입니다. 이는 영적으로 민감하여서 자기를 비우고 자기 의와 자랑을 버리면서 도리어 하나님께서 채워주시는 은혜만을 맛보고자 할 때, 하나님께서는 능히 채우시고 인도하신다는 사실입니다. 분명 어려운 고난의 삶이지만 주님께서 사마리아 여인에게 하셨던 "내가 주는 물을 먹는 자는 영원히 목마르지 아니하리니 나의 주는 물은 그 속에서 영생하도록 솟아나는 샘물이 되리라"(요 4:14)는 말씀과 같이 영생의 기쁨을 매일 그리고 계속, 영원히 맛볼 수 있음이 성도의 특권입니다. 인위적인 것들은 모두 일시적이고 한계적이지만, 영적이며 진리에 속한 것만이 가진 영원하고 무한한 기쁨이 있기 때문입니다.

(2) 섭리적 인생

그런 자세를 가질 때, 세상의 계산법에는 담길 수 없는 하나님께서 허락하시는 길이 마침내 열리는 것을 체험하게 됩니다. 바울이 소명을 따라 살고자 할 때, 죽음의 위협이 수없이 닥치지만 그때마다 주님은 그를 인도하셨고, 나아가 그 인도하심은 단기적이지 않고 아주 장기적이고 영원한 대안임을 보게 됩니다. 바울에 있어서도 어떻게 멀리 이방인에게 갈 것인가를 주님이 친히 책임지십니다.

무슨 말인가 하면, 마침 본문인 사도행전 22:24절을 보면 당시 유대를 통치하던 로마세력 중에 지휘관인 천부장이 사람들의 소란이 일어남을 보고는 바울을 영문營門이라는 로마의 부대 내로 옮기라고 명령을 내립니다. 이는 식민통치 지휘관으로서 사건을 대처하기 위해 조치한 아주 찰나적인 사건입니다. 그런데 그 명령을 따라 수행한 백부장이 와서 그에게 보고하는 내용이 26-29절에 나옵니다. "백부장이 듣고 가서 천부장에게 전하여 가로되 어찌하려 하느뇨 이는 로마 사람이라 하니 천부장이 와서 바울에게 말하되 네가 로마 사람이냐 내게 말하라 가로되 그러하다 천부장이 대답하되 나는 돈을 많이 들여 이 시민권을 얻었노라 바울이 가로되 나는 나면서부터로라 하니 신문하려던 사람들이 곧 그에게서 물러가고 천부장도 그가 로마 사람인줄 알고 또는 그 결박한 것을 인하여 두려워하니라." 즉 당시에는 유대인은 유대법을 따르지만, 로마 사람은 로마법에 의해서 재판을 받을 수 있는 권리가 보장되어 있었던 것입니다. 그래서 이렇게 사람들의 소란으로부터 바울을 영문營門 안으로 조치하였던 천부장에 의해 그가 로마 사람인 것이 드러나게 되었고, 로마법에 따라 바울은 로마에서 재판을 받는 절차가 진행되었습니다. 이를 겉으로만 보면 우연이나 아니면 신기한 일 혹은 참 놀라운 일 정도로 보이지만, 성경은 이에 대해 철저하게 하나님께서 간섭하신 일이요, 당신의 구원역사가 진행되도록 하시는 주권적 사역임을 드러냅니다. "그날 밤에 주께서 바울 곁에 서서 이르시되 담대하라 네가 예루살렘에서 나의 일을 증거한 것 같이 로마에서도 증거하여야 하리라 하시니라"(행 23:11). 그리고 결국 바울은 사도행전 9장부터 계속되었던 죽음의 위협이 무색하게 로마 군대의 보호하에 로마로 보냄을 받습니다. 하나님의 구원역사에 대해 깊은 이해와 체험을 가지고 있던 누가가 기록한 사도행전의 마지막 장인 28장은 그 사건을 이렇게 끝맺습니다. "거기서 형제를 만나 저희의 청함을 받아 이레를 함께 유하다가 로마로 가니라 거기 형제들이 우리 소식을 듣고 압비오 저자와 삼관까지 맞으러 오니 바울이 저희를 보고 하나님께 사례하고 담대한 마음을 얻으니라 우리가 로마에 들어가니 바울은 자기를 지키는 한 군사와 함께 따로 있게 허락하더라 ... 그런즉 하나님의 이 구원을 이방인에게로 보내신줄 알라 저희는 또한 들으리라 하더라 바울이 온 이태를 자기 셋집에 유하며 자기에게 오는 사람을 다 영접하고 담대히 하나님 나라를 전파하며 주 예수 그리스도께 관한 것을 가르치되 금하는 사람이 없었더라"(행 28:14-16, 28-31). 할렐루야! 이는 단순히 '사도행전 마지막에 바울이 로마에 가게 되었다' 가 아니라, 바울이 이방인들을 위한 자기 소명 즉 사도행전 22:21절 "나더러 또 이르시되 떠나가라 내가 너를 멀리 이방인에게로 보내리라 하셨느니라" 는 말씀을 붙들고 살았을 때에 주께서 행하신 구원역사로 인해 그를 이방인을 위한 복음 사역의 중앙무대인 로마까지 인도하신 바를 보여주는 것입니다. 바울은 이에 대해 전혀 계획도 상상도 할 수 없었는데, 오직 주의 부르심과 약속에 붙들려 살았을 때 마침내 주께서는 그를 그곳 로마에 가서 하나님의 나라를 외치는, 영광스런 복음의 역사를 드러내게 하셨던 것입니다.

　사랑하는 성도 여러분, 잘 아시겠지만 인생이 왜 그리 힘들고 어려운지 아십니까? 하나님의 구원역사에 대한 기대도 확신도 없기 때문에, 스스로 헤치고 가야 할 막연함 때문에 힘든 것입니다. 반면에 창조이후로 종말까지 철저하게 하나님의 섭리와 계획 가운데 인도되고 이끌린다는 사실을 붙잡고 살면, 당장은 힘들어도 마침내 하나님께서 친히 이루시는 구원역사를 보게 될 줄을 믿습니다. 이것이 소명을 따라 사는 성도에게 주어진 은혜이고 복입니다. 이를 다른 무엇과 비교할 수 있겠습니까? 그러므로 오직 부르심을 따라 겸손히 감당하며 가는 인생이 되시기를 바랍니다. 그럴 때, 세상은 줄 수 없는 하나님의 위로와 채우심이 여러분의 삶에 넘칠 줄 믿습니다.

결론 - 종말적 신앙

"... 이 말을 하고 자니라"

출애굽기 15장과 사도행전 7장과 9, 10, 13장 그리고 22장의 말씀을 가지고 진행해왔던 「구속사救贖史」 설교를 드디어 20번째로 마감합니다. 구속사의 마지막 설교로 구원역사의 연장과 같은 구원의 종말적 이해를 죽음에 대한 이해와 연관해서 생각해 보고자 합니다.

이는 마치 기하학에서 중요하게 여기는 피타고라스 정리와 같은 내용인데, 본문에서는 직접 종말적 내용에 대해 다 설명하지 않아도 그 의미와 교훈이 모두 포괄됩니다. 그래서 신자로 하여금 인생과 죽음에 대한 이해를 확대해서, 창조와 종말 즉 재창조까지도 생각하게 하는 거시적 안목을 갖도록 해주는 것입니다.

I. 한 인생의 죽음이 보여주는 신학적 절정

인생을 살아오면서 많은 분들의 별세와 소천을 경험했습니다. 그렇지만 이 자리에 있는 우리 자신은 정작 한 번도 가보지 못한 길이 '죽음' 입니다.

그저 간접 경험만 해본 것이지요. 그렇기에 우리 자신에 대해서는 낯설지만 생각해볼 수 있는 것은 '마지막 순간 어떤 죽음을 맞이하기를 원하는가?' 라는 질문입니다. 뿐만 아니라 죽음 이후에 대한 이해는 어떠해야 할까요? 물론 그에 대한 답도 우리에게는 없습니다. 하지만 좋은 모본을 가지고 소망하며 기도할 수는 있습니다.

그런 좋은 모본의 한 모습이 스데반의 마지막 모습입니다. 이를 위해 아주 주목해야 할 본문이 사도행전 7:59-60절입니다. "저희가 돌로 스데반을 치니 스데반이 부르짖어 가로되 주 예수여 내 영혼을 받으시옵소서 하고 무릎을 꿇고 크게 불러 가로되 주여 이 죄를 저들에게 돌리지 마옵소서 이 말을 하고 자니라." 스데반의 마지막 모습에서 다음 세 가지를 생각할 수 있는데, 첫째는 "죽음에 대해 두려움이 없는 모습"이고, 둘째는 "다시 오실 주님께 영혼을 의탁하는 모습"이고, 마지막은 "끝난다는 의미의 생의 마감이 아닌 죽음 너머에 대한 확신을 가지고 누리는 안식의 모습"이 그것이라 하겠습니다.

(1) 죽음에 대한 두려움이 없음

사실 여기서 스데반이 죽는 죽음은 노환老患과 같이 나이가 들어서 서서히 죽어간 모습이 아니고, 자신이 증거한 구원역사 즉 진리에 대해 담대히 외친 결과로 젊은 때 갑작스레 맞이하게 된 죽음이었습니다. 그것도 돌에 맞아 죽는 집단처형 형식의 죽음이었기에, 그 난감함과 고통스러움은 말로 설명할 수도 없습니다. 그렇기에 아무리 담대한 사람도 죽음 앞에서는 주저하는데 반해 스데반은 "저희가 돌로 스데반을 치니 스데반이 부르짖어 ... 무릎을 꿇고 크게 불러 ..."라고 해서 두 번의 부르짖음 즉 강력한 기도 외에는 그 죽음으로 인한 어떠한 두려움도 전혀 보이지 않습니다. 그래서 곁에 선 사람도, 그리고 이렇게 2천 년이 지난 후에 그 모습을 돌아보는 우리도 어떻게 그럴 수 있었을까? 하는 의구심을 갖게 합니다.

(2) 다시 오실 주님께 의탁한 자기 영혼

그 이유가 다름 아닌 스데반의 마지막 말, 즉 "주 예수여 내 영혼을 받으시옵소서"에 담겨 있습니다. 스데반은 현재적 자신도 그렇지만, 죽음 이후에 자신을 주관하실 분이 누구신지 알았습니다. 이미 55-56절에 스데반의 그러한 이해가 "스데반이 성령이 충만하여 하늘을 우러러 주목하여 하나님의 영광과 및 예수께서 하나님 우편에 서신 것을 보고 말하되 보라 하늘이 열리고 인자가 하나님 우편에 서신 것을 보노라"고 고백되었기에, 스데반은 그분께 자신을 의탁하는 것이 가장 지혜로운 일임을 알았고, 따라서 지금 돌로 쳐 죽임을 당하는 순간에도 아주 분명하게 자신을 의탁할 수 있었을 것입니다.

(3) 끝난다는 의미의 생의 마감이 아닌 연장으로서의 안식

뿐만 아니라 결국 스데반은 무엇을 알고 있었는가 하면, 인생으로 모든 존재가 끝나는 것이 아니라는 진리를 알았습니다. 그래서 도리어 인생은 영생에 비해 아주 작은 시간일 뿐 이에 비하여 감히 비교할 수 없을 만큼 크고 무한한 시간인 영생永生이 있음을 알았고 그 영생의 시간 개념을 따라 사고思考했던 것 같습니다. 그래서 이땅에서의 죽음조차도 영원한 생명을 위한 안식安息이라는 사실을 알았던 것입니다. 이것이 60절b의 "주여 이 죄를 저들에게 돌리지 마옵소서 이 말을 하고 자니라"라는 마지막 기도에 나타납니다. 즉 세상의 어떠한 위협조차도 흔들 수 없는 평안(샬롬, 平安)과 안식安息이라고 할까요? 스데반의 죽음은 그렇기에 막연하게 두려워하는 죽음이 아니라 진정 오랫동안 자는듯 쉬는 영면永眠이었습니다.

II. 구속사의 정점으로서의 스데반의 죽음

앞에서 잠깐 기하학의 피타고라스 정리를 이야기한 것을 기억하실 것입니다. 피타고라스 정리는 직각 삼각형의 짧은 두 변 각각의 제곱의 합이 가

장 긴 변의 제곱의 합과 같다는 정리입니다($a^2+b^2=c^2$). 이는 단순하게 특정한 삼각형에만 적용되는 것이 아니고, 삼각형이 커진다 해도 그 두 변의 제곱의 합은 결국 또한 가장 긴 변의 제곱의 합과 계속 같다는 불변의 공식, 정리입니다. 즉 원리적으로 계속 확장 가능하다는 의미입니다.

이 공식을 잘 생각해보면 인생/죽음에 집착하기 쉬운 미시적인 시야를 열어주어서, 온 우주를 무로부터 창조하신 하나님의 섭리 가운데 마침내 다시 오셔서 심판하실 종말까지를 바라보는 거시적 안목을 갖게 하는 것입니다. 그런 이해가 담겨있는 구속 역사의 관점을 갖는 신자는 세상 속에 살되 세상이 어거하지 못하는 진정한 천상적 자유인임을 확인하게 되고, 그것이 바로 신자의 특권입니다. 그렇기에 스데반이 사도행전 7:2-53절까지 주목하여 설교한 아브라함부터 다윗을 통해 결국 그리스도까지 이어진 구원의 역사는, 이어서 사도행전 9, 10, 13, 22장 그리고 28장에 거쳐 나오는 베드로와 바울 그리고 이제 스데반까지 이어져도 결국 동일한 것과 같습니다. 이는 그뿐만 아니라 역시나 그리스도께서 오시기 전과 오신 직후, 또한 2천 년이 지난 우리를 거쳐 세상 종말에까지 이르러도 결국은 동일하다는 결론에 도달하게 됩니다. 따라서 이는 우리로 하여금 앞서 스데반에게서 본 개인적 종말관의 확대를 생각할 수 있게 해줍니다. 다시 말하면 스데반이 죽음 앞에서 가졌던 태도는 우리에게도, 이후의 모든 성도들에게도 확대될 수 있는 것입니다.

이를 성도들이 가질 종말관으로 정리해보면 이렇습니다. 가장 먼저 성도는 죽음, 달리 말하면 인간이 생각하고 피하고 싶은 고난과 고통, 그리고 어려움에 대한 두려움으로부터 "자유를 가진 자"라는 진리입니다. 두 번째로 성도는 언제고 영혼을 의탁할 수 있는 대상이 있는데 바로 "다시 오실 심판주이신 그리스도"라는 사실입니다. 마지막으로 성도는 죽음으로 인해 생의 마감만을 생각하는 자가 아니라 "영생을 통해 더더욱 계속될 하나님의 통치와 나라를 생각하는 자"라는 성경의 약속입니다. 이를 하나하나 살펴보겠습니다.

(1) 죽음에 대한 두려움으로부터의 자유

앞에서도 충분히 생각했지만, 인간이 가진 가장 큰 두려움이자 적敵은 죽음입니다. 그런데 그리스도께서 오셔서 보여주신 하나님의 하나님 되심의 가장 큰 증거는 인간의 한계인 죽음으로부터 살아나신 부활의 능력입니다. 물론 그리스도를 믿는 자로서의 우리는 인생 가운데 여타한 문제들 앞에서 무력할 수도 있지만 분명하게 자신 있는 것은 죽음에 대한 극복입니다. 이는 이단들이 이야기하는 불사不死의 의미가 결코 아닙니다. 아담의 타락 이후에 분명 육체는 흙으로 돌아가도록 하신 하나님의 명령(창세기 3:19절b "너는 흙이니 흙으로 돌아갈 것이니라")에 따라 죽음이 반드시 예정되어 있습니다. 그러나 부활의 약속이 있는 한, 죽음이 모든 것을 없이할지 모른다는 두려움으로부터는 자유하게 되는 것이 신자의 특권입니다. 이에 대해 사도 바울은 "아담 안에서 모든 사람이 죽은 것 같이 그리스도 안에서 모든 사람이 삶을 얻으리라"(고전 15:22)고 단호하게 말합니다. 이는 그가 스데반의 죽음을 직접 목격하였던 자로서 스데반의 마지막 모습에서 배운 것일 수도 있습니다(행 8:1; 22:20).

바울은 자신이 그리스도의 부활에 대한 확신과 그로 인한 기대감을 가지고 있기에, 인간이라면 응당 가지게 되는 죽음의 공포에서 벗어나 죽음을 향해 담대하게 행했습니다. 바울은 "형제들아 내가 그리스도 예수 우리 주 안에서 가진바 너희에게 대한 나의 자랑을 두고 단언하노니 나는 날마다 죽노라"(고전 15:31)고 말했을 뿐 아니라 나아가 더욱 담대하게 "사망아 너의 이기는 것이 어디 있느냐 사망아 너의 쏘는 것이 어디 있느냐"(55절)고 외치면서 "우리 주 예수 그리스도로 말미암아 우리에게 이김을 주시는 하나님께 감사"(57절)한다고 말하기를 주저하지 않았습니다. 죽음에 대해 담대하게 되니 현실속에서 그 현실에 매인 바 되기보다는 장래의 영광을 바라보며 마침내 이루실 주의 영광에 대한 기대가 더 커졌을 것입니다. 그래서 "생각건대 현재의 고난은 장차 우리에게 나타날 영광과 족히 비교할 수 없도다"(롬 8:18)라고 말하기까지 했던 것입니다. 바울만이 아니라 종말에 대해 예언하도록 부름받았던 사도 요한은 주님의 말씀을 이렇게 대언했습니다. "불의를 하는 자는 그대로 불의를 하고 더러운 자는 그대로 더럽고 의로운 자는 그대로 의를 행하고 거룩한 자는 그대로 거룩되게 하라 보라 내가 속히 오리니 내가 줄 상이 내게 있어 각 사람에게 그의 일한 대로 갚아 주리라"(계 22:12-13).

그러므로 성도 여러분, 이땅에 사는 동안 죽음에 연연하며 살기보다는 선善을 향해 의를 행하고 거룩을 향해 살기를 힘쓰고 애쓰십시오. 그럴 때 주께서 이미 이기게 하신 죽음의 권세에 대한 두려움을 물리치고 도리어 거룩과 의로 사는 즐거움을 더하실 줄 믿습니다.

(2) 우리 영혼을 의탁할 수 있는 대상이신 그리스도

두 번째로 신자들의 또 다른 특권은 육신을 입고 이 세상에 사는 동안 언제고 자기 힘이 아닌 오직 그리스도만을 의탁하고 사는 삶을 허락받았다는 사실입니다. 스데반이 자기 영혼을 의탁해서만이 아니라 이미 전에 살펴보았듯이 그리스도의 사역 자체가 왕직과 선지자직과 그리고 제사장직이라는 삼중직을 감당하시기에, 그 제사장직은 우리로 그때나 지금이나 주님께서 다시 오실 날까지 동일하게 계속되는 것입니다. "우리가 이 소망이 있는 것은 영혼의 닻 같아서 튼튼하고 견고하여 휘장 안에 들어 가나니 그리로 앞서 가신 예수께서 멜기세덱의 반차를 좇아 영원히 대제사장이 되어 우리를 위하여 들어 가셨느니라"(히 6:19-20).

따라서 스데반이 "주 예수여 내 영혼을 받으시옵소서"라고 했던 바를 결코 그만의 의뢰로 여기지 마시고, 여러분의 삶과 인생 그리고 마침내 맞이할 죽음과 이후의 종말에 대해서도 온전히 주께 내어맡기기 바랍니다. 그럴 때 여러분은 분명코 세상 끝에서 주의 다시 오심을 볼 것입니다. 이를 입증하는 내용이 히브리서에 기록되기를, "그리스도께서는 참 것의 그림자인 손으로 만든 성소에 들어가지 아니하시고 오직 참 하늘에 들어가사 이제 우리를 위하여 하나님 앞에 나타나시고 대제사장이 해마다 다른 것의 피로서 성소에 들어가는 것 같이 자주 자기를 드리려고 아니하실찌나 그리하면 그가 세상을 창조할 때부터 자주 고난을 받았어야 할 것이로되 이제 자기를 단번에 제사로 드려 죄를 없게 하시려고 세상 끝에 나타나셨느니라 한 번 죽는 것은 사람에게 정하신 것이요 그 후에는 심판이 있으리니 이와 같이 그리스도도 많은 사람의 죄를 담당하려고 단번에 드리신바 되셨고 구원에 이르게 하기 위하여 죄와 상관없이 자기를 바라는 자들에게 두번째 나타나시리라"(히 9:24-28)라고 분명하게 말씀합니다.

(3) 죽음으로 인한 생의 마감을 바라보는 것이 아닌 영생으로서의 계속됨을 생각하는 성도

이제 성도는 죽음과 같은 이땅에서의 마침을 모든 것으로 보는 자가 아니라 많은 문장과 내용 전개 중의 하나라고 생각하고 도리어 크고 큰 하나님의 구원 섭리를 생각하면서 그 하나님의 큰일을 보기를 소원하며 기도하는 자가 되어야 합니다. 찬양하는 자가 되고, 삶으로 살아가는 자가 되어야 합니다. "우리가 그리스도 안에서 그의 은혜의 풍성함을 따라 그의 피로 말미암아 구속 곧 죄 사함을 받았으니 이는 그가 모든 지혜와 총명으로 우리에게 넘치게 하사 그 뜻의 비밀을 우리에게 알리셨으니 곧 그 기쁘심을 따라 그리스도 안에서 때가 찬 경륜을 위하여 예정하신 것이니 하늘에 있는 것이나 땅에 있는 것이 다 그리스도 안에서 통일되게 하려 하심이라 모든 일을 그 마음의 원대로 역사하시는 자의 뜻을 따라 우리가 예정을 입어 그 안에서 기업이 되었으니 이는 그리스도 안에서 전부터 바라던 우리로 그의 영광의 찬송이 되게 하려 하심이라"(엡 1:7-12).

따라서 사랑하는 성도 여러분, 오늘 사는 삶을 영생을 사는 삶과 같이 살기를 바랍니다. 있다가 지나가는 시간과 삶이 아니라 오늘이 모아서 결국 내일이 이루어지는 것처럼, 그리고 지금 인생이 모아져 영생을 살게 될 것을 생각하면서 사는 여러분 되시기를 바랍니다. 그럴 때 하나님께서 우리 삶의 순간순간들을 결코 잊지 아니하시고 기억하셔서, 복되다 하시며 하늘의 영광으로 채우실 줄 믿습니다.

성경의 가장 마지막은 이렇게 마무리가 됩니다. 이 말씀으로 본 구속사 설교를 모두 마치도록 하겠습니다. "주 예수의 은혜가 모든 자들에게 있을찌어다 아멘"(계 22:21).

아멘 !!!

부 록

〈부록 1〉

어거스틴의 『하나님의 도성』에 나타난
구속사적 설교 연구

1. 서론

지금으로부터 2천 년 전에 주께서 친히 가르치신 내용들을 보면, 진리의 깊은 능력은, 당장 현실을 살아가는 데 도움이 되게 하려는 도구적 내용보다는 하나님의 구원의 역사를 보여줌과 하나님이 어떤 분이신가를 알려줌을 통해 이생에 살건만 영생을 지향하고 사는 성도의 능력과 마침내 완성될 하나님 나라를 기대하며 살도록 하는 성도의 소망을 더하는 내용에 담겨 있다. 이는 사도들과 교부들에 의해서 보여진 가르침 속에서뿐 아니라 1,600년 전 어거스틴에게서는 그러한 자취를 더욱 풍성히 보게 된다.

이 논문에서 다루려는 어거스틴의 『하나님의 도성 De Civitate Dei』은 당대 로마에 만연했던 인간중심적이고 지상주의적인 문화의 한계를 극복하기 위하여 집필된 작품으로, 그는 지상과 하늘에 대한 영적 실재의 인식을 가지고 전 인류 역사 가운데 면면히 흐르는 구속사적 역사관을 제시하였다.[1] 그러한 역사철학적 기독교가치관의 제시를 통해 당시 팽배하던 이원론을 해결하였고, 나아가 성경적 내세관을 갖춘 종말적 인식을 하게 함으로써 현실 속에서 긴장된 신앙을 갖도록 유도하였다는 평가가,[2] 필자에게 이 연구를 위한 동기를 강력하게 심어주었다.

따라서 본 논문에서는 현세와 내세라는 두 영적 실재에 대한 구속사적 역사관 하에서, 성도로 하여금 바른 기독교적 역사의식 속에서 신앙을 바라보게 하고, 그러한 의식 기반 위에서 내세적 종말인식을 갖게 했던 어거

---

1) 성 아우구스티누스, 『하나님의 도성』 조호연, 김종흡 옮김(서울: 크리스챤다이제스트, 1998).
2) 김명혁, 『초대교회의 형성』(수원: 합동신학교, 1993), 214.

스틴의 구속사적 설교관을 탐구하려고 한다. 물론 이 논문은 설교학을 위한 것이 아니기에 구체적인 설교론은 전혀 다루지 않는다. 다만 설교자가 반드시 들고 서야하는 구속사적 종말신학의 부요함을 다루려고 한다.[3] 그래서 실제적이거나 실천적인 것을 기대하기에는 다소 실망할 수도 있지만, 성경적인 기본에 견고히 선 역사철학적 신앙관을 제시하는 설교의 내용을 다루는 논문이라 여겨주기를 바란다. 이러한 시도와 노력이야말로 초대교부인 어거스틴뿐 아니라 그에게서 영향받은 종교개혁자들의 개혁사상을 이어받는 흐름에 함께 서는 길이라 여긴다.[4]

이러한 주제와 방향을 따라 제2장에서는 어거스틴의 제반 신학사상들을 그의 주요 작품들과 더불어 소개하고, 3장에서는 『하나님의 도성 De Civitate Dei』에 대한 소개와 더불어 그에 나타난 어거스틴의 종말론적 역사관을 살펴보도록 하겠다. 이러한 이해를 따라 4장에서는 『하나님의 도성』속에서 발견되는 구속사적이며 종말론적 역사관에 기초한 성경적 대조방법론이 지향하는 그리스도 중심사상과, 잘못된 이교신들에 비하여 참 하나님에 대한 바른 이해를 위한 신론적 진술을 찾아보려고 한다. 이 연구

---

3) D.M 로이드 존스, 『목사와 설교 Preaching and Preachers』서문강 역(서울: 기독교문서선교회, 1977), 11. "오늘날 기독교회의 가장 절실한 요구는 진정한 설교이며, 그것은 역시 명백하게도 세상이 가장 크게 필요로 하는 것이라고 말하겠습니다.", Ibid, 24. "교회나 기독교 목사의 제일 첫째 임무는 하나님의 말씀을 전하는 것입니다.", Ibid, 30. "참된 말씀 전파의 부흥은 언제나 교회 역사상 위대한 부흥운동을 가져왔습니다. 물론 종교개혁과 부흥이 일어날 때 그들은 언제나 위대하고 주목할 만한 교회역사 이래 가장 위대한 말씀전파 시대로 돌입했던 것입니다."
4) Ibid, 30-31. "사도행전에 기록된 대로 그것은 초대교회에서 진리였던 것처럼 그것은 프로테스탄트의 종교개혁 이후에도 역시 진리입니다 … 그러므로 말씀전하는 일이 교회의 제1차적인 임무라는 진술에 대한 해명과 정당성은 그처럼 성경의 증거와 나의 진술을 지지해주며, 일치하는 교회의 역사적 증거에 기초하고 있습니다."

로, 참된 종말론적 역사관에 근거한 기독교 신학사상을 견고히 세우는 데
큰 역할을 했던 어거스틴의 모범을 따라, 이 시대의 강단이 바른 성경적
이해에 붙들려지는 회복이 일어나기를 기대해본다.

2. 어거스틴의 제반 신학사상들

2.1. 그의 신학적 과제들 – 대적자들: 마니교, 도나티스트, 펠라기안

2.1.1. 마니교에 대한 반박

어거스틴의 신학은 대체로 변증적 성격을 띠는데, 이는 자신이 어린 시
절 심취되었던 마니교에 대한 반박으로부터 시작하기 때문이다.[5] 사실
마니교의 체제는 조로아스터교나 고대 바빌론 종교 및 불교의 내용들을
기반으로 하며, 환상적인 자연철학의 형태로 나타난 무모순적이고 비타
협적인 이원론적 철학에 기초한다. 그리고 또한 정교한 신화적 요소에 기
반한 체제였다. 허나 어거스틴이 마니교를 추종했던 이유는, 마니교 분파
가 매우 번성했던 카르타고의 마니교도들과 관계하며 친숙하게 지내고
있었고, 지성적이지 못한 기독신앙인들과 논쟁함에 있어 종교적 논쟁에
서 승리하게 됨으로 자아도취에 빠져 있었기 때문이었다. 사실 마니교도
들이 스스로 진리에 도달했다고 하였지만 이것이 허구였던 것처럼, 어거
스틴 역시 마니교의 전체적 핵심을 파악하지 못한 채 미숙한 이해에 머물
러 있었다.

그러던 어거스틴이 어머니 모니카의 염려와 함께 마니교의 점성술에 대
한 이해가 과학적이지 않음을 발견하면서, 마니교도의 최고 해설자라 추

---

5) 스탠리 로메인 호퍼, "마니교 반박 저술들"『아우구스티누스 핸드북』로이 배
튼하우스 편집, 현재규 역 (서울: 크리스챤 다이제스트, 1994), 184-97.

앙반던 파우스투스(Faustus)가 자신의 질문에 대한 해답을 주지 못한 데 대한 실망으로 인해 어거스틴은 마니교를 떠나게 되었다. 그런 방황의 결과로 어거스틴은 마니교를 반박하는 5개의 작품들(Anti-Manichean Pentateuch)을 저술하게 되었는데, 『자유의지론』, 『마니교도를 논박하는 창세기』, 『카톨릭교회의 습속』, 『마니교도의 습속』, 『참된 종교』등이 그것이다.

2.1.2. 도나티스트에 대한 반박

교회가 박해(데키우스, 디오클레티아누스 통치하)를 받았던 기간에 많은 기독교인들은 순교를 자청하였지만, 또다른 일부 기독교인들은 권력의 요구에 굴복하여 배교하고 말았다. 그래서 이후에 기독교가 공인될 때 과거의 문제가 부각되면서, 어떤 사람이 배교자(traditor)였느냐의 문제, 즉 기독교인의 성경사본들을 박해하는 권력들에게 넘겨주었느냐 아니냐의 문제로 교회 내부의 분열이 생겨났다. 배교자였던 사제가 오염시킨 성례전의 타당성을 인정하지 않으려 하면서, 만일 그들을 받아들이려면 재세례가 필요하다고 주장하는 자들이 있었는데, 그런 자들 중에 주목받은 분파들이 바로 도나투스주의자들(Donatists)이었다.[6]

어거스틴은 교회에 대한 네 가지 전통적인 특징을 주장하였는데, 교회의 일치(Unity), 교회의 보편성(Catholicity), 교회의 거룩성(Holiness), 그리고 교회의 사도성(Apostolicity)이 그것이다. 어거스틴이 이러한 교회의 4대 특징을 제시하였던 데는, 그가 목회자로서 분파주의자들이 버리고 떠난 교회의 품안으로 다시 돌아오게 하려는 시도와 더불어 신학자로서 분파주의자들의 입장의 모순성과 비규칙성을 드러내야겠다는 사명감 때문이었다. 이

---

6) 프레드릭 딜리스톤, "도나투스주의자를 반박하는 저술들", 『아우구스티누스 핸드북』, 216-46.

두 갈등을 모두 해결하기 위해서는, 교회가 무엇인가를 분명히 세우는 것
이 가장 중요한 일이었던 것이다. 그러면서 어거스틴은 세례의 원천과 기
원이 인간이나 교회가 아니라 하나님 자신임을 분명히 했다. "우리는 우리
의 씻김에 의해서 더 더러워지거나 더 깨끗하게 되지 않는다. 그러나 세례
의 물이 성부, 성자, 성령의 이름으로 주어질 때, 그것은 우리의 것도 당신
들의 것도 아닌 하나님의 것이다."[7] 어거스틴은 그리스도가 세례받는 사
람의 기원이며, 뿌리요, 머리라는 주제로 돌아가서, 이 물이 누구의 물인
지는 중요하지 않다는 논리를 견고히 했다.

결국 도나티스트와의 논쟁은 세례를 베푸는 사제의 자격에 관한 것이었
는데, 이들은 그 사람이 배교자이어서도 안 되고 배교자와 연합했던 주교
가 서품을 준 사람이어도 안 된다고 했던데 반해, 어거스틴은 세례를 받는
자가 그에게 세례를 주는 자의 양심이 모든 더러움으로부터 깨끗하다는
사실을 어떻게 확신할 수 있는가 질문하면서, 세례의 원천과 기원은 인간
이나 교회가 아니라 하나님 자신이기에, 비록 살인자가 세례를 베푼다고
해도 성령의 은사는 여전히 확실할 것이라고 했다. 따라서 "이런 종류의
사람이 세례를 베푸는 동안에도 성령을 주시는 분은 하나님이시"라고 답
하므로써 그 문제에 대한 해답을 제시했다.[8]

2.1.3. 펠라기안에 대한 반박

펠라기우스는 영국출신으로 추측되는 엄격한 경건생활을 추구하던
수도사였는데, 지식계층과 상류계급을 대상으로 사역하였다. 당시 교회
안의 신자들이 도덕적 생활에 있어 나태함을 안타깝게 여긴 나머지 나

---

7) Ibid, 237. "페틸리아누스에 답하여 *Answer To Petilian*".
8) Ibid, 240.

름대로의 선지자적 역할을 감당하며 시대를 깨우고 교회를 각성시키려 하면서 인간에 대한 기대와 희망을 담는 신학을 제시하였는데, 결과적으로 하나님의 진리를 본질적으로 오해한 가르침을 전하였다. 즉, 하나님께서 우리에게 계명을 주심은 우리에게 그것을 능히 행할 능력이 있기 때문이라는 전제하에 자신의 신학을 전개하며, 인간의 죄된 본성과 "인간의 성격이 죄를 거듭함으로써 비뚤어지며 병들어가는 사실을 무시"해 버렸다.[9]

그래서 펠라기우스는 "우리는 양쪽 방향으로 행동할 수 있는 하나의 가능성을 하나님에 의해 우리 안에 부여받았다 ... 그것은 인간의 의지에 따라서 다양하게 산출하고 생산한다. 가꾸는 자 자신의 선택에 따라, 덕의 아름다운 꽃을 활짝 피울 수도 있고 악의 가시덤불로 가득 채울 수도 있다"면서,[10] 하나님에 대한 언급을 포함시키지 않고 인간의 의지만을 강조하였다. 그 결과 그는 신앙생활에 있어서 핵심적인 내용인 하나님과 성도의 관계를 단절시켜버림으로써, 성도 혼자 독단적으로 신앙을 영위할 수 있는 자율적 인간관을 창조해내었다. 그로 인해, 기독교신앙의 핵심이요 구원주이신 성자 그리스도 예수는 그저 모범적인 인물 중 하나에 불과하게 되어버렸다. 이렇게 기독교의 핵심인 그리스도에 대한 이해가 곡해되고, 그를 보내신 하나님의 섭리와 경륜을 무시하게 됨으로 인해, 결국 인간은 하나님에 대해 독립적인 존재로서 외적인 자유를 얻은 듯 보이지만 실제로는 내면적이고 영적인 버림의 자리에 이르게 되어버렸다고 할 수 있다.

하지만 이에 대해서 어거스틴은 인간의 부패와 타락에 대해 분명히 지적하고, 이를 구원할 수 있는 근원은 펠라기우스가 주장하는 자기 의지가

---

9) 아우구스티누스, 『은혜론』 김종흡 역(서울: 생명의말씀사, 1990), 역자서문 2.

10) 폴 레만, "펠라기우스주의에 대항하는 저술들", 『아우구스티누스 핸드북』, 255. 재인용 『의지의 자유에 대한 변호 (Defense of the Freedom of the Will)』

아닌 오직 하나님의 은혜뿐이라는 은혜의 신학을 역설했다.[11] 그 은혜의
징표가 바로 그리스도 예수요 그 은혜의 지속적 방편이 성령 하나님이심
을 드러내면서 정리하기를, 죄성을 타고난 인간은 오직 그리스도 예수로
말미암는 하나님의 은혜로만 믿음과 사랑과 성결과 소망을 얻을 수 있으
며, 이것이 바로 정통 기독교라고 정의한다.[12] 그래서 "성도의 예정에 대
하여"라는 논문에서 어거스틴은 신앙의 선물을 하나님의 비밀스런 경륜
으로 돌리며 이렇게 고백한다.

> 나는 하나님의 은혜가 신앙보다 선행한다고 생각하지 않았다 ... 나는 부
> 르심 그 자체에 관하여 거의 알지 못했다. 부르심이란 하나님의 목적을 따
> 르는 것이다. 부름받은 자 모두의 부르심이 그렇지는 않으며, 오직 선택된
> 자만이 그렇기 때문이다 ... 그러나 나는 신앙의 공로 그 자체조차도 하나님
> 의 선물이라는 것을 생각하지도 못했고, 조사해보지도 못했고, 말하지도 않
> 았다.[13]

어거스틴은 자신 안에 가득찬 은혜의 신학에 대해 이렇게 말한다. "하나
님께서 '너희는 내게로 돌아오라 그리하면 내가 너희에게로 돌아가리라'
(슥 1:3)고 말씀하실 때에, 우리를 하나님께로 돌아오라고 부르시는 문절은
분명히 우리의 의지에 관한 것이고, 하나님이 우리에게 돌아오시겠다고
약속하시는 문절은 하나님의 은혜에 관한 것이다."[14]
어거스틴은 그 은혜가 바로 그리스도 안에 있는 은혜로써, '예수 그리

---

11) Benjamin B. Warfield, "Augustine and The Pelagian controversy", *STUDIES IN TERTULLIAN AND AUGUSTINE* (Michigan: Baker Book, 1932), 400.

12) J. Patout Burns, *THE DEVELOPMENT OF AUGUSTINE'S DOCTRINE OF OPERATIVE GRACE* (PARIS: ETUDES AUGUSTINIENNES, 1980), 31.

13) 『은혜론』, 226. "ON THE PREDESTINATION OF THE SAINTS"

14) Ibid, 176.

스도의 주되심'은 동정녀 탄생이 아닌 그의 구원하시는 능력에 핵심이 있기에 그리스도 안에 있는 은혜를 드러내고 있음을 더욱 분명히 한다. 따라서 은혜를 깨달은 자들은 결국 그리스도에게로 오게 되어 있다고 주께서 친히 하신 말씀을 인용한다. "아버지께 듣고 배운 사람마다 내게 오느니라"(요 6:45). 그런데 이러한 선행도 역시 하나님께서 은혜를 주심으로 행하는 일임을 "나를 떠나서는 너희가 아무 것도 할 수 없음이라"(요 15:5)는 말씀을 통해 확증함으로써, 결국 성도는 자기의 의지가 아닌 하나님의 은혜로 사는 자임을 증명해 낸다.

2.2. 그의 신학적 업적들 – 고백록, 하나님의 도성, 삼위일체

2.2.1. 『고백록 (Confessiones)』

총 13권으로 되어 있는 어거스틴의 고백록은, 단순한 어거스틴의 자서전 이상의 의미를 갖는데 바로 하나님의 은혜와 선하심을 찬양하는 웅장한 찬미가와 같기 때문이라는 평가처럼[15] 이렇게 시작한다. "주여, 주님은 광대하시니 크게 찬송을 받으소서. 주님의 능력은 크고 주님의 지혜는 무궁하나이다. 인생이 주를 찬송하고자 소원하오니 나는 주님의 창조계의 한 부분임이니이다."[16]

고백록은 내용이 총 세 가지 부분으로 나뉜다.[17] 먼저 과거부분인 1권부터 9권까지는 어거스틴의 과거에 대한 기억과 회상이다. 그 기억 속에

---

15) 버논 J. 보르크, "서론", 『고백록』, 20.
16) 어거스틴, 『성 아우구스티누스 고백록』 김기찬 역(서울: 크리스챤 다이제스트, 2000), 29. 1권 1장.
17) 보르크, 21. 이 분류는 『고백록』의 서론을 쓴 보르크의 견해를 받아들여 사용한다.

자신의 성적방랑, 이교추종 등의 죄악된 모습에 대한 회상과 그에 반해 은 혜를 베푸신 하나님의 은총과 관용에 대한 기억들이 가득 담겨있다.[18]

다음으로 현재부분인 10권으로 어거스틴의 현재 영적 상태를 묘사하되, 그가 이 내용을 기록할 때인 주교로서의 양심에 대한 문제를 담고 있다.[19] 여기서 어거스틴은 "내가 주님께 여쭐 때 살피는 이 모든 것에서 나는 여 전히 주님 안에서가 아니면 내 영혼을 위한 안전한 곳을 발견하지 못하나 이다"라는 그 유명한 고백을 한다.[20] 그리고 마지막은 미래부분인 11권에 서 13권까지로 하나님의 창조계획과 목적에 비추어볼 때, 인생의 궁극적 의미에 대한 미래지향적인 기록을 담고 있다.[21] 여기 마지막 부분에서 어 거스틴은 한번 더 이렇게 고백한다.

주님의 위대한 성화 가운데서 우리의 안식을 발견하고자 하나이다. 주님 은 선이시며 다른 선한 것이 필요 없으시며, 언제나 안식하시니, 주님 자신 이 주님의 안식이심이니이다 ... 우리는 주님 안에서 이것을 찾아야 하나이 다. 우리는 그것을 얻으려고 주님의 문을 두드려야 하나이다. 오직 그리함으 로 우리는 받을 것이며, 오직 그리함으로 우리가 찾을 것이며, 오직 그리함 으로 주님의 문이 열린 것이옵나이다.[22]

전체적으로 볼 때, 어거스틴의 고백록은 하나님의 피조물로서 그리스도

18) 『고백록』, 29-244.
19) Ibid, 245-300.
20) Ibid, 295-6.
21) Ibid, 301-413.
22) Ibid, 413. 13권 38장 "we hope to rest in your great sanctification. But you, the Good, in need of no other good, are ever at rest since you yourself are your own rest ... Only you can be safed, only you can be begged, only on your door can we knock. Yes indeed, how it is received, how it is received, how the door is opened."

인이 걸어가야 할 신앙의 여정을 보여주면서, 어거스틴 개인의 인생 가운
데 체험한 시련과 승리의 이야기이며,[23] 은혜의 신학으로 굳게 선 어거스
틴의 진면목을 보여주는 작품[24]이라 평가할 수 있다.

2.2.2. 『하나님의 도성 - 신국론 De Civitate Dei』

어거스틴이 "내 사랑하는 아들, 마르켈리누스여, 그대가 제안하였고 내
가 그렇게 하겠다고 약속한 이 작업의 주제는 영광스러운 하나님의 도성
이네"[25]라고 말하며 그 시작을 하고 있는 작품이 바로 『하나님의 도성 De
Civitate Dei』이다. 바로 그 영광스러운 하나님의 도성을 주제로 다루기 위하
여, 어거스틴은 이 작품을 413년부터 426년까지 13년 동안 총 22권에 걸쳐
기록하였다.

3장에서 보다 구체적으로 다루겠지만, 이 저작은 크게 2부 22권으로 나
누어져 있는데 먼저 1부는 제1권의 로마 함락으로 인하여 일어난 여러 가
지 문제들을 다루고, 2권부터 5권까지는 로마가 그리스도의 때 이전에 당
한 여러 가지 환란들에 대해 말하면서 그것이 결국 로마에 가득한 이교적
신앙들로 인한 부패와 악의 조장에 기인함을 다룬다. 그리고 6권에서 10권
까지는 로마와 헬라의 더 다양한 이교신들에 대한 치밀한 연구를 통해 그
것들의 무력함을 폭로한다. 그후에 이제 2부에 와서는 바로 두 도성에 관
한 기원(11권-14권)과 그 발전(15권-18권) 그리고 그 종말(19권-22권)에 대하여 설
명한다. 11권을 시작하며 어거스틴은 이렇게 말한다. "우리가 말하는 하나
님의 도성은 성경이 말하는 그 도성이다. 성경은 그 거룩한 권위로 말미암
아 만국의 모든 문헌 위에 있으며, 모든 종류의 사람들에게 영향을 주었

---

23) 보르크, 21.

24) B. B. Warfield, "Augustine and his confession", 284.

25) 『하나님의 도성』, 81.

다. 그리고 그 영향은 우연한 지적 감동의 결과가 아니라 명백한 섭리에 의한 계획의 결과였다."[26]

이렇게 총 22권으로 되어 있고, 그것을 2부로 나누어 세상 속에 나타난 하나님의 섭리에 대해 다루는 바로 이 저작을 통해, 어거스틴은 "하나님의 도성"이라는 주제를 중심으로 한 구속사관을 확립하였고 구속사를 담은 세계사를 펼쳐내었던 것이다.[27]

2.2.3. 『삼위일체론(De Trinitate)』

기독교에서 삼위일체(trinity)만큼 이해하기 어려운 교리도 없을 터인데, 이에 대해 바른 기독교적 변증을 해야 할 책임을 가졌던 어거스틴은 417년에 이에 대해 바로 저술을 감당한다.[28] 이 주제로 위대한 연구에 착수했던 어거스틴은 "나는 어렵고 애매한 주제를 통해서 나의 길을 찾도록 강요받았다"고 말했음에도 불구하고,[29] 그는 이 삼위일체 연구를 통해 수립하게 된 교리적 견고함에 대해 만족하면서, "이 주제에 대한 오류보다 더 위험스럽고, 그 연구에 더 많은 노력이 필요하며, 진리의 발견이 더 유익한 다른 주제는 없다"라고 말한다.[30] 이에 대해 한철하 교수는 어거스틴의『삼위일체』에 대해, 신앙으로 시작하여 이성의 힘으로 전진하여 '하나님을 봄'에 도달한 어거스틴의 확신이라고 평가하는데,[31] 이는 내용 소개를 위

---

26) Ibid, 535. 11권 1장.

27) 한철하, 『고대기독교사상』(서울: 대한기독교서회, 1970), 319.

28) Augustine, "THE TRINITY", *Augustine : Later Works*. John Burnaby ed (London: SCM Press Ltd., 1965),17-181.

29) 시릴 C. 리처드슨, "삼위일체의 수수께끼", 『아우구스티누스 핸드북』, 283 ; "THE TRINITY", I권 3장 6절

30) Ibid, 283-4; "THE TRINITY", I권 2장 5절

31) 한철하, 274.

한 귀중한 이해를 열어준다.

총 15권으로 되어 있는 『삼위일체(the Trinity)』는 신앙의 내용인 계시의 권위에서부터 시작하여,[32] 그 첫 부분에서는 삼위일체 안에서 신앙을 정의하고, 그것을 밝히는 성경구절들과 그것과 모순되어 보이는 구절들을 검증하는 데 집중한다.[33] 조금 더 구체적으로 이 책의 상권上卷격인 1권부터 7권은 삼위일체의 전통적 교리인 카톨릭 신학에 의해 야기된 주제들인, 하나님은 한 분이신데, 전체 삼위는 한 신적 기능 안에서 모두 활동하시고, 삼위는 우리의 이해나 그분들의 영원성에 대해 각각 구별되신다라는 교리들에 대해 다룬다.[34] 하권下卷격인 8권부터 15권까지는 신앙으로 받은 것을 이성으로 알려는 노력을 기울인다.[35]

결국 인간의 이성인 정신과 지식 그리고 사랑의 삼위일체(The Trinity of Mind, Knowledge, and Love)를 다루기 시작하면서 어거스틴은 인간 안에 있는 정신과 사랑의 중요성을 부각시킨다. 즉 정신은 그 자신 안에 있는 사랑을 알고 있으며 결과적으로 하나님을 안다고 말하는데, 그 이유는 하나님은 사랑이시기 때문이라는 것을 8권에서 다룬다.[36] 그리고는 이 유비들 - 정신, 지식, 사랑 - 을 사용하여 인간이 하나님의 형상, 즉 삼위일체의 형상으로 창조되었다는 사실을 분명히 한다. 물론 사람은 완전히 하나님의 형상이 아니라 그 형상을 본땄을 뿐이지만, 일상의 유사성을 따라 그분에 가까운 존재라고 어거스틴은 밝힌다.[37] 이제 14권에 와서는 상권에서 다루었던 전통적인 삼위일체의 문제로 돌아와 정신이 자신을 기억하고 자신을 이해하며 스스로를 사랑하는 것을 언급하면서 바로 여기서 육체적

---

32) 리처드슨, 290.

33) Ibid, 291.

34) 'Introduction' in "THE TRINITY", 19.

35) 한철하, 274.

36) 리처드슨, 300.

37) Ibid.

인 요소는 극복된다고 말한다. 왜냐하면 본질적으로 정신은 불멸하기 때문이다.[38]

어거스틴은 이러한 삼위일체라는 길고 어려운 연구의 끝부분에 와서, 육체의 한계는 결코 그 삼위일체 하나님을 알 수 없지만 이성적 의지의 한계로부터 완전히 벗어날 때에만 그 진리를 온전히 알게 될 것이라는 결론에 이른다. 그러면서 이렇게 기도한다.

저는 당신을 찾았으며, 저의 이해로 제가 무엇을 믿었는지를 확인하기 원했습니다. 저는 많은 것을 논의해왔고 장황하게 설명했습니다 ... 오 주님, 유일하신 하나님, 삼위일체이신 하나님, 제가 이 책들에서 당신에 대한 것이라 말한 것은 무엇이든지, 당신께 속한 자들이 인정하게 하소서. 만일 제 자신의 것이 들어 있다면, 당신과 당신께 속한 사람들 모두에 의해 용서받게 하소서.[39]

3. 『하나님의 도성 De Civitate Dei』에 나타난 역사관 및 종말론

3.1. 『하나님의 도성』에 나타난 하나님 주도의 역사전진

이제 구체적으로 다루려는 『하나님의 도성 De Civitate Dei』을 설명함에 있어, 가장 좋은 방법은 저자의 직접적인 설명을 듣는 일일 것이다. 어거스틴이 만년에 직접 그의 친구 피르무스 신부에게 보낸 편지에 담긴 『하나님의 도성』에 대한 설명은 다음과 같다.

22권의 책을 한 권에 묶기에는 너무 많다. 그대가 두 권으로 만들기 원한

---

38) Ibid, 305.

39) Ibid, 308; "THE TRINITY", 181. "... O Lord, one God, God the Trinity, whatsoever I have said in these Books that comes of thy prompting, may thy people acknowledge it: for what I have said that comes only of myself, I ask of thee and of thy people pardon."

다면, 반드시 한쪽은 10권으로, 다른쪽은 12권으로 나누어야 한다. 그대가
두 권 이상으로 만들기 원한다면, 반드시 5권으로 만들어야 한다. 첫째 권은
처음 다섯 권을 포함한다. 거기서 나는 이교신들이 세상의 행복으로 이끈다
고 주장하는 사람들을 반박하였다. 둘째 권은 다음의 다섯 권을 포함하고 있
는데, 나는 그와 같은 신들을 내세에서의 행복을 위해 의식과 제사로 숭배해
야 한다고 주장하는 사람들을 반박하였다. 그 다음의 세 권은 각각 네 권씩
포함하고 있는데, 처음 네 권은 하나님의 도성의 기원을, 다음 네 권은 그 도
성의 발전을, 마지막 네 권은 그 도성의 끝을 논하고 있다.[40]

어거스틴이 스스로 자기 작품에 대해 설명한 것처럼, 이 작품은 총 22권
이나 되는 대작大作으로 전반부(한쪽)는 이방신들에 대한 잘못된 이해를 기
독교적으로 변증한 내용이다.[41] 어거스틴 연구가인 김명혁은, "어거스틴
은 기독교를 변호할 변증적 목적을 가지고 「신의 도성」의 첫 열 권을 저술
했다"고 말한다.[42] 이 견해는 어거스틴 자신이 "이로써 나는 하나님의 집
에 대한 열심이 불타서, 그들의 모독과 거짓말을 반박하기 위하여 「하나님
의 도성」을 저술하기 시작했다 … 그러나 「하나님의 도성」에 담긴 엄청난
작업은 결국 22권으로 완성되었다"[43]는 언급에 따른 것이다. 휘기스 역시
이 작품은 당시 상황에 따라 저술된 내용으로서 변증에 그 주된 목적이 있
음을 강조한다.[44] 하지만 후반부(다른쪽)에서는 내용이 전환된다.

지금까지 영광스러운 하나님의 도성이 그것의 변호를 위해 쓰인 이 작품
의 배경을 이루어 왔다. 이제 성 아우구스티누스는 드디어 자기 저술의 긍정

40) 『하나님의 도성』, 41.

41) Ibid.

42) 김명혁, 213.

43) 데이비스 노우리스, "해제", 『하나님의 도성』, 60. (원저작은 Retractions,
2.43.2); 에티엔느 질송, "신국론 서론"『신국론 요약 신앙핸드북』(서울: 크리스챤
다이제스트, 1990), 171.

44) 존 N. 휘기스, "신국론의 개요" Ibid, 107.

적인 부분을 시작할 준비가 되어 시편으로부터 거룩한 성의 영광에 대한 증언들을 인용한다. 두 도성의 생성과 역사와 종말이 이제 그가 다루고자 하는 대주제들이다.[45]

『하나님의 도성 De Civitate Dei』 후반부 12권은 역사나 그리스도인들의 당면한 문제를 해결하기 위한 목적도 있었지만 더불어 세속역사에 대한 신학적 해석을 시도하려는 목적으로도 저술된 것이다.[46] 다른 평가들은 구체적으로 『하나님의 도성』에 대해 이는 "기독교 역사철학이요 역사의 신학"[47]이라고 하거나 "기독교 역사관을 최초로 설파한 명저로 … 당시의 지적 도전에 답하는 역사철학"[48]이라고 한다. 이러한 주장들에 방점을 찍는 언급은, 영문판 『하나님의 도성』의 편집자 샤프의 평가인데, 그는 이 작품에 대해 "영원한 하나님의 도성과 이 세상의 일시적 도성이라는 두 경쟁적 도시요 공동체들의 국면 아래에 쓰여진, 최초로 역사의 철학(a philoshopy of history)을 다룬 책" 이라고 평가한다.[49]

바로 여기서 필자가 이 책을 다루려는 연구의 방향을 찾게 된다. 즉, 이 작품 『하나님의 도성 De Civitate Dei』은 그의 다른 저작에서보다 더 명확하고 역사적인 철학을 다루면서,[50] 인간의 역사를 대변하는 하나님의 도성에 대해 구속사와 종말론적 완성의 관점에서 이해하려 한 책이라 하겠다.[51]

---

45) 에드워즈 하디, "하나님의 도성" 『아우구스티누스 핸드북』, 322.

46) 김명혁, 214.

47) 박해경, 『기독교교리신학사』(서울: 이레서원, 2000), 120-1.

48) 서요한, 『초대교회사』(서울: 크리스챤다이제스트, 1999), 470.

49) Phillip Schaff, "Editor's preface", THE NICENE AND POST-NICENE FATHERS Vol.2. (Edinburgh: T&T Clark, reprinted 1991).

50) 노우리스, 69.

51) 김명혁, 215.

기독교의 진리를 변호하려는 변증서이면서도, 더 심오하고 포괄적인 기독교의 역사철학이며, 다시 말해 신학적 역사관을 드러내는 작품이라면, 독자로 하여금 그 내용을 깊이 보고자 하는 갈망이 일어나게 한다. 그래서 이 작품의 특성에 대해 "피조물들 가운데 인간이, 인간들 가운데 교회가, 교회 가운데 교부들이 그리고 교부들 가운데 성 어거스틴이 그런 것처럼, 그의 엄청나게 방대한 저작과 가득한 작품의 보고 가운데서 이 「신국론」 이라는 작품은 특유의 탁월성을 지니고 있다"고 언급되기도 했다.[52] 여기서 말하는 그 탁월성은 무엇일까? 이에 대해 박해경은 "이 책에서 어거스틴은 하나님이 역사의 주관자이시라는 점과 역사는 하나님의 신적 작정(Divine Decrees)을 향하여 전진하는 것이지 우연히 제멋대로 나아가는 것이 아니라는 점을 보여준다"라고 지적한다.[53]

여기서 바로 이 작품이 가진 진가眞價가 드러난다. 어거스틴은 이 작품에서 "하나님 주도의 역사전진歷史前進"을 다루고 있다. 이를 "하나님의 구원역사" 즉, "구속사(救贖史: Heilsgeschichte)"라고 한다. 그리고 이러한 시각을 갖는 것을 바로 구속사관적 역사이해요, 구속사적 종말의식이라 부른다. 그동안 어느 누구도 하지 못했던 종합적 이해를 어거스틴은 바로 여기서 보여주고 있다.

기복적 신앙은 이러한 "역사의 전진"이라는 의식이 없는 것에 문제가 있다. 그저 순간적이고 찰나적인 축복에만 관심이 있지, 역사가 발전하면서 하나님의 섭리와 작정을 드러낸다고 하는 기독교 신앙이 가진 그 신학적 능력이 없다. 현실적 만족을 위해 영원한 가치를 잃어버린 모습이 바로 기복적 기독교의 한계이다.

---

52) 휘기스, 105. 1620년판 Healey의 영역본에 대한 권두언에서 W.Crashawe가 행한 헌사를 소개하기를 ...
53) 박해경, 120.

어거스틴은 현세적 성공과 번영이라는 화제를 무색하게 만들어버리는 종교적인 본질에 관한 분명한 교리를 가지고 기독교에 대해 반대하는 비난에 답하고 있다고 평가되며, 이러한 방법은 하나의 혁명이었다.[54) 그 결과 어거스틴의 역사관은 당대뿐 아니라 중세 이후 지금에까지, 현실적 이해에 머물지 말고 구속사적 전全역사로 볼 수 있도록 교훈하고 인도하는 것이다.[55)

이에 대해 종합적으로 평가하자면, "어거스틴은 아마 성경의 역사(구속사)를 세계사에 병합시켜 우주 역사의 종합을 시도했던 최초의 기독교 사상가라고 할 수 있"음이 적합한 총평이라 하겠다.[56)

3.2. 『하나님의 도성』에 나타난 내세적 종말론적 역사관

어거스틴에 나타난 역사관을 다루면서, 원래 기독교 자체가 성경의 스토리를 역사적으로 표현한 종교요 그러한 역사를 하나님의 구원의 역사로 보는 특성을 가지고 있음을 생각할 필요가 있다.[57) 왜냐하면 410년 당시 아라릭이 이끄는 고드족의 로마 침략을 통해, 어거스틴이 하나님의 섭리에 대해 고민하면서 그 기독교적 역사관의 입장에서 로마 제국의 역사를 풀어낸 것이 『하나님의 도성 De Civitate Dei』이기 때문이다. 한철하는 이에 대해 다음과 같이 말한다.

어거스틴은 이와같은 문제를 인류 사회 일반의 구조와 운명에 대한 깊은

---

54) 휘기스, 112.

55) 최병규, 『역사철학으로서의 어거스틴의 역사사상』(고신대 석사학위논문, 1990), 52. "어거스틴의 역사사상은 창조-타락-구속-종말이라고 하는 구조로 일관되면서 전개되고 있다."

56) 김명혁, 214.

57) 한철하, 305.

통찰에서 취급하여, 결국 전 인류 역사의 운명을 그려내고 아울러 이 역사에 있어서 오로지 의미있는 부분인 신국(神國)의 기원으로부터 종말에 이르는 역사를 서술하였다. 이와같이 볼 때 어거스틴의 '신국론'은 하나님의 거대한 역사책이요, 인류의 과거와 현재와 미래를 설명하여 주는 방대한 역사철학이라고 할 수 있다. 이것을 우리는 '역사의 신학(theology of history)'이라고 불러도 좋을 것이다.[58]

같은 입장에서 "그의 사관을 구성하는 기본요소들은 크게 나누어 천지 창조와 종말의 문제, 원죄와 악의 문제, 인간의 선택적 행위에 있어서 매우 중요한 의미를 갖고 있는 자유의지와 예정론, 그리고 고대 역사적 개념과의 결별을 가져오게 한 그의 시간관으로 구성되어진 것으로 보인다"[59]고 이석우는 설명한다. 이는 어거스틴의 역사개념 속에서는, 분명코 현재적 현실이 이끌어가는 세계관이 아니라 창조의 주인이신 하나님께서 종말까지 이끌어가시는 역사(歷史)를 보게 된다는 의미이다.

여기서 이제 그의 구속사관이 가진 종말적 지향을 보게 된다. 그러므로 이를 종말론적 역사관이라고 부르고, 그 역사관의 정점에 바로 '하나님의 도성'이라는 주제가 있음을 주목할 필요가 있다.[60] 이러한 어거스틴의 종말론에 대해 성경해석과 연관한 이석우의 설명을 들어보자.

구약의 종말관은 메시아적 소망과 깊이 연관되어 있는 것으로 메시아의 출현과 함께 이 세상은 종말이 오고 새로운 차원의 세계가 열리리라는 기대인데, 이것은 히브리인들이 갖고 있는 강한 역사의식이었다. 종말에 대한 기대는 신약시대에 더욱 뚜렷해졌고 구체적으로는 바울서신에 표현되었고 보

---

58) Ibid, 304.

59) 이석우, "어거스틴의 역사관"『기독교사관과 역사의식』(서울: 성광문화사, 1981), 54.

60) 『하나님의 도성』, 1권 1장. "The glorious city of God is my theme in this work ..."

다 극적으로는 묵시록에 나타나 있다. 이같은 바울신학의 종말론을 역사 속에 실체화시킨 자가 어거스틴이다.[61]

역사나 하디는 "하나님은 구속사역을 계획하시고 시작하심으로써 인류의 회복을 창시하시고, 나아가서 두 도성의 기초, 아니 그 지상 속국들의 기초가 완성되어진 것이다"[62]라고 하면서 어거스틴의 설명을 인용한다. 왜냐하면 바로 어거스틴 스스로 두 도성의 시초에 대해 이렇게 밝히고 있기 때문이다.

> 그래서 두 가지 사랑이 두 도시를 건설했다. 심지어 하나님까지도 멸시하는 자기 사랑이 지상 도성을 만들었고, 자기를 멸시하면서 하나님을 사랑하는 사랑이 천상 도성을 만들었다. 따라서 지상 도성은 자체를 자랑하며 천상 도성은 주를 자랑한다(고후 10:17). 지상 도성은 사람들에게서 영광받기를 원하고, 천상 도성은 우리의 양심을 보시는 하나님을 최대의 영광으로 여긴다.[63]

물론 성경적 관점에서 여기서 사용된 어거스틴의 "도성(Civitas)"은 "하나님의 나라(The Kingdom of God)"이다.[64] 어거스틴은 그러한 성경적 이해를 따라, 그 시작과 발전 그리고 마침내 그 종말까지를 다룬다.

> 우리는 인류를 두 부류로 나누어, 사람의 생각대로 사는 사람들과 하나님이 뜻대로 사는 사람들이라고 했다. 그리고 그들에게는 두 도성이라는 비유적인 이름을 붙였는데, 이것은 두 사회라는 뜻이다. 그중의 한 도성은 하나

---

61) 이석우, 55.
62) 하디, 324.
63) 『하나님의 도성』, 14권 28장.
64) 김명혁, 214. 어거스틴은 "도성"을 라틴 벌게이트(Vulgate) 성경의 regnum의 개념을 따라 하나님의 나라라는 개념으로 사용한다.

님과 함께 영원히 지배하기로 예정되었고, 다른 도성은 마귀와 함께 영원한 벌을 받기로 예정되었다. 이것은 그들의 종말이며 ...[65]

『하나님의 도성 De Civitate Dei』 20-22권은 자연스럽게 어거스틴의 종말론을 담은 내용들이라 평가되지만,[66] 어거스틴의 종말관은 여기서만 드러난 것은 아니고, 이미 18권에서도 아브라함 때부터 세상 종말까지를 다루고 있으며, 19권에서도 두 도성의 종말을 논함에 있어 이미 종말에 대한 의식이 드러났다고 보여진다. 이에 더하여 20권에 와서 더욱 분명히 최후심판에 대해, 21권에서는 지옥을 그리고 22권에서 하나님의 도성, 즉 천국의 문제를 다루고 있음은, 결국 이 마지막 부분에 어거스틴의 종말론이 집중되어 있음이 드러난다.

그러므로 결론부인 이 20-22권에 종말론이 집중되어 있음은, 어거스틴의 사상이 종말론적 역사관을 가지고 있음을 보여주고 있다고 평가할 수 있다. 이에 대해 "어거스틴의 하나님 나라에 대한 개념은 성경의 천국관에서 기원하고 있다. 이 나라를 그는 역사 속에서 전개되는 실재로 보았다. 역사 속에서 복합적인 형태로 나타나고 있는 하나님의 도성이 결국 종말에 가서 참된 하나님의 나라가 된다고 생각하였다"[67]고 평가하는 박해경의 견해는 이에 대한 필자의 생각을 확증해 주는 설명이다.

이를 요약하자면, 어거스틴은 하나님 나라의 궁극적 가치와 완성을 결코 현세에서 구하지 않고 내세에서의 완성과 성취, 즉 하나님의 도성의 완성을 보았다는 점에서 종말론적인 신학을 가졌음이 분명하다. 물론 어거스틴도 지상에서의 평화와 공존에 대해 관심을 가졌고 현세에서도 두 도

---

65) 『하나님의 도성』, 15권 1절.

66) 하디, 334.

67) 박해경, 123.

성이 공존한다는 사실에 대해서 인정한다. 하지만 그의 신학에 분명히 드러난 것처럼, "기독교는 지상의 나라가 아니었고, 천상의 나라요 하나님의 도성"[68]이라는 점에서 마침내 이루어질 하나님의 도성에 대한 종말론적 역사관을 보여준다 하겠다.[69]

따라서 이제는 구체적으로 『하나님의 도성 De Civitate Dei』에 나타난 어거스틴의 구속사적이며 종말론적인 신앙 이해와, 강단에 적용될 수 있는 기독교 역사 이해에 따른 종말론적 설교관에 대해 살펴보도록 하자.

4. 『하나님의 도성』에 나타난 구속사적, 종말론적 설교관

『하나님의 도성 De Civitate Dei』에서 어거스틴의 설교관을 찾아보자면, 두 가지로 구별하여 제시할 수 있다. 먼저 그리스 로마의 이원론을 극복한 성경적 이분법인데 이는 이분법적 요소를 사용하는 대조를 통한 강조에 목적이 있다. 또한 두 번째는 로마의 잘못된 이교사상에 대항하는 성경적 참 하나님에 대한 이해의 제시인데, 이는 창조주 하나님이심과 동시에 역사의 주관자이신 하나님이심을 드러내는 내용으로 되어 있다.

4.1. 성경적 이분법을 통한 그리스도 중심적 구속사적 종말론

어거스틴은 『하나님의 도성 De Civitate Dei』 전체에서 가장 두드러지게 보이는 바, 하늘의 도성과 지상의 도성을 구별하는 성경적 이분법을 사용하고 있다. 이는 당시에 팽배했던 그리스 로마의 이원론을 극복하기 위한 노

---

68) Ibid.
69) 최병규, 57. "이렇게 시작된 두 도성은 하나님의 섭리하에서 미래의 종말론적 완성을 향하여 전진해가게 되는데 ..."

력으로 보인다. 구별이 필요하기를, 사상적 이원론(dualism)과 수사학적 이분법(dichotomy)은 다르다. 이를 입증하기 위한 일례로 골로새서 3장에서 사도 바울이 사용한, 하늘과 지상과의 비교를 통한 강조를 보자.

> "그러므로 너희가 그리스도와 함께 다시 살리심을 받았으면 위엣 것을 찾으라 거기는 그리스도께서 하나님 우편에 앉아 계시느니라 위엣 것을 생각하고 땅엣 것을 생각지 말라 이는 너희가 죽었고 너희 생명이 그리스도와 함께 하나님 안에 감취었음이니라 우리 생명이신 그리스도께서 나타나실 그 때에 너희도 그와 함께 영광 중에 나타나리라"(골 3:1-4).

4.1.1. 하나님의 도성과 지상의 도성의 철저한 구분

성경에서 사도 바울은 골로새 교회로 하여금 영원한 나라를 사모하며 현실적인 유혹과 욕심을 극복하도록 하기 위해 위엣 것과 땅엣 것을 구별하여 말함으로 이 나라를 구별해내려는 의도만이 아니라 이땅에서 위를 바라보라는 교훈적 강조를 하고 있다.

이와같이 어거스틴도 역시나 하나님의 도성과 지상의 도성을 구별하여 말할 때, 확연히 다른 두 도성의 특징을 대조적으로 말하면서도[70] 이러한 구별을 통해 지상에서의 삶속에서 하늘에 대한 긴장감을 갖도록 하고 있음을 파악할 필요가 있다. 어거스틴은 스스로 이에 대해 말하기를,

> 우리의 성경을 따라(엡 2:19-22; 빌 3:17-21) 우리는 그것을 두 도성이라 부를 수 있다. 육체적인 생활을 택하는 사람들의 도성이 있고, 영적으로 살기를 택하는 사람들의 도성이 있어서, 각각 그 목적하는 평화의 종류가 다르다. 그리고 각각 자기의 목적을 달성하면 자기들이 원하는 평화를 누리면서

---

70) 안인섭, 『칼빈과 어거스틴』(서울: 그리심, 2009), 415.

산다.[71]

따라서 이 대조법은 표면적으로 워낙 뚜렷히 차이가 나서 구분하여 볼
수 있게 하지만 내용면에서는 더 깊은 함의의 지향점을 가지고 있다. 사실
하나님의 도성 개념은 우연히 시작된 것이 아니고 하나님께서 의도적으로
시도하여 생기게 된 것으로, 하나님이 먼저 사람으로 하여금 시민권을 탐
하고 하나님을 사모하도록 사람의 마음을 움직여 자극시킨 결과물로 나타
나게 된 것이다.[72] 그러므로 어거스틴이 사용한 이 대조적 이분법의 목적
은 이땅에서 성도에게 순례자로서 하나님의 도성에 대한 지향을 자극하기
위함이었다고 할 수 있다.[73]

어거스틴은 계속해서, "사람을 따라 사는 것과 하나님을 따라 사는 것
에 대하여" 설명하기를 "육체를 따라 사는 사람들과 영을 따라 사는 사람
들이 있다"라고 했다.[74] 이러한 구분법은 다른 곳에서 연유하지 않고 바로
성경에서 특히 사도 바울의 가르침에서 왔음을 분명히 밝힌다.

> 바울은 고린도 신자들을 향해서 '너희 가운데 시기와 분쟁이 있으니 육신
> 에 속하여 사람을 따라 행함이 아니리요'(고전 3:3)라고 분명히 말한다. 이
> 와같이 육신에 속했다고 하든지, 사람을 따라 행한다고 하든지 뜻은 같다 …
> 사도가 여기서 "육신에 속하였다"고 하는 사람들은 그 앞에서 육에 속한 사

---

71) 『하나님의 도성』, 14권 1장. "according to the language of our Scriptures. The one
consists of those who wish to live after the flesh, the other of those who wish to live after
the spirit; and when they severally achieve what they wish, they live in peace, each after
their kind."

72) 김명혁, 221.

73) 최병규, 59. 각주 153. "뢰비트는 어거스틴과 모든 진정한 기독교적 사고에
있어서 progress라고 하는 것은 단지 순례자로서 나아가는 a pilgrimage toward에
불과한 것이라고 한다." 재인용, Karl Löwith, *Meaning in History* (Chicago: The
Univ. of Chicago, 1949).

74) 『하나님의 도성』, 14권 4장. "WHAT IT IS TO LIVE ACCORDING TO MAN,
AND WHAT TO LIVE ACCORDING TO GOD."

람들이라고 했다 … 그는 이런 육에 속한 사람들을 향해 조금 뒤에 '형제들
아 내가 신령한 자들을 대함과 같이 너희에게 말할 수 없어서 육신에 속한
자들을 대함과 같이 하노라' 고 한다(고전 3:1). 육에 속했다, 육신에 속했다
고 하는 두 가지 말은 다 부분으로 전체를 가리키는 표현법이다. '육에 속
한' (animalis)의 어원인 anima(영혼), '육신에 속한' (carnalis)의 어원인
caro(육신)에서 이 영혼과 육신은 전체인 사람을 가리킨다.[75]

4.1.2. 두 도성이 종말적으로 그리스도 안에서 집중되는 하나의 지향

어거스틴이 사용한 이분법적 표현은 현재적으로는 철저한 구별을 가져
오지만, 결국은 종말적인 한 목표를 향하고 있다. 즉 궁극적 지향인 하늘
의 도성이 그것이다. 어거스틴은 당시 초대교회에 유행했던 이원적 분류
법을 받아들였지만 결국 한 방향인 "궁극적으로는 종말론적인 실체"를 지
향하도록 사용했다.[76]

참으로 이 지상에서도 선한 생활을 따르는 평화를 누릴 때에 우리는 행복
하다고 한다. 그러나 이런 행복은 저 최후 행복에 비하면 불행에 불과하다.
우리 죽을 인간들이 이 죽을 인생이 제공할 수 있는 평화를 가졌을 때에는
덕성이 이 평화로운 상태의 장점을 선용한다 … 그래서 우리는 영생에 대해
서 한 말을 평화에 대해서도 할 수 있을 것이다. 그것은 우리의 선의 결국이

---

75) Ibid. "For Paul says very plainly to the Corinthians, 'For whereas there is among you
envying and strife, are ye not carnal, and walk according to man?' So that to walk
according to man and to be carnal are the same; for by flesh, that is, by a part of man,
man is mean t… It is to men of this kind, then, that is, to animal men, he shortly after says,
'And I, brethren, could not speak unto you as unto spiritual, but as unto carnal.' And this
is to be interpreted to signify the whole man; and so the animal man and the carnal man
are not two different things, but one and the same thing, viz., man living according to
man."

76) 안인섭, 415.

라고 할 수 있을 것이다.[77]

이뿐 아니라, 세상의 역사는 하나님의 도성의 종말론적인 성취를 목적하고 진행되고 있음에 대해[78] 종말적 완성을 보여주는 요한계시록을 인용하여 이분된 두 도성의 결국에 대해 다음과 같이 말하고 있다.

> 요한은 말한다. '또 내가 보매 거룩한 성 새 예루살렘이 하나님께로부터 하늘에서 내려오니 그 예비한 것이 신부가 남편을 위하여 단장한 것같더라 ...' (계 21:2-5). 이 도성이 하늘에서 내려온다고 한 것은, 이 도성을 만든 하나님의 은혜가 하늘에서 오기 때문이다 ... 참으로 그것은 처음부터 하늘에서 내려왔다. 그 시민들은 이 세계사를 통하여 하나님의 은혜로 불어나며, 이 은혜는 하늘에서 내려보내신 성령 안에서 중생의 씻음을(딛 3:5) 통해 내려오기 때문이다. 그러나 하나님의 아들 예수 그리스도가 집행하신 하나님의 최후 심판에 의해서 하나님의 은혜로 한 영광이 나타날 것이며, 이 영광은 새롭고 편만해서 옛 것의 형적은 전혀 남지 않을 것이다. 우리 몸까지도 옛 썩음과 죽을 운명에서 벗어나 새로운 썩지 않음과 영생으로 옮기겠기 때문이다(고전 15:53-54).[79]

---

77) 『하나님의 도성』, 19권 10-11장. "... And thus we may say of peace, as we have said of eternal life, that it is the end of our good."

78) 안인섭, 418. "어거스틴은 바벨론 유수부터 그리스도의 도래까지의 시대에서 로마의 출현에 특별한 주의를 기울이고 있었다."

79) 『하나님의 도성』, 20권 17장. "And I saw, he says,' a great city, new Jerusalem, coming down from God out of heaven, prepared as a bride adorned for her husband ... This city is said to come down out of heaven, because the grace with which God formed it is of heaven ... It is indeed descended from heaven from its commencement, since its citizens during the course if this world grow by the grace of God, which cometh down from above through the laver or regeneration in the Holy Ghost sent down from heaven. But by God's final judgment, which shall be administered by His Son Jesus Christ, there shall by God's grace be manifested a glory so pervading and so new, that no vestige of what is old shall remain; for even our bodies shall pass from their old corruption and mortality to new incorruption and immortality."

결국 어거스틴 안에서 나뉘어졌던 두 나라는 마침내 종말에 하나로 모아진다.[80] 즉 창조 때부터 계셨던 그리스도가 하늘에서 내려와 다스리실 나라가 그것이다. 이를 다시 말하면, 어거스틴에게 있어서 인간 역사의 통일원리는 다름 아닌 그리스도에게 있다. 왜냐하면 그리스도가 역사의 중심으로서 그 주인이 되시기 때문이다. 따라서 바로 이것이 역사의 새로운 의미가 된다.[81]

이러한 그리스도 지향의 구속사적이며 종말론적인 결말은, 어거스틴이 사용한 성경적 이분법이 당시 그리스 로마의 이원론적인 이해를 기반한 것이 아니라, 그러한 당대의 이해를 기독교적 설득으로 종합한 그의 핵심적 사상이었음을 보여준다. 사실 어거스틴은 자신이 서 있던 고대시대의 다양한 전통들 가운데 나타난 잘못된 개념들을 자신 안에서 재분석하고 재음미하여 이를 종합한 결과, 독특하면서도 포괄적이며, 심오하면서도 조화를 이룬 두 도성에 대한 개념을 만들어내게 된 것이다.[82]

그러므로 여기서 우리는 어거스틴의 이분법을 통한 대조와 더불어, 결국에는 그리스도에게로 집중되는 한 지향을 배울 수 있다. 분명히 지상의 도성과 하늘의 도성으로 철저하게 구별되었지만, 결국에는 한 곳을 지향하도록 하는 성경에 기반한 이분법적 대조를 사용하면서 강조를 더하는 것이 어거스틴의 종말론적 지향이다. 결국 어거스틴은 이 대조작업을 통해 궁극적으로는 인간의 모든 역사를 그리스도에게 집중되는 창조주 하나님의 총체적인 창조과정이요 역사적 종말의식으로 귀착시켰다고 평가할 수 있다.[83]

---

80) 김명혁, 245. "두 도성은 무엇보다 지상적이 아니면, 아직 실현되지 않은 영적 실재로 이해되었고, 그것의 종말론적 완성이 미래에 이루어지는 것으로 보았다."; 안인섭, 415. 종국에 모아진다는 개념은 마침내 완전히 분리된다고도 말할 수 있다.

81) 『하나님의 도성』, 19권 17장.

82) 김명혁, 230.

83) 김석환, 『어거스틴의 역사철학 연구』(총신대학교 석사논문, 1993), 62.

4.2. 성경적 신론 이해를 위한 하나님에 대한 역사적 설복

두 번째로, 어거스틴은 1-10권에서 로마의 잘못된 신관 즉, 이교신들로 인해 왜곡된 하나님에 대한 이해를 교정하고자 노력한다. 이는 그가 바르게 세우려고 노력했던 하나님에 대한 이해를 위해 행했던 치열한 수고라 여겨진다. 그렇다면 그가 노력했던 신론 이해, 즉 하나님에 대한 바른 지식에의 도달은 무엇이었는가? 이는 모든 설교가 지향해야 할 참된 기독교 진리의 내용이어야 할 것이다.

앞에서도 언급했지만, 410년에 발생한 로마의 파멸에 대해서, 이교도들인 로마인들은 그 책임을 그리스도인들에게 물었다. 그에 대하여 어거스틴은 『하나님의 도성 De Civitate Dei』을 저술한 이유를 다음과 같이 밝히고 있다.

> 이 당시에 로마는 알라릭 왕이 이끄는 고트족에 의해 약탈당함으로 입은 재앙에 대해 크게 상심하고 있었다. 많은 거짓 신들을 섬기는 사람들, 곧 우리가 보통 이교도들이라고 부르는 사람들은 이 재앙에 대해 그리스도교에 책임을 돌리려고 하며 예전보다 더 격렬하고 심하게 참되신 하나님을 모독하기 시작했다. 이로써 나는 하나님의 집에 대한 열정에 불타서, 그들의 모독과 거짓말을 반박하기 위해 「하나님의 도성」을 저술하기 시작했다.[84]

---

84) 『하나님의 도성』, 60. (원저작은 *Retractions*, 2.43.2) "ROME having been stomed and sacked by the Goths under Alaric their king, the worshippers of false gods, or pagans, as we commonly call them, made an attempt to attribute this calamity to the Christian religion, and began to blaspheme the true God with even more than their wanted bitterness and acerbity. It was this which kindled my zeal for the house of God, and prompted me to undertake the defense of God against the charges and misrepresentations of its assailants."

4.2.1. 로마가 섬겼던 이교신의 한계와 무능력에 대한 지적

처음 열 권(1-10권)에서 어거스틴은 첫째, 그리스도교가 정말 로마 멸망에 책임이 있는지에 대해서, 둘째, 이교도 신앙이 그 원인이 아니라면 어떤 영적 능력이 로마의 발흥을 이끌었는지에 대해서, 마지막으로 어떤 이교신앙이 진정한 영적 신앙인 기독교에 대해 진지한 주장을 펼 수 있는지에 대해서 다룬다.[85] 이 질문들의 주된 초점은 결국 로마가 추종했던 이교신앙들의 한계와 약점을 드러내려는 의도이다. 그래서 어거스틴은 이에 대해, 로마인들이 숭배하던 신들은 건전하지 못하고 도리어 부정한 행동을 조장하였다고 다음과 같이 지적했다.

> 나는 어렸을 때에 종종 신성모독적인 연극과 구경거리를 보러가곤 했다. 그곳에서 나는 사제들이 종교적인 흥분상태에서 소리지르는 모습을 보았고 종교음악대가 부는 노래소리를 들었다. 그리고 나는 남신들과 여신들, 하늘의 처녀와 만물의 어머니인 베레킨티아를 기념하기 위해 행해진 아주 천박한 구경거리를 아주 즐겼다 … 분명히 어떤 망나니라도 자기들의 집에서 어머니 앞에서 그토록 역겹고 외설적인 말과 행동을 보여줄 만큼 부끄러움을 모르지 않을 것이다. 그런데도 그들은 엄청나게 많은 수의 남자와 여자들이 보는 가운데, 신들의 어머니의 면전에서 그런 짓을 행했다.[86]

뿐만 아니라 이교신들은 결코 그들에게 거룩한 생활을 가르치지 않고, 도리어 가증한 악이 행해지도록 방임하거나 허용함으로써 로마인들의 정신을 손상시켰다고 지적한다.[87]

---

85) 하디, 141.
86) 『하나님의 도성』, 2권 4장.
87) Ibid, 2권 6장.

어거스틴은 이에서 더 나아가 로마에 재앙이 있었던 때에도, 그들이 섬겼던 이교신들은 전혀 그들을 구원하지 않았음을 지적한다. "저들의 신들은 무한정 숭배를 받을 때에조차도 이교도들이 두려워하기만 하는 그런 해악마저 막아주지 못했다."[88] 뿐만 아니라, 로마의 설립자라 여겨지는 로물루스가 자기 동생을 살해하는 죄악을 저질렀음에도 불구하고 이교신들은 전혀 반응하지 않음으로 죄에 대해서도 진노할 줄 모르는 무능한 신임을 드러냈다고 꼬집는다.[89] 이에 더하여 로마의 왕들이 자연사한 폼필리우스와 마르키우스를 제외하고는, 모두 적대자들에 의해 살해당하는 극악무도한 결말들을 맞이하였건만 이교신들은 그에 대하여 철저히 방관하여 신으로서의 권위도 없을 뿐더러 과연 실존하는 것이 맞는지에 대한 의문을 제기한다. "그 신들은 어디에 있었는가?"[90]

결국 어거스틴은 로마 신들의 무력감을 사정없이 폭로함으로써, 로마 멸망의 책임을 그리스도인들에게 돌리는 잘못에 대해 분명히 짚고 넘어가고자 하였다. "내가 언급한 많은 실례들을 반복하지 않더라도 ... 나는 이 한 가지 사실을 확신할 수 있다 ... 만약 이런 재앙들이 오늘날 발생되었다면 ... 저들은 그 원인을 그리스도교에 돌리지 않았을 것인가? 그러나 저들은 자기들의 신들에게는 아무런 비난도 가하지 않는다."[91] 즉 이 말은 로마인들이 얼마나 그릇된 신관에 붙들려 있는가를 드러내고 있다. 그리고 마침내 자신이 오랫동안 품고 있던 내용을 설명하는 어거스틴은 "로마제국의 범위와 긴 기간은 유피테르나 이교도 신들 덕택이 아니라 한 분인 참신, 지복의 창시자인 그분의 권능과 판단에 의해서 세상의 왕국이 세워지

---

88) Ibid, 3권 1장. "I think enough has already been said to show that the false gods took no steps to prevent the people who worshipped them from being overwhelmed by such calamities ..."

89) Ibid, 3권 6장.

90) Ibid, 3권 15-7장.

91) Ibid, 3권 31장

고 유지된다"는 참된 하나님에 대한 이해를 드러낸다.[92]

4.2.2. 창조주이며 역사주관자이신 참 하나님에 대한 바른 소개

그렇게 무능하여 아무런 구원의 능력을 갖추지 않은 이교신들에 비해, 어거스틴이 소개하는 하나님은 전혀 다른 모습을 가지고 계신다. 이것이 바로 기독교 신앙의 핵심인 하나님에 대한 이해요 참 하나님에 대한 지식이다. 어거스틴은 그분에 대해 이렇게 소개를 시작한다.

> 나는 그들이 스스로 알지 못하는 어떤 신에 의하여 행복이 주어졌음을 믿었다는 말을 철저히 인정한다. 그렇다면 그들로 하여금 그분을 찾게 하고 그분께 경배드리도록 하라. 그것으로 충분하다. 무수한 악마들과 관계를 끊고 이 하나님으로 하여금 그의 선물에 만족할 모든 사람들을 만족시키게 하라.[93]

(1) 하나님에 대한 첫 번째 소개는 바로 그분이 '창조주 하나님'이라는 내용이다:

어거스틴은 하나님에 대해 소개하기를 "눈에 보이는 것들 가운데 우주가 가장 크며, 보이지 않는 것 가운데서 하나님이 가장 위대하시다 ... 그러

---

92) Ibid, 4권. "IT IS PROVED THAT THE EXTENT AND LONG DURATION OF THE ROMAN EMPIRE IS TO BE ASCRIBED, NOT TO JOVE OR THE GODS OF THE HEATHEN, TO WHOM INDIVIDUALLY SCARCE EVEN SINGLE THINGS AND THE VERY BASEST FUNCTIONS WERE BELIVED TO BE ENTRUSTED, BUT TO THE ONE TRUE GOD, THE AUTHOR OF FELICITY, BY WHOSE POWER AND JDGMENT EARTHLY KINGDOMS ARE FOUNDED AND MAINTAINED."

93) Ibid, 4권 25장. "I thoroughy affirm the statement that they believed felicity to be given by a certain God whom they knew not: let Him therefore be sought after, let Him be worshipped, and it is enough. Let the train of innumerable demons be repuduated, and let this God suffice every man whom his gift suffices."

나 우주를 하나님이 창조하셨다는 데 대해서 하나님 자신보다 더 믿을 만
한 증인은 없다"94), "우주를 창조하셨을 때에 하나님이 그의 영원한 뜻과
목적을 바꾸신 것이 아니라는 것도 믿어야 한다"95)고 말하며, "이 우주의
주위에 사방으로 한정없이 펼쳐진 무한히 많은 위치에서 하나님은 쉬지않
고 계시며 어떤 일이 있어도 파괴될 수 없다고 생각한다면 무한히 많은 우
주가 지속된다고 볼 수 있을 것"96)이라고 설명한다.

그러면서 11권에서는 창조의 시작과 그에 대한 설명을, 12권에서는 인
간의 창조와 악의 기원에 대해서, 그리고 13권에서는 인간의 타락과 그 결
과에 대해서 설명함으로써 바로 그 창조주가 기독교의 하나님이심을 다음
과 같이 밝힌다.

그러므로 하나님이 항상 주권자이셨다면, 그 주권에 복종하는 피조물이
항상 있었다. 다만 그것은 그에게서 난 것이 아니라, 그가 무에서 창조하셨
으며, 하나님은 그 피조물이 존재하기 전에 계셨으나, 그것이 없었던 때가
아니었으며, 그것보다 먼저 계셨다고 하지만, 어떤 사라지는 시간적 간격이
있었던 것이 아니라 상존하는 영속성에 의해서였다.97)

(2) 하나님에 대한 두 번째 소개는 두 도성과 관련하여, '역사의 주관자
되시는 하나님' 이다:

어거스틴은 이 작품에서 인간의 모든 역사의 시작과 끝은 일관된 하나
님의 섭리와 성취를 다루고 있다고 말했다. 이를 16권에서 아브라함의 생

---

94) Ibid, 11권 4장. "Of all visible things, the world is the greatest; of all invisible, the greatest is God ... That God made the world, we can believe form no more safely than from God Himself."

95) Ibid.

96) Ibid, 11권 5장.

97) Ibid, 12권 16장. "yet I have no doubt that no created thing is co-eternal with the Creator ..."

애와 함께 새시대가 열렸다는 설명으로 다룬다. "그의 시대에 하나님의 도
성의 증거가 더 현저하게 되기 시작하며, 그리스도 안에서 지금 성취된 하
나님의 약속들이 더욱 분명히 알려졌다."[98] 즉 여기서 아브라함으로부터
이삭, 야곱, 요셉에 이르는 족장사와 더불어 왕조와 예언자 시대 및 다윗
을 거쳐 그리스도에게까지 이르는 역사의 흐름을 계속적으로 설명한다.

　　우리는 아브라함의 후손이 하나님의 은혜로 육신적으로는 이스라엘 민
　　족, 신앙적으로 모든 민족이 되리라는 하나님의 약속을 받았다는 것을 알았
　　다. 하나님의 도성의 역사를 시대순으로 더듬어보면, 이 약속이 어떻게 실현
　　되는가가 나타날 것이다.[99]

그러면서 결국 이 인류의 역사가 종국적으로는 그리스도에게서 완성된
다는 사실, 하나님의 집의 영광이 성전 재건이 아니라 그리스도의 교회에
서 실현되었음을 "그곳에 재건한다는 것이 그리스도가 세우실 교회를 상
징"한다고 말함으로써 설명한다.[100] 그리고 한걸음 더 나아가 그 그리스
도가 약속하는 최후의 심판을 언급하고[101] 마침내 임하게 될 새 예루살렘
에 대해 말함으로써 하나님께서 결국 역사의 시작점부터 역사의 최종점까
지의 주관자이심을 명료하게 설명하고 있다.

　　이 도성이 하늘에서 내려온다고 한 것은, 이 도성을 만든 하나님의 은혜가

---

98) Ibid, 16권 12장.

99) Ibid, 17권 1장. "By the favor of God we have treated distinctly of His promises made to abraham, that both the nation of Israel according to the flesh, and all nation of faith, should be his seed, and the City of God, proceeding according to the order of time, will point out how they were fulfilled."

100) Ibid, 18권 48장. "for since by that rebuilt place is typified the Church which was to be built by Christ ..."

101) Ibid, 20권 5장.

하늘에서 오기 때문이다 ... 참으로 그것은 처음부터 하늘에서 내려왔다. 그 시민들이 세계사를 통해서 하나님의 은혜로 불어나며, 이 은혜는 하늘에서 내려보내신 성령 안에서 중생의 씻음을 통해 내려오기 때문이다. 그러나 하나님의 아들 예수 그리스도가 집행하실 하나님의 최후 심판에 의해서 하나님의 은혜로 한 영광이 나타날 것이며, 이 영광은 새롭고 편만해서 옛 것의 형적은 전혀 남지 않을 것이다. 우리의 몸까지도 옛 썩음과 죽을 운명에서 벗어나 새로운 썩지 않음과 영생으로 옮기겠기 때문이다.[102]

이렇게 하나님께 대한 모든 진술을 마치면서 어거스틴은 이 역사의 종말에 대해 마지막으로 이렇게 말한다. "그 때에는 어떤 악도 없으며, 어떤 선도 부족하지 않으며, 만유의 주로 만유 안에 나타나시는 하나님을 찬양할 시간이 있을 것이므로 그 행복이 얼마나 커다란 일일까!"[103] 그렇다. 역사의 주관자되시는 하나님께 붙들리는 자들의 영혼만이, 그 영원한 안식과 평안 그리고 진정한 쉼을 맛볼 것이다. 이것이 그가 평생에 깨달아 알게 된 "우리 마음이 주님 안에서 안식하기까지 쉬지 못함이니이다"[104]라는 하나님 안에서만의 참된 안식에 대한 또다른 역사적 기술이요 신앙고백이며 신앙의 절정이다.[105]

---

102) Ibid, 20권 17장. "It is descended from heaven from its commencement, since its citizens during the course of this world grow by the grace of God, which cometh down from above through the laver of regeneration in the Holy Ghost sent down from heaven. ..." 각주 82 참조.

103) Ibid, 22권 30장. "How great shall be that felicity, which shall be tained with no evil, which shall lack no good, and which shall afford leisure for the praises of God, who shall be all in all!"

104) 『고백록』, 1권 1장.

105) Ibid, 13권 38장. "you, the Good, in need of no other good, are ever at rest since you yourself are your own rest."

5. 결론

이 논문에서 다룬 어거스틴의 『하나님의 도성 De Civitate Dei』은 인간이 중심이 되어서 문화와 역사를 바라본 당대 그리스-로마의 지상주의적 문화 속에 가득한 한계를 극복한 내용으로, 보이는 지상과 보이지 아니하나 실존하는 하늘에 대한 영적 인식을 가지고 창조 이후 인류의 모든 역사 가운데 면면히 흐르는 구속사적 역사관을 보여주고 있는 작품이라고 평가할 수 있다.

어거스틴이 이 작품 속에서 구속사적 기독교 가치관을 제시함을 통하여 이전까지 가득하던 현세적 지상주의적 삶에 익숙하던 자들에게 인간 역사를 성경적 내세관을 가진 종말적 인식을 통해 보도록 함으로써, 현실 속에서도 내세를 위한 긴장된 신앙을 갖도록 지도하였음을 발견한 일은 이 연구를 통해 갖게 된 즐거움이요 유익이다.

이러한 종말적 역사 이해를 가진 어거스틴의 사상을 살펴보려고, 2장의 어거스틴의 다른 작품들 속에 나타난 신학사상들 역시 맥을 같이 하고 있음을 살펴보았고, 3장에서는 본격적으로 『하나님의 도성 De Civitate Dei』을 다루면서 그에 나타난 종말론적 역사관을 찾아보았다. 그러한 연구 위에서 4장에서 다룬 『하나님의 도성 De Civitate Dei』속에서 발견되어지는 어거스틴의 설교관은, 철저히 그리스도 중심적인 구속사적이며 종말론적 역사관에 기초한 성경적 표현을 사용하며, 또한 신학과 신앙의 핵심인 하나님에 대한 참된 이해를 위한 신론적 진술을 변증적으로 풍성하게 담아내고 있음을 확인했다.

그러므로 본 논문에서는 출발점으로 삼았던 어거스틴의 구속사적 역사관 위에서, 독자들로 하여금 기독교적 역사 의식, 즉 구속사적 역사 이해

속에서 기독교신앙을 다시금 돌아보게 하고, 그 신앙 이해 위에서 이제는
저 멀리 내세에 대한 종말적 인식을 갖기 위해 가장 중요한, 하나님에 대
한 참된 이해인 '바른 신관 정립'에 이르게 했던 어거스틴의 수고를 밝혀
냈다. 따라서 필자는 어거스틴의 『하나님의 도성 *De Civitate Dei*』을, 교회를
섬기고 강단을 맡은 설교자가 들고 서야만 하는 "구속사적인 종말 신학의
모본"이라 칭하고자 한다.

　이러한 이해는 어거스틴에 대한 것만이 아니라 그에게서 영향을 받아
종교개혁의 위대한 수고를 감당했던 개혁자들의 개혁사상과 맥을 같이 하
는 일이라 할 수 있기에, 현대를 사는 우리의 강단 역시 어거스틴과 그 후
예들이 그러했던 것처럼 하나님의 역사歷史를 담아내어 청중들의 전 삶이
그분의 진리에 붙들리게 하시는 하나님의 역사役事를 체험하는 현장이 되
기를 소망해 본다.106)

---

106) 로이드 존스, 68, 80, 127, 137, 364, 426.

참고도서

김명혁, 『초대교회의 형성』 수원: 합동신학교, 1993.

김석환, 『어거스틴의 역사철학 연구』 총신대학교 석사논문, 1993.

로이드 존스, 마틴 저, 『목사와 설교』 서문강 역, 서울: 기독교문서선교회, 1977.

배튼하우스, 로이 편집, 『아우구스티누스 핸드북』 현재규 역, 서울: 크리스챤다
이제스트, 1994.

서요한, 『초대교회사』 서울: 크리스챤다이제스트, 1999.

아우구스티누스, 『은혜론』 김종흡 역, 서울: 생명의말씀사, 1990.

안인섭, 『칼빈과 어거스틴』 서울: 그리심, 2009.

어거스틴, 『성 아우구스티누스 고백록』 김기찬 역. 서울: 크리스챤 다이제스트,
2000.

_____, 『신국론 요약 신앙핸드북』 심이석 옮김. 서울: 크리스챤 다이제스트,
1990.

_____, 『하나님의 도성』 조호연, 김종흡 옮김. 서울: 크리스챤 다이제스트,
1994.

이서우 편저, 『기독교사관과 역사의식』 서울· 성광문하사, 1981

최병규, 『역사철학으로서의 어거스틴의 역사사상』 고신대학교 석사학위논문,
1990.

한철하, 『고대기독교사상』 서울: 대한기독교서회, 1970.

허   찬, 『어거스틴의 신학적 역사이해에 관한 연구』 아세아연합신학연구원논
문, 1991.

Augustine, *AUGUSTINE : Later Works*. John Burnaby ed. London: SCM Press Ltd,
1965.

_____, *SAINT AUGUSTINE CONFESSIONS*. Henry Chadwick tr. Oxford:
University Press, 1991.

_____, *THE NICENE AND POST-NICENE FATHERS* Vol.2.5.7.8 Edinburgh: T&T
Clark, reprinted 1991.

Burns, J. Patout. *THE DEVELOPMENT OF AUGUSTINE'S DOCTRINE OF
OPERATIVE GRACE*, PARIS: ETUDES AUGUSTINIENNES, 1980.

Warfierld, B.B. *STUDIES IN TERTULLIAN AND AUGUSTINE*, Michigan: Baker Book,
1932.

〈부록 2〉

어거스틴의 『삼위일체론 De Trinitate』에 나타난 "송영(Doxology)"으로서의 삼위일체 이해

1. 들어가는 말

많은 경우 삼위일체 교리는 인간이 이해할 수 없는 신비하면서 아주 난해하여 불편하게 하는 신학(theologia)으로 간주되기도 한다.[1] 이에 대해 바빙크는 "우리가 항상 명심해야 할 것은 우리는 신에 대한 교리나, 추상적인 신개념이나 하나님에 대한 어떤 철학적 명제를 취급하는 것이 아니라는 사실이다"[2]라고 한다. 그러하기에 바빙크는 하나님께서 삼위일체로 우리에게 계시하실 때에, 냉랭한 철학적 이해가 아니라 영혼에서 우러나오는 거룩한 존경심으로 대할 것을 권면하기를 잊지 않는다. 이는 신자의 즐거움과 위로가 그리스도인으로서 삼위일체 하나님을 믿고 그분으로부터 모든 것을 기대할 수 있음이기 때문이다.

즉 고대 교회에서는 삼위일체에 대한 이해가 "하나님에 대한 언설言說"로서, 하나님을 성부, 성자와 성령으로 고백하는 찬양이며 경건 자체였으므로,[3] 이 연구를 통해 그러한 삼위일체에 대한 또다른 이해로 나타나는 송영을 회복하고자 하는 의도를 가지고 있다.[4] 이에 동감하며 마리스는 "칼빈이나 어거스틴에게 특징적인 면이 신학 그 자체를 위한 이론적 원리

---

[1] Louis Berkhof, *Systematic Theology* (Grand Rapids: Eerdmans Publishing Co.,1986), 82. "The doctrine of the Trinity has always bristled with difficulties, and therefore it is no wonder that the Church in its attempt to formulate it was repeatedly tempted to rationalize it and to give a construction of it which failed to do justice to the Scriptural data."

[2] 헤르만 바빙크, 『하나님의 큰 일』 김영규 역(서울:기독교문서선교회,1984), 143.

[3] 유해무, 『신학: 삼위일체 하나님을 향한 송영』 (서울:성약, 2007), 9. 유해무는 아주 적절하게 현실적 비평을 해주길, 즉 "신학연구가 이런 연구방법론의 지배를 받으면서, 경건성이나 교회는 부차적인 관심의 대상이 된다. 무엇보다도 '학(學)'에 대한 관심으로 인하여 '신(神)'은 뒷전으로 밀리고 만다"고 한다.

[4] Ibid, 122. "신학의 원래 의미인 '삼위일체 하나님을 향한 송영으로서의 신학'을 다시 확립하자고 주장할 뿐이다."

들이 아니라 실제적 지식"이라고 설명한다.[5]

　이를 위해 본 논문에서 다루려는 주 연구대상은 어거스틴의 『삼위일체
론 De Trinitate』인데, 어거스틴이 가장 성숙한 시기였던 400-428년에 거의
30년에 걸쳐 집필한 내용이다.[6] 따라서 이 작품은 삼위일체 하나님에 대
한 철학적이며 무미건조한 신학(theologia)적 이해가 아니라 살아있는 삼위
일체 하나님께 대한 송영(doxologia)으로서의 신앙고백적 이해를 보여준다.
그 결과 『삼위일체론 De Trinitate』이 구조적으로 보여주는 내용은 신자로 하
여금 올바른 삼위일체에 대한 경륜적인 이해를 갖게 하고, 참다운 송영의
신앙으로 나아가게 한다고 할 수 있다.[7]
　이러한 주제와 방향을 따라 『삼위일체론 De Trinitate』에 대한 소개와 더
불어 그에 나타난 어거스틴의 삼위일체에 대한 이해를 살펴보도록 한다.
이러한 연구를 통해, 참된 삼위일체론적 기독교 송영에 대한 이해가 회복
되는 열매가 있기를 기대해본다.[8]

---

5) Hans W. Maris, "Augustine-an ally in Faith and in Theology" 「제3회 독립개신교회
신학교 개교기념강좌 - 우리의 동료, 아우구스티누스의 신앙과 신학」 (2013.2), 48.
마리스 교수는 칼빈과 어거스틴의 이러한 입장에 대해 충분하게 설명한다. "As
reformed believers, the fact that John Calvin considered Augustine as entirely his brother
in faith and in theology (Augustinus totus noster), already brings Augustine a bit closer to
our lives in the 21st century. It is characteristic for Calvin, and for Augustine, that
theology is not theoritical principles for their own sake, but about practical knowledge.
Calvin is convinced, that in confessing our trinitarian faith we have a much more certain
knowledge than by whatever vain speculation. That is exactly how also in Augustine we
find a way of thinking, that is not only stimulating the mind, but also edifying to the soul."
6) Augustine, "THE TRINITY" Augustine: Later Works. John Burnaby ed. London: SCM
Press Ltd.,1965. 『삼위일체론』 김종흡 역(서울: 크리스챤 다이제스트, 1993), 14-5.
7) 바빙크, 『하나님의 큰 일』, 145. "성 삼위일체의 신앙조항이 우리 고백의 핵심이
요 기독교의 구별하는 표요 모든 참된 기독교인들의 영광이요 위로이다."
8) 유해무, 『신학: 삼위일체 하나님을 향한 송영』, 9. "고백과 교제와 경건이라는
원래의 의미에서 신학의 회복을 염원한다."

2. 『삼위일체론 De Trinitate』 구성과 내용 이해

기독교에서 삼위일체(trinity)교리 만큼 이해하기 어려운 교리도 없을 터인데, 이에 대해 바른 기독교적 변증을 해야 할 책임을 가졌던 어거스틴은 『삼위일체론 De Trinitate』을 저술한다.[9]

이 위대한 연구에 착수했던 어거스틴은 "나는 어렵고 애매한 주제를 통해서 나의 길을 찾도록 강요받았다"고 말했음에도 불구하고[10] 이 삼위일체 연구를 통해 수립하게 된 교리적 견고함에 대해 만족하면서, "이 주제에 대한 오류보다 더 위험스럽고, 그 연구에 더 많은 노력이 필요하며, 진리의 발견이 더 유익한 다른 주제는 없다"라고 말한다.[11] 이제 본격적으로 이 작품의 구성과 내용 그리고 그에 나타난 송영적 삼위일체론에 대해 살펴보고자 한다.

2.1. 『삼위일체론 De Trinitate』의 구성

총 15권으로 되어 있는 『삼위일체론 De Trinitate』은 신앙의 내용인 계시의 권위에서부터 시작하여,[12] 그 첫 부분에서 삼위일체 안에서 신앙을 정의하고는 이후로 그것을 밝히는 성경구절들과 그것과 모순되어 보이는 구절들을 검증하는 데 집중한다.[13]

---

9) 캐서린 모리 라쿠나, 『우리를 위한 하나님』 이세형 역 (서울: 대한기독교서회, 2008), 130.

10) 시릴 C. 리처드슨, "삼위일체의 수수께끼" 『아우구스티누스 핸드북』 로이 배튼하우스 편집, 현재규 역 (서울: 크리스챤 다이제스트,1994), 283 ; Trinity. I.iii.6.

11) Augustine, Trinity. I.ii.5.

12) 리처드슨, "삼위일체의 수수께끼", 290.

13) Ibid, 291.

2.1.1. 상권上卷 혹은 전반前半

이 책의 상권上卷격인 1권부터 7권은, 삼위일체의 전통적 교리인 가톨릭 신학에 의해 야기된 주제들로서, 하나님은 한 분이신데 전체 삼위는 한 신적 기능 안에서 모두 활동하시고, 삼위는 우리의 이해나 그분들의 영원성에 대해 각각 구별되신다는 교리들에 대해 다룬다.[14]

1권: 성경을 근거로 삼일일체의 동일성과 동등성을 설명하며, 성자와 성령을 보내심에 대한 본문들을 해석함. 2권: 성자와 성령을 보내심에 대한 말씀들을 근거로 삼위일체의 동등성에 반대하는 주장들을 논박함. 3권: 구약 성도들에게 하나님이 나타나신 문제를 논함. 4권: 하나님의 아들이 파견되신 목적을 설명하며, 파견되신 성자와 성령이 파견하신 성부보다 작으신 것이 아님을 밝힘. 5권: 성경은 근거로 삼지 않고 자기들의 생각을 근거로 논하는 이단자들을 논박함. 우선 낳으심과 나심 등의 개념은 서로 다르므로 본질의 차이를 의미한다는 이단설에 대항해서, 이 용어들은 하나님에 대해서는 상대적 관계를 가리킬 뿐이라고 설명함. 6권: 그리스도는 하나님의 지혜시며 하나님의 능력이시라는 사도의 말씀을 근거로 성자의 동등성을 부인하는 주장을 소개하고, 자세한 반박은 뒤로 물린 후에 성부와 성령의 동일성과 동등성을 더 설명하며, 삼위는 일체시며 삼중(三重)이 아니심을 역설함. 7권: 뒤로 물린 문제를 해결하며, 성부와 성자와 성령은 한 하나님, 한 본질이신 것과 같이, 한 지혜와 한 능력이시라고 가르침. 그리고 하나님에 대해서 한 본질과 세 위격 또는 한 본질과 세 본체(휘포스타시스)를 말하는 이유를 탐구함.[15]

라쿠나는 이에 대해 "1권부터 4권까지 ... 성서에 나오는 삼위일체에 대해서, 특별히 구약성서의 하나님의 현현 사건에서 '누가 현존하였는지'에

---

14) Augustine, *Trinity*. 19. 'Introduction'

15) 아우구스티누스, 『삼위일체론』, 9-10.

대해서 관심" 하며, "5권에서 7권은 아리스토텔레스의 논리를 가지고 하나님의 내재적 관계들에 대한 이론을 전개"한다고 하면서 바로 이 부분에서 반反아리우스적 입장을 분명하게 볼 수 있음을 지적한다.[16] 즉 아리우스주의자들이 "무출생과 중생은 본질상 아버지와 아들의 실체와 관계된 것이지 상호 관계성과 관계된 것은 아니라"고 한 주장에 대해, 어거스틴은 탁월하게도 아버지와 아들의 동등한 점이 어떤지를 물으면서 이는 상대적이 아니라 스스로와의 관계의 시각에서, 곧 실체에 기초하여 동등함을 밝히고 있다.[17]

2.1.2. 하권下卷 혹은 후반後半

하권下卷격인 8권부터 15권까지는 신앙으로 받은 것을 이성으로 알려는 노력을 기울이되,[18] 앞에서 일곱 권에 걸쳐 성경적인 근거로 삼위일체를 논의한 내용에 대해 8권-15권에서는 이론적인 것을 주로 다룬다.[19]

　8권: 삼위일체 내에서는 어느 한 분이나 어느 두 분을 합하거나 또는 세 분을 합하더라도, 어느 한 분보다 크시지 않은 이유를 설명함. 그리고 진리에 대한 우리의 이해와 최고선에 대한 우리의 지식과 의에 대한 우리의 사랑을 바탕으로 하나님의 본성을 알 수도 있지만, 특히 사랑을 통해서 알아야 한다고 주장하며, 사랑에는 삼위일체의 흔적이 있음을 지적함. 9권: 하나님의 형상인 인간에게 일종의 삼위일체가 있다고 함. 즉 마음과 마음이 자체를 아는 지식과, 자체 및 자체에 대한 지식에 대한 마음의 사랑, 이 셋은 서로 동등하고 한 본질이라고 함. 10권: 사람의 마음에는 더 명백한 삼위일체, 즉 기억력

16) 라쿠나, 『우리를 위한 하나님』, 130-131.
17) Ibid, 134. 이후 3.1.2.에서 이러한 실체와 상호관계 그리고 피조물과의 관계에 대해 보다 구체적으로 다룰 것이다.
18) 한철하, 『고대기독교사상』 (서울: 대한기독교서회, 1970), 274.
19) 윌리암 G.T. 쉐드. "해설" 『아우구스티누스 핸드북』, 18.

과 이해력과 의지의 삼위일체가 있다고 함. 11권: 외면적인 사람이 하는 일에도, 예컨대 물체들을 보거나, 본 물체상을 회상할 때에, 거기에 삼위일체의 흔적들이 있다고 함. 12권: 지식과 지혜를 구별한 후에, 지식에서 일종의 삼위일체를 지적하며, 이것은 내면적 인간의 일이지만 아직 하나님의 형상이라고 부를 수 없다고 함. 13권: 지식에서 발견한 이 삼위일체를 설명하며, 이에 관련해서 그리스도에 대한 믿음을 권장함. 14권: 사람의 진정한 지혜, 즉 하나님을 기억하며 사랑하는 데 대해서 말하며, 이런 마음이 곧 하나님의 형상이지만 금생에서는 이 마음이 하나님의 지식으로 새롭게 되며 내세에 하나님을 뵐 때에는 하나님과 완전히 같게 되리라고 함. 15권: 제14권까지의 내용을 요약한 후에, 삼위일체를 완전히 보는 것이 우리에게 약속된 행복이지만, 하나님의 형상인 우리 자신을 통해서 거울로 희미하게 볼 뿐임을 말함.[20]

즉 인간의 이성인 정신과 지식 그리고 사랑이라는 '삼위일체(The Trinity of Mind, Knowledge, and Love)' 를 다루기 시작하면서 이제 삼위일체를 알기 위해서는 인간 안에 있는 정신과 사랑의 중요성을 부각시킨다. 즉 정신은 그 자신 안에 있는 사랑을 알고 있으며 결과적으로 하나님을 안다고 말하며, 그 이유는 하나님은 사랑이시기 때문이라는 것을 8권에서 다룬다.[21] 그리고는 이 유비들 - 정신, 지식, 사랑 - 을 사용하여 인간이 하나님의 형상, 즉 삼위일체의 형상으로 창조되었다는 사실을 분명히 한다. 물론 사람은 완전히 하나님의 형상이 아니라 그 형상을 본땄을 뿐이지만, 일상의 유사성을 따라 그분에 가까운 존재라고 어거스틴은 밝힌다.[22] 이제 14권에 와서는 상권에서 다루었던 전통적인 삼위일체의 문제로 돌아와 거기서 정신이 자신을 기억하고 이해하며 스스로를 사랑하는 것을 언급하면서 바로 여기서 육체적인 요소는 극복된다고 말한다. 왜냐하면 본질적으로 정신은 불

---

20) 아우구스티누스, 『삼위일체론』, 10-11.
21) 리처드슨, "삼위일체의 수수께끼", 300.
22) Ibid.

멸하기 때문이다.[23]

2.1.3. 종합

어거스틴은 이러한 "삼위일체"라는 길고 어려운 연구의 끝부분에 와서, 육체의 한계는 결코 그 삼위일체 하나님을 알 수 없지만 이성적 의지의 한계로부터 완전히 벗어날 때에만 삼위일체의 신비를 온전히 알게 될 것이라는 종점終點에 이른다. 그러면서 이렇게 기도하며 책을 맺는다.

> 오 주 우리 하나님, 우리는 성부와 성자와 성령이신 당신을 믿나이다 ... 오 주 한 분 하나님, 삼위일체 하나님, 당신의 것인 이 책에서 제가 한 말을 당신의 백성이 인정하기를 원하나이다. 제 자신의 생각을 말한 것에 대해서는 당신과 당신의 백성의 용서를 비나이다.[24]

어거스틴의 이러한 기도로 마무리되는 『삼위일체론 De Trinitate』은 그러므로 논리적인 것만이 아니고 송영적인 내용을 담고 있는 책이라 할 수 있다.

2.2. 『삼위일체론 De Trinitate』의 구조와 핵심내용

사실 어거스틴은 『삼위일체론 De Trinitate』의 전제로 "삼위 하나님은 분리할 수 없으며, 분리되지 않은 채 역사하신다(quamvis pater et fillus et spiritus sanctus sicut inseparabiles sunt, ita inseparabiliter operentur)"라고 하는 삼위일체에 대한 자신의 이해를 명료하게 표현한다.[25] 이를 달리 표현하면 "통일적 경

---

23) Ibid, 305.

24) Augustine, *Trinity*. XV.xxviii.51. "O Lord our God, we believe in thee, Father, Son, and Holy Spirit ... O Lord, one God, God the Trinity, whatsoever I have said in these Books that comes of thy prompting, may thy people acknowledge it: for what I have said that comes only of myself, I ask of thee and of thy people pardon."

25) 아우구스티누스, 『삼위일체론』, I.iv.7.

류"이라고 할 수 있다.[26] 이에 대한 어거스틴의 진술을 직접 들으면,

삼위일체에 대해서 정통 신앙은 무엇을 가르치는가? 거룩한 신구약 성경의 정통적 해석가들이며 삼위일체 하나님에 대해서 글을 쓴 선배들이 있었다. 그중에서 내가 그 글을 읽을 수 있었던 사람들이 목적으로 삼은 것은 한가지였다. 즉 성경에 따라 성부와 성자와 성령은 동일한 본질의 통일을 이루며 나눌 수 없는 동등성을 이룬다는 것을 가르치려고 했다. 그러므로 세 하나님이 계신 것이 아니라 한 하나님이시며, 성부가 성자를 낳으셨으므로 성부는 성자가 아니시며, 성자는 성부에게서 났으므로 성자는 성부가 아니시며, 성령은 성부나 성자가 아니라 성부와 성자의 영에 불과하며 또 성부 및 성자와 동등하며 삼위일체의 통일성에 속한다.[27]

---

26) 이창열, 『어거스틴의 삼위일체론으로본 바빙크의 삼위일체론』 (안양대학교 신학대학원 석사논문,2003), 6. 재인용, Young-Kyu Kim, *Calvin und das Alte Testament*, (Seoul: 1994), 103; 헤르만 바빙크 『개혁주의 신론』 이승구 역 (서울:기독교문서선교회,1988), 415.이 어거스틴의 삼위일체론에 담긴 통일적 경륜(Die einheitlische okonomie des trinitarischen Gottes)에 대해서, 바빙크는 "어거스틴의 출발점은 성부의 위격이 아니라, 하나의 단순하고 복합적이지 않은 하나님의 본질이다. 따라서 그는 그 이전의 그 어떤 이들보다도 삼위의 절대적 통일성을 강조하였다. 각 위는 전체 삼위일체만큼의 것이다. 각 위에는 같은 신적 존재전체가 있어서, 세 하나님이나 세 분의 전능자가 있는 것이 아니라 오직 한 하나님, 한 전능자가 있을 뿐이다. 결과적으로 삼위간의 구별은 각 위에 속하는 우연성이나 속성들로 구성되는 것이 아니라, 삼위간의 관계로 구성되는 것이다"라고 요약한다. 이를 요약하면 "어거스틴의 삼위일체론에서의 중심은 통일성과 동시성"이라는 평가라 할 수 있다.

27) Augustine, *Trinity*. I.iv.7. "WHAT THE DOCTRINE OF THE CATHOLIC FAITH IS CONCERNING THE TRINITY: All those Catholic expounders of the divine Scriptures, both Old and New, whom I have been able to read, who have written before me concerning the Trinity, Who is God, have purposed to teach, according to the Scriptures, this doctrine, that the Father, and the Son, and the Holy Spirit intimate a divine unity of one and the same substance in an indivisible equality; and therefore that they are not three Gods, but one God: although the Father hath begotten the Son, and so He who is the Father is not the Son; and the Son is begotten by the Father, and so He who is the Son is not the Father; and the Holy Spirit is neither the Father nor the Son, but only the Spirit of the Father and of the Son, Himself also co-equal with the Father and the Son, and pertaining to the unity of the Trinity."

라고 하면서, "이것이 정통신앙이므로 또한 나의 신앙이다(Haec et mea fides est qundo haec est catholoca fides)"라고 당당하게 선언한다.[28] 즉 어거스틴에 있어서 삼위일체와 관련된 가장 중요한 전제는 다름아닌 삼위일체가 모든 역사에 있어서 분리될 수 없는 진리라는 사실이다. 물론 이 고백은 이미 인용한 것처럼 어거스틴 이전에 있었던 교부들의 신학을 담고 있다.

따라서 이제 『삼위일체론 De Trinitate』을 살필 때 반드시 유념해야 할 내용은, 어거스틴이 삼위일체에 대해 다음과 같은 특별한 세 가지 "구조"를 가지고 있다는 사실이다. 즉 (1) 실체에 따른 것(secundum substantiam, secundum essentiam), (2) 상호관계에 따른 것(secundum relativum, ad invicem atque ad alterutem) 그리고 (3) 피조물과의 관계에 따른 것(secundum ad creaturam)이다.

같은 삼위일체 안에서 어느 한 분에 대해서 하는 말은 그분 자신만을 말하는 것이 아니라, 다른 분과의 상호 관련하에서, 또는 피조물에 관련해서 말하는 것이다. 그러므로 이린 밀은 실체적으로 하는 것이 아니라 관계적으로 하는 것이 분명하다. 삼위일체는 한 하나님 - 위대하시고 선하시고 영원하시고 전능하신 한 하나님이라고 한다. 이 하나님은 그 자신의 신성과 그 자신의 위대성과 그 자신의 양선과 그 자신의 영원성과 그 자신의 전능이라고 부를 수 있다.[29]

(1) 실체에 따른 것(secundum substantiam, secundum essentiam):
먼저 "그러나 삼위일체는 같은 식으로 아버지라 부를 수 없다 ... 그러나

28) Ibid. "This is also my faith, since it is the Catholic faith."

29) Augustine, Trinity. V.xi.12. "whereas, in the same Trinity, some things severally are specially predicated, these are in no way said in reference to themselves in themselves, but either in mutual reference, or in respect to the creature; and, therefore, it is manifest that such things are spoken relatively, not in the way of substance. For the Trinity is called one God, great, good, eternal, omnipotent; and the same God Himself may be called His own deity, His own magnitude, His own goodness, His own eternity, His own omnipotence."

삼위일체를 성자라고 부르는 것과 전연 허락되지 않는다. 그러나 '하나님은 영이시라'는(요 4:4) 말씀에 따라서 삼위일체를 전체적으로 거룩한 영이라고 부를 수는 있다"면서 성부와 성자 모두 영이실 뿐 아니라 성부 성자가 모두 거룩하시기 때문이라고 그 이유를 실체적으로 설명한다.

(2) 상호관계에 따른 것(secundum relativum, ad invicem atque ad alterutem):
두 번째로 삼위일체가 아니라 삼위일체 안에서(non trinitas sed in trinitate) 이해되는 그 성령이 고유하게 성령이라 칭하심을 받으시기 때문에, 또한 성부와 성자와의 관계적 입장에서 보았을 때 성령이 성부와 성자의 영이시기 때문에 성령이라 부르는 것이라고 어거스틴은 설명한다.

(3) 피조물과의 관계에 따른 것(secundum ad creaturam):
마지막으로 피조물과의 관계에 있어서, 언제든지 삼위 하나님은 한 실체시며 주체적으로 수동태이셨던 적이 없음을 "만일 피조물에 관계해서 양자로 삼는다는 것 때문에 은유적으로 아버지라고 한다면, 이것은 문제가 다르다"고 말하면서 상호관계에 따라 아버지가 되는 성격과는 구분하고 있다. 즉 성경에 "이스라엘아 들으라, 주 우리 하나님은 오직 하나인 주시니"라고(신 6:4)한 말씀을 성자나 성령을 배제한 것으로 여겨서는 안 된다고 설명한다.

덧붙여 이러한 구조를 통해 성부 하나님, 성자 하나님, 성령 하나님을 각각 그렇게 부를 수 있다고 해서 그것을 복수적(pluraliter)이라고 말할 수 없으며, 반드시 단수적(singulariter)으로 말해야 함을 주의해야 한다.[30]

---

30) Augustine, *Trinity*. V.viii.9. "For as the Father is God, and the Son is God, and the Holy Spirit is God, which no one doubts to be said in respect to substance, yet we do not say that the very supreme Trinity itself is three Gods, but one God.So the Father is great, the Son great, and the Holy Spirit great; yet not three greats, but one great ... yet not three goods, but one good, of whom it is said."

성부는 하나님이시요, 성자도 하나님이시요, 성령도 하나님이시라는 것은
본질에 대한 말임을 의심하지 않는다. 그러나 우리는 최고의 삼위일체를 세
하나님이라고 하지 않고 한 하나님이라고 한다. 그와 같이 성부가 위대하시
며, 성자가 위대하시며, 성령이 위대하시다고 하지만, 세 위대하신 분이 아
니라 한 위대하신 분이다 ... 그러한 선하신 분은 셋이 아니라 한 분이시다.[31]

그러면서 어거스틴은 이렇게 덧붙인다. "우리는 세 본질을 말하지 않는
것과 같이, 세 위대성을 말하지 않는다. 내가 본질 즉 에센티아(essentia)라고
하는 것은 우시아(ousia)라고 하며, 라틴어로 보통 숩스탄티아(substantia)라고
하는 것이다."[32] 즉 각 위격들은 성부, 성자, 성령이라고 부르며 그렇게 동
시에 성부, 성자, 성령이 존재하실지라도 세 하나님(triplex)이라고 말해서는
안 된다는 것이 어거스틴의 삼위일체 구조에 있어서의 원칙인 것이다.[33]
따라서 어거스틴의 이러한 삼위일체에 대한 구조적 이해, 다시 말하면, 나
눌 수 없으며 분리되어 역사하지 않으시며 언제나 삼위 동시적으로 사역
하시는 하나님이라는 이해는 전체 성경을 해석하는 가장 중요한 원칙이
된다.[34]

3. 『삼위일체론 De Trinitate』에 나타난 송영(Doxology)

3.1. "삼위일체"에 대한 송영으로서의 이해

(1) 에베소서 1장 3-14절은 사도 바울의 삼위일체에 대한 송영의 극치를
보여준다.

---

31) Ibid.

32) Ibid.

33) Ibid.

34) 조성재. 『어거스틴의 삼위일체 구조가 갖는 신학적 객관성에 관하여』 (안양
대학교신학대학원 석사논문, 2000), 22.

찬송하리로다 하나님 곧 우리 주 예수 그리스도의 아버지께서 그리스도 안에서 하늘에 속한 모든 신령한 복으로 우리에게 복 주시되 곧 창세전에 그리스도 안에서 우리를 택하사 우리로 사랑 안에서 그 앞에 거룩하고 흠이 없게 하시려고 그 기쁘신 뜻대로 우리를 예정하사 예수 그리스도로 말미암아 자기의 아들들이 되게 하셨으니 이는 그의 사랑하시는 자 안에서 우리에게 거저 주시는 바 그의 은혜의 영광을 찬미하게 하려는 것이라 우리가 그리스도 안에서 그의 은혜의 풍성함을 따라 그의 피로 말미암아 구속 곧 죄 사함을 받았으니 이는 그가 모든 지혜와 총명으로 우리에게 넘치게 하사 그 뜻의 비밀을 우리에게 알리셨으니 곧 그 기쁘심을 따라 그리스도 안에서 때가 찬 경륜을 위하여 예정하신 것이니 하늘에 있는 것이나 땅에 있는 것이 다 그리스도 안에서 통일되게 하려 하심이라 모든 일을 그 마음의 원대로 역사하시는 자의 뜻을 따라 우리가 예정을 입어 그 안에서 기업이 되었으니 이는 그리스도 안에서 전부터 바라던 우리로 그의 영광의 찬송이 되게 하려 하심이라 그 안에서 너희도 진리의 말씀 곧 너희의 구원의 복음을 듣고 그 안에서 또한 믿어 약속의 성령으로 인치심을 받았으니 이는 우리의 기업에 보증이 되사 그 얻으신 것을 구속하시고 그의 영광을 찬미하게 하려 하심이라[35]

(2) 하이델베르크 요리문답(Der Heidelberger Katechimus)은 송영적 삼위일체에 기반을 둔 신앙고백의 절정을 보여준다.

제1문: 사나 죽으나 당신의 단 하나의 위로는 무엇입니까? 답: 사나 죽으나 나는 나의 것이 아니고, 몸과 영혼이 모두 신실하신 구주 예수 그리스도의 것입니다. 주께서 보배로운 피를 흘려 나의 모든 죄값을 치러주셨고 마귀의 권세로부터 나를 자유롭게 하셨습니다. 또한 하늘에 계신 아버지의 뜻이

35) 라쿠나, 『우리를 위한 하나님』, 496-497. 라쿠나는 신학이란 성령 안에서 아들을 통해 아버지로부터 시작하여 성령의 능력 안에서 아들을 통해 아버지에게로 돌아가는 영광의 여정을 따라 이루어지는 것이라 말하면서, 바로 그 내용이 에베소서 1:3-14에 나타나는 바 "구원의 신비 안에서 또한 구원의 신비를 통해 하나님의 신비가 드러나는 영광의 여정"이라고 말한다.

240 · 구속사 설교

아니고는 나의 머리카락 하나라도 상하지 않는 것처럼 주님께서는 나를 항상 지켜주십니다. 실로 이 모든 것이 협력하여 나의 구원을 이룹니다. 내가 주님의 것이기에 주께서 성령으로 말미암아 내게 영원한 생명을 보증하시고, 지금부터 나의 온 마음을 다하여 기꺼이 주를 위하여 살게 인도하십니다.

퍼거슨은 바로 이것이 "송영적 칼빈주의"라고 말한다.[36] 즉 이 세상의 혼돈 가운데서 연주된 아름다운 삼위일체 하나님에 대한 한 편의 하모니로서, 창조주이시며 구세주요 보혜사 삼위 하나님께서 만물을 지켜주시는 것이 신자가 누리는 가장 큰 위로인 것이다.

(3) 바빙크 역시 이에 상응하여 삼위일체에 대한 자신의 이해가 바로 송영적 이해에 기반하고 있음을 보여준다.

성경 전체에 퍼져 있는 삼위일체에 대한 이 모든 요소들은 예수님의 세례명령과 사도들의 축복기도에서 진리로서 집약되어 있다 ... 행복과 예지와 권세와 사랑과 왕국과 능력이 아버지의 것이요, 중보직과 화해와 은혜와 구원은 아들의 것이요, 중생과 재생과 성화와 교통은 성령의 것이다 ... 이 모든 것이 사실일진대, 성령은 아들과 아버지와 더불어 영원히 사랑하고 찬양할 수 있는 유일한 참된 하나님이시다. 기독교회는 그의 삼위일체 하나님에 대한 고백에 있어서 이런 성경의 가르침에 대해 예와 아멘으로 답했다.[37]

바빙크조차 삼위일체에 대해 이렇게 설명하는 것을 볼 때, 원래 삼위일체는 단순히 신학적이기만 한 것이 아니라 실제적이며 살아있는 경배

---

36) 싱클레어 퍼거슨, "송영적 칼빈주의" 『칼빈주의』 신호섭 역, (서울: 지평서원, 2010), 636-637.
37) 바빙크, 『하나님의 큰 일』, 156-157.

적 내용이다.[38]

(4) 이것은 또한 라쿠나의 주장이기도 하다. "삼위일체 신학은 본래 영광송에 기초한다."[39] 그녀는 자신의 Returning from the 'Far Country'에서 이렇게 설명한다.

　　이제 우리는 우리의 선조들이 나아갔던 '먼 나라'로부터 돌아오고 있는 중이다. 우리는 '먼 나라'까지 이르렀던 선조들의 여행 동기에 찬사를 보낸다. 곧 하나님의 사랑에 감동하여 하나님의 영광을 찬양하며 하나님을 알고자 하였던 선조들의 여정에 찬사를 보낸다. 그렇지만 우리는 길을 따라 우회로로 끝나는 이성 위주의 외길 여정에 물음을 제기한다. 이들은 우리에게는 없는 과학적 존재론이라는 것을 갖고 있었다. 우리는 이 다리를 존중한다. 그러나 우리는 이 다리를 건너지 않는다. 우리의 여정은 하나님께 이르는 정신의 여정(itinerarium in menditis Deum)이 아니라 구원신비의 여정(itinerarium in mysterium salutis)이며, 본질적으로 영광송에 기초한 여정(itinerarium doxologicum)이다.[40]

때문에 어거스틴이 "오 주 우리 하나님, 우리는 성부와 성자와 성령이신 당신을 믿나이다 … 오 주 한 분 하나님, 삼위일체 하나님, 당신의 것인 이 책에서 제가 한 말을 당신의 백성이 인정하기를 원하나이다. 제 자신의

---

38) 이승구, "헤르만 바빙크의 삼위일체론"『헤르만 바빙크의 개혁신학과 한국교회의 신앙』(한국성경신학회, 2013), 36. "바빙크는 삼위일체에 대한 고백이 '대양 가운데서 있는 한 섬이 아니라, 전체 피조계를 조망하는 높은 정상'이라고 하면서, '기독교 신학자의 임무는 하나님의 계시를 삶 전체와 연관시켜 그 의미를 분명하게 밝히는 것이다'라고 말하고 있다. 여기서 삼위일체론은 그저 추상적인 교리이기만 한 것이 아니라는 것이 아주 분명히 드러난다. 바빙크에게 있어 삼위일체론은 우리의 삶 전체와 관련된 것이다."『개혁교의학』2:417.

39) 라쿠나,『우리를 위한 하나님』, 513.

40) Ibid, 512. 각주 91.

생각을 말한 것에 대해서는 당신과 당신의 백성의 용서를 비나이다"[41]라
는 기도로 『삼위일체론 De Trinitate』을 맺음은, 삼위일체가 바로 송영적임을
보여주는 증거라 하겠다.[42]

3.2. 어거스틴의 "삼위일체"에 대한 송영

이제 『삼위일체론 De Trinitate』에서 어거스틴은 전체 내용을 아우르면서
삼위일체 하나님에 대한 찬양과 경배를 고백하기를,

> 지금 집회서라는 특별한 이름으로 부르는 책에서 현인(賢人)은 "우리는
> 말을 많이 하나 부족하며, 요컨대 그가 전부시니라"고 하나이다(집회서
> 43:29). 그러므로 저희가 당신 앞으로 갈 때에는, 많아도 오히려 부족한 저희
> 의 말들을 그치고, 한 분이신 당신이 "만유의 주로서 만유 안에" 계시나이다
> (고전 15:28). 그리고 저희는 끝없이 한 음성으로 당신을 찬양하며, 우리도
> 당신 안에서 하나가 되겠나이다.[43]

---

41) Augustine, *Trinity*. XV.xxviii.51. "O Lord our God, we believe in thee, Father, Son,
and Holy Spirit ... O Lord, one God, God the Trinity, whatsoever I have said in these
Books that comes of thy prompting, may thy people acknowledge it: for what I have said
that comes only of myself, I ask of thee and of thy people pardon."

42) 유해무, 『신학: 삼위일체 하나님을 향한 송영』, 224. "신학은 기도의 구조를
지니면서 송영일 때 바람직한 모습을 취한다. 신학도 찬미의 제사여야 한다(히
13:15). 성경의 계시는 이성만으로는 도달할 수 없는 차원을 지니고 있다. '전체적
인 예배는 영적 차원을 지니고 있는데, 이는 신학적 반성만으로는 도달할 수 없
다. 기도의 법은 믿음의 법이다.' 학(學)은 학이로되 학만이 아닌 지혜요 또 이성
을 배제하지는 않지만 이성만으로는 벌거숭이가 될 수 밖에 없는 로고스, 이것이
신학의 길이다. 이성이 자기를 믿음 안에서의 합리성으로 이해할 때 신학의 신학
적 특징이 드러난다. '삼위일체론은 궁극적으로는 사고(思考)의 방식으로 드리는
송영이다.' 이에 대한 전형적인 예를 우리는 힐라리우스와 아우구스티누스에게
서도 볼 수 있다. 이들이 자신들의 저작 『삼위일체론』을 삼위 하나님을 향한 송영
으로 마친다."

43) Augustine, *Trinity*. XV.xxviii.51. "A wise man, in that book of his we name
Ecclesiasticus, spoke thus concerning thee: 'We speak many things, and yet attain not:
and the whole consummation of our discourses is himself.' When therefore we shall have
attained to thee, all those many things which we speak, and attain not, shall cease: one

라고 한다. 이는 그가 『삼위일체론 *De Trinitate*』에서 내내 드러내는 송영적 고백에 기인한다고 할 수 있는데, 이제 책 전체에 걸쳐 각 장마다 나타나는 어거스틴의 삼위일체에 대한 송영을 살펴보자.[44]

(1) 먼저 I권 6장 10절에서 어거스틴은 성경을 인용하며 삼위 하나님을 찬양한다.

"... 그는 복되시고 홀로 한 분이신 능하신 자이며 만왕의 왕이시며 만주의 주이시요, 오직 그에게만 죽지 아니함이 있고, 가까이 가지 못할 빛에 거하시고 아무 사람도 보지 못하였고 또 볼 수 없는 자시니, 그에게 존귀와 영원한 능력을 돌릴지어다. 아멘"(딤전 6:14-16). 이 말씀에서 성부나 성자나 성령을 지명해서 말하지 않고 "복되시고 홀로 한 분이신 능하신 자이며 만왕의 왕이시며 만주의 주시요"라고 해서, 한 분이요 유일 진정한 하나님이신 삼위일체를 의미한다.[45]

(2) 또한 II권 4장 6절에서, "성령이 성자를 영화롭게 하실 때에, 성부도 성자를 영화롭게 하신다. 그러하므로 무릇 성부에게 있는 것은 성자의 것일 뿐 아니라 또한 성령의 것이라는 결론이 된다"[46]라고 하며,

---

shalt thou abide, all things in all; one shall we name thee without end, praising thee with one single voice, we ourselves also made on in thee."

44) 라쿠나, 『우리를 위한 하나님』, 465. 송영에 대한 이해를 위해, 라쿠나는 구원론은 영광송 속에서 절정에 이를 뿐 아니라 그러므로 영광송은 공중예배나 특별히 기도의 유형들 관계됨을 설명해준다.

45) Augustine, *Trinity*. I.vi.10. "who is the blessed and only Potentate, the King of kings, and Lord of lords; who only hath immortality, dwelling in the light which no man can approach unto; whom no man hath seen, nor can see: to whom be honor and power everlasting. Amen.' In which words neither is the Father specially named, nor the Son, nor the Holy Spirit; but the blessed and only Potentate, the King of kings, and Lord of lords; that is, the One and only and true God, the Trinity itself."

46) Augustine, *Trinity*. II.iv.6. "Whence it may be perceived that all things that the Father hath are not only of the Son, but also of the Holy Spirit, because the Holy Spirit is able to glorify the Son, whom the Father glorifies."

(3) III권 2장 8절에서는, "스스로 있는 자"는 변함없는 최고선最高善, 즉 하나님과 그의 지혜와 뜻을 의미하며, 하나님께 대해서 다른 시에는 "천지 는 주께서 바꾸시면 바뀌려니와 주는 여상하시도다"라고 노래했다(시 102:26-27)"[47]고 한다.

(4) 이제 IV권 2장 4절에서는, 성육신하신 말씀의 은혜를 찬양하기를,

그는 그의 인성의 같음으로 우리와 결합되어 우리의 불의를 제거하셨다. 또 우리의 죽을 운명에 동참하심으로써 우리를 그의 신성에 동참하게 만드 셨다. 죄인은 반드시 정죄를 받아야 하기 때문에 죽는 것이지만, 의인이 자 비의 자유 선택으로 죽으셨기 때문에 그 값으로 죄인의 죽음이 폐지되었다. 동시에 그의 한 번 하신 행동이(죽음과 부활) 우리의 두 번 당할 일에(죽음과 부활) 대응한 것이다. 하나와 둘을 연결하는 것을 상합, 적합, 일치, 협화 그 밖에 어떤 적당한 말로 표현하든간에, 그것은 피조물들의 모든 상호 적응을 위해 매우 중요하다. 내가 지금 생각한 것이지만, 이 상호 적응은 정확히 헬 라어의 "하모니아"(harmonia)이다 ... 아는 사람은 잘 조율된 일현금(一絃 琴)만 있으면 분명히 귀로 들을 수 있다.[48]

---

47) Augustine, *Trinity*. III.ii.8. "For 'in and of itself,' in that place, is understood of that chiefest and unchangeable good, which is God, and of His own wisdom and will. To whom is sung in another place, 'Thou shalt change them, and they shall be changed; but Thou art the same.'"

48) Augustine, *Trinity*. IV.ii.4. "By joining therefore to us the likeness of His humanity, He took away the unlikeness of our unrighteousness; and by being made partaker of our mortality, He made us partakers of His divinity. For the death of the sinner springing from the necessity of comdemnation is deservedly abolished by the death of the Righteous One springing from the free choice of His compassion, while His single [death and resurrection] answers to our double [death and resurrection].3 For this congruity, or suitableness, or concord, or consonance, or whatever more appropriate word there may be, whereby one is [united] to two, is of great weight in all compacting, or better, perhaps, co-adaptation, of the creature. For (as it just occurs to me) what I mean is precisely that co-adaptation which the Greeks call ἁρμονία. However this is not the place to set forth the power of that consonance of single to double which is found especially in us, and

라고 주의 사역을 찬양한다.

(5) 또한 V권 2장 3절에서는 "하나님에게는 이런 우연한 것이 있을 수 없다. 그러므로 하나님은 변함이 없는 유일한 실재이시며, 존재라는 이름이 가장 특별히 또 가장 참으로 돌아가야 할 분이시다 ... 따라서 변하지 않을 뿐 아니라 변할 수 없는 것만이 가장 진정한 의미에서 무조건 존재라고 부를 수 있다"[49]라 송축한다.

(6) VI권 3장 4절과 5장 7절에서는 성부와 성자 그리고 성령 하나님의 하나되심에 대해 찬양한다.

사람의 영광 하나님의 영은 그 본성이 다르지만, 서로 결합함으로써 두 다른 영에서 한 영이 생기며, 사람의 영이 없더라도 하나님의 영은 행복하고 완전하지만, 하나님의 영과 함께 있을 때가 아니면 사람의 영은 행복하지 않다. 요한복음에서 이 하나되는 데에 대한 주의 말씀이 많고 자주 있는 것은 이유가 없지않다고 나는 생각한다. 주와 성부가 하나라고 하시며, 우리가 서로 하나된다고 하신다. 우리와 저희가 하나가 되기 위하여라고 말씀하신 곳은 없고, "우리가 하나인 것같이 저희도 하나가 되게 하옵소서"라고 하신다(요 17:11). 그러므로 확실히 성부와 성자는 서로 본성이 하나이시기 때문에 하나이시다. 우리가 이미 설명한 것과 같이, 성부와 성자는 한 하나님, 한 위대한

which is naturally so implanted in us (and by whom, except by Him who created us?), that not even the ignorant can fail to perceive it, whether when singing themselves or hearing others. For by this it is that treble and bass voices are in harmony ... but any one who knows it, may make it plain to the very ear in a rightly ordered monochord."

49) Augustine, *Trinity*. V.ii.3. "But there can be no accident of this kind in respect to God; and therefore He who is God is the only unchangeable substance or essence, to whom certainly being itself, whence comes the name of essence, most especially and most truly belongs ... and hence that which not only is not changed, but also cannot at all be changed, alone falls most truly, without difficulty or hesitation, under the category of being."

하나님, 한 지혜로운 하나님이시다 … 그러므로 성령도 동일한 하나님 본질
(substance)과 동일한 동등성으로 존재하신다 … 우리의 행복은 하나님에게
서 오며, 우리는 하나님으로 말미암아, 또 하나님 안에서 행복하다. 우리는
하나님의 은사에 의해서 서로 하나가 되며, 우리의 영혼이 하나님을 따르기
위해서 하나님께 밀착할 때에 우리의 영이 그와 하나가 되기 때문이다.[50]

(7) VII권 3장 6절에서 어거스틴은 바울의 말씀을 통해 이렇게 말한다.

"… 너희는 너희 것이 아니라 값으로 산 것이 되었으니 그런즉 너희 몸으
로 하나님께 영광 돌리라(고전 6:19-20) … 성부가 지혜이시며, 성자가 지혜
이시며, 성령이 지혜이시지만, 세 지혜이신 것이 아니라 한 지혜이시다. 또
삼위일체의 경우에는 존재하는 것과 지혜로운 것이 동일하므로, 성부와 성
자와 성령은 한 본질적 존재이시다. 삼위일체에서는 존재한다는 것은 하나
님이시라는 것과 다르지 않으므로 한 하나님이 계시며, 그 하나님은 성부와
성자와 성령이시다."[51]

---

50) Augustine, *Trinity*. VI.iii.4; VI.v.7. "For the spirit of man and the Spirit of God are different in nature; but by being joined they become one spirit of two different spirits, so that the Spirit of God is blessed and perfect without the human spirit, but the spirit of man cannot be blessed without God. Nor is it without cause, I think, that when the Lord said so much in the Gospel according to John, and so often, of unity itself, whether of His own with the Father, or of ours interchangeably with ourselves; He has nowhere said, that we are also one with Himself, but, 'that they may be one as we also are one.' Therefore the Father and the Son are one, undoubtedly according to unity of substance; and there is one God, and one great, and one wise, as we have argued … Wherefore also the Holy Spirit consists in the same unity of substance, and in the same equality … So those three are God, one, alone, great, wise, holy, blessed. But we are blessed from Him, and through Him, and in Him; because we ourselves are one by His gift, and one spirit with Him, because our soul cleaves to Him so as to follow Him."

51) Augustine, *Trinity*. VII.iii.6. "For ye are bought with a great price: therefore glorify God in your body." … And so the Father is wisdom, the Son is wisdom, and the Holy Spirit is wisdom, and together not three wisdoms, but one wisdom: and because in the Trinity to be is the same as to be wise, the Father, Son, and Holy Spirit, are one essence. Neither in the Trinity is it one thing to be and another to be God; therefore the Father, Son, and Holy Spirit, are one God."

(8) VIII권 8장 12절에 어거스틴은

"우리는 형제를 얼마나 사랑하고 하나님을 얼마나 사랑할 것이냐고 묻지만, 우리는 비교가 되지 않을 정도로 우리 자신보다 하나님을 훨씬 더 사랑하며, 형제를 우리 자신과 같이 사랑하며, 하나님을 더 사랑할수록 우리 자신을 더 사랑하게 된다. 그러므로 우리는 하나님과 이웃을 같은 사랑으로 사랑한다" 52)

라고 하나님의 사랑과 관련하여 설명하며 하나님을 송축한다.

(9) IX권 1장 1절에서 어거스틴은 이렇게 기도하며 소원한다.

우리는 확실히 삼위일체를 탐구한다. 삼위일체라면 아무 것이나 구하는 것이 아니라, 하나님이신, 즉 유일 진정하신 최고의 하나님이신 삼위일체를 구한다 ... 우리는 믿어야 할 일을 믿으면서 의심하지 말며, 이해해야 할 일들을 신중하게 주장하자. 전자에서는 권위를 견지하며 후자에서는 진리를 탐구하자. 그러므로 이 문제에서는 성부와 성자와 성령이 한 하나님이시며 온 피조세계의 창조주와 지배자이심을 믿자. 또 성부는 성자가 아니시며, 성령은 성부나 성자가 아니시지만 서로서로 관련된 위격들의 삼위일체이시며 동등한 통일체이심을 믿자. 그리고 이 일을 이해하도록 노력하자. 이렇게 노력할 때에 우리는 우리가 이해하기를 원하는 그분의 도움을 기도하며, 그분이 허락하시는 대로 우리가 이해한 것을 경건하고 조심스럽게 설명하기를 바라게 된다.53)

---

52) Augustine, *Trinity*. VIII.viii.12. "Neither let that further question disturb us, how much of love we ought to spend upon our brother, and how much upon God: incomparably more upon God than upon ourselves, but upon our brother as much as upon ourselves; and we love ourselves so much the more, the more we love God. Therefore we love God and our neighbor from one and the same love."

53) Augustine, *Trinity*. IX.i.1. "We certainly seek a trinity, not any trinity, but that Trinity which is God, and the true and supreme and only God ... Let us therefore be thus minded,

⑽ 이제 X권 5장 7절에서는 우리의 마음을 다루면서 "마음은 가장 훌륭한 분이신 하나님 안에서 본질적으로 훌륭한 것들을 보며, 그것들을 즐기기 위해서 자기의 본성을 견지해야" 한다고 말한다.[54]

⑾ XI권 11장 18절에서 어거스틴은 지각에 대해, "그러므로 이제부터는 내면적인 인간에게서 이 삼위일체를 탐구하며, 지금까지 장황하게 이야기한 외면적 인간으로부터 내면으로 들어가도록 노력해야겠다. 우리는 하나님의 도우심으로 거기서 하나님의 형상인 일종의 삼위일체를 발견할 수 있으리라고 기대한다"[55]라는 영적 소망을 피력한다.

⑿ XII권 6장 7절에서는 "이 삼위일체는 유일하신 하나님이시며, 그의 형상으로 사람이 창조된 것"이라고 하나님의 창조를 찬양한다.[56]

---

so as to know that the disposition to seek the truth is more safe than that which presumes things unknown to be known. Let us therefore so seek as if we should find, and so find as if we were about to seek. For 'when a man hath done, then he beginneth.' 8 Let us doubt without unbelief of things to be believed; let us affirm without rashness of things to be understood: authority must be held fast in the former, truth sought out in the latter. As regards this question, then, let us believe that the Father, and the Son, and the Holy Spirit is one God, the Creator and Ruler of the whole creature; and that the Father is not the Son, nor the Holy Spirit either the Father or the Son, but a trinity of persons mutually interrelated, and a unity of an equal essence. And let us seek to understand this, praying for help from Himself, whom we wish to understand; and as much as He grants."

54) Augustine, *Trinity*. X.v.7. "For it does many things through vicious desire, as though in forgetfulness of itself. For it sees some things intrinsically excellent, in that more excellent nature which is God."

55) Augustine, *Trinity*. XI.xi.18. "Wherefore time admonishes us to seek for this same trinity in the inner man, and to strive to pass inwards from that animal and carnal and (as he is called) outward man, of whom I have so long spoken. And here we hope to be able to find an image of God according to the Trinity, He Himself helping our efforts, who as things themselves show."

56) Augustine, *Trinity*. XII.vi.7. "because the image of the Trinity was made in man, that in this way man should be the image of the one true God."

⒀ 또한 XIII권 9장 12절에서는 "믿음은 사람의 이론이 아니라 하나님의 권위에 의해서 영혼과 신체로 된 사람 전체가 영생하며 따라서 참 행복하리라고 약속한다"고 우리에게 주어진 믿음의 복됨을 찬양한다. 그러면서 14장 18절에서는 "그리스도의 피로 말미암아 얻은 의"라고 설명하면서, 20장 25절에서도 "인간성 즉 영혼과 몸에 속한 모든 선한 일에서 우리가 행복을 얻기 위해서는 믿음이 필요하다"고 다시금 강조함으로써, 우리가 가진 믿음의 복됨을 더욱 확증한다.[57]

⒁ 이제 XIV권 17장 23절에 와서는 우리의 거룩하게 됨과 마침내 영광스럽게 될 영생에 대해 이렇게 말한다.

> 이 일에 대한 사도의 말씀은 지극히 명백하다: "우리의 겉사람은 후패하나 우리의 속은 날로 새롭도다"(고후 4:16)라고 하며, ... "하나님을 따라 의와 진리의 거룩함으로 지으심을 받은 새 사람을 입으라"(엡 4:24)고 한다. 하나님을 아는 지식이 전진하며 의와 진리의 거룩함에서 전진함으로써 날로 새롭게 되는 사람은 사랑을 무상한 것들로부터 영적인 것들에 옮긴다. 그리고 ... 금생의 끝날이 올 때에, 이러한 전진과 성장 가운데서 중보자 되시는 분을 굳게 믿고 있는 사람은 거룩한 천사들의 환영을 받아 지금까지 경배한 하나님에게로 인도되며, 하나님에 의해서 완전하게 될 것이다. 그래서 세상 종말에는 썩지 않는 몸을 받으며, 벌이 아니라 영광을 받을 것이다. 하나님을 완전히 볼 때에 하나님의 모양이 이 형상 안에서 완성되겠기 때문이다.[58]

⒂ 마침내 1권-14권을 종합하는 XV권에 와서, 어거스틴은 자신이 기술

---

57) Augustine, *Trinity*. XIII.ix.12. "that faith promises, not by human reasoning, but by divine authority, that the whole man, who certainly consists of soul and body, shall be immortal, and on this account truly blessed." ; xiv.18. "In this way it is that we are said to be justified in the blood of Christ" ; xx.25. "Therefore faith is necessary, that we may attain blessedness in all the good things of human nature, that is, of both soul and body."

58) Augustine, *Trinity*. XIV.xvii.23. "the apostle has spoken of this most expressly, saying, 'And though our outward man perish, yet the inner man is renewed day by day.

한 모든 것에 대해 마치겠다고 하면서 "더 말하지 않고, 기도를 드리려 한
다"고 겸손하게 고백한다. 바로 여기에 로마서 11:36절과 같은 삼위 하나
님께 대한 진정한 송영이 담겨 있다. 즉, 모든 근원을 삼위 하나님께 둠이
요 그 동력도 삼위 하나님께 있음을 고백하는 것이며 마침내 귀결도 오직
주께서 내실 것이라는 확신과 고백 그리고 기도가 그것이다.

　　오 주 우리 하나님, 우리는 성부와 성자와 성령이신 당신을 믿나이다. 만
일 당신이 삼위일체가 아니시라면, 진리이신 분은 "너희는 가서 모든 족속
에게 아버지와 아들과 성령의 이름으로 세례를 주라"고 말씀하시지 않았을
것이옵나이다 ... 또 당신이 하나님이신 주 하나님이시며 삼위일체가 아니시
라면, 거룩하신 음성이 "이스라엘아 들으라, 주 너의 하나님은 오직 하나인
하나님이시라"고 하시지 않았을 것이옵니다 ... 주 하나님, 나의 유일한 소망
이시여, 귀를 기울여 주시옵소서. 기진한 제가 당신을 찾지 않으려 하지 않
고, 당신의 얼굴을 항상 열심히 구하게 하시옵소서(시 105:4). 제가 당신을
발견하게 하시고 더욱 더 발견하리라는 소망을 주셨사온즉, 저에게 힘을 주
어 당신을 구하게 하시옵소서. 저의 지식과 저의 무지를 당신이 보시오니 저
에게 열어주신 곳에 받아들여 주시며, 저에게 닫으신 것을 제가 두드릴 때에
열어 주시옵소서. 저는 당신을 기억하며, 이해하며, 사랑하기를 원하나이다.
제 안에 은사를 더하셔서, 저를 완전히 새롭게 만드시옵소서.[59]

이 기도는 어거스틴 자신만의 기도가 아니라, 삼위일체 하나님을 알게

And 'it is renewed in the knowledge of God, i.e. in righteousness and true holiness,' according to the testimonies of the apostle cited a little before. He, then, who is day by day renewed by making progress in the knowledge of God, and in righteousness and true holiness, transfers his love from things temporal to things eternal ... when the last day of life shall have found any one holding fast faith in the Mediator in such progress and growth as this, he will be welcomed by the holy angels, to be led to God, whom he has worshipped, and to be made perfect by Him; and so will receive in the end of the world an incorruptible body, in order not to punishment, but to glory."

59) Augustine, *Trinity*. XV.xxviii.51. "O Lord our God, we believe in Thee, the Father and the Son and the Holy Spirit. For the Truth would not say, Go, baptize all nations in the name of the Father and of the Son and of the Holy Spirit, unless Thou wast a Trinity.

되어 그분을 영광스럽게 높이고자 하는 자들로 따라 하도록 한 모본模本처럼 보인다. 따라서 우리가 『삼위일체론 De Trinitate』의 가장 마지막에 나오는 기도를 함께 드림으로 그러한 어거스틴의 삼위일체에 대한 송영에 참예하는 은혜를 누리고자 한다. "오 주 한 분 하나님, 삼위일체 하나님, 당신의 것인 이 책에서 제가 한 말을 당신의 백성이 인정하기를 원하나이다. 제 자신의 생각을 말한 것에 대해서는 당신과 당신의 백성의 용서를 비나이다. 아멘."[60]

4. 나가는 말

어거스틴이 밝힌 "성부와 성자와 성령은 분리할 수 없으며 분리되지 않은 채 역사하신다. 이것이 정통신앙이므로 또한 나의 신앙이다(Quamvis pater et fillus et spiritus sanctus sicut inseparabiles sunt, ita inseparabiliter operentur. Haec et mea fides est qundo haec est catholoca fides.)"라는 고백은 1,600년이라는 시간 간격을 뛰어 넘어 지금도 생생하다.[61]

이 연구를 통해 그간 "삼위일체론"이라는 신학적 작업과 그로 인한 학學

Nor wouldest thou, O Lord God, bid us to be baptized in the name of Him who is not the Lord God. Nor would the divine voice have said, Hear, O Israel, the Lord thy God is one God, unless Thou wert so a Trinity as to be one Lord God ... O Lord my God, my one hope, hearken to me, lest through weariness I be unwilling to seek Thee, 'but that I may always ardently seek Thy face.' 8 Do Thou give strength to seek, who hast made me find Thee, and hast given the hope of finding Thee more and more. My strength and my infirmity are in Thy sight: preserve the one, and heal the other. My knowledge and my ignorance are in Thy sight; where Thou hast opened to me, receive me as I enter; where Thou hast closed, open to me as I knock. May I remember Thee, understand Thee, love Thee. Increase these things in me, until Thou renewest me wholly."

60) Ibid. "O Lord, one God, God the Trinity, whatsoever I have said in these Books that comes of thy prompting, may thy people acknowledge it: for what I have said that comes only of myself, I ask of thee and of thy people pardon."

61) Augustine, Trinity. I.iv.7.

적인 한계에 붙잡혀 있었던 사변적 신학의 한계를 돌아보게 되었고, 삼위
일체 교리가 가지고 있는 살아 있는 경륜적 송영이 주된 핵심임을 회복하
게 되었다.[62] 따라서 삼위일체적 송영이해를 가진 어거스틴의 사상을 살
펴보려고 2장에서 먼저 다루어본 어거스틴의 다른 작품들 속에 나타난 신
학사상들 역시 맥을 같이 하고 있음을 확인하였고, 3장에서는 본격적으로
『삼위일체론 De Trinitate』을 다루면서 그에 나타난 구조적 의미와 송영에 대
해 살펴본 내용과 일치함을 확인했음을 기억할 필요가 있다.

이 어거스틴의 『삼위일체론 De Trinitate』 연구를 통해 도달하게 된 결론에
대한 명료한 진술을 들으며, 본 연구를 마치고자 한다.

산학은 원초적으로 삼위일체 하나님에 대한 송영이다. 삼위일체론이 하
르낙의 비판처럼 헬라 정신이 복음의 토양에서 꽃피운 교의라고 한다고 하
더라도, '삼위일체' 하나님을 향한 신앙이 먼저 있다. '론'은 필요에 의하여
후대에 만들어졌을 뿐이다. 단적으로 말하자면, 삼위일체 '론'이 없다 하더
라도 '삼위일체' 하나님은 계신다. 신학은 이론이기에 앞서 교제요 삶이다
… 송영으로서의 신학의 제자리는 교회와 예배이다. 예배자는 예배 중에 삼
위일체 하나님과 누리는 교제로 그분을 송영하며 그분으로 채워진다. 예배
가 삼위일체 하나님의 계시의 자리라면, 삼위일체 하나님으로 채워진 예배
자의 활동 무대는 세계이다. 송영으로 삼위일체 하나님께 영광을 돌린 예배
자는 이제 세계 속에서 그분의 영광을 드러낸다.[63]

이제 이후로는 삼위일체라는 신비한 성경적 진리를 탐구하는 작업이 결
코 단순한 지적작업으로만 그칠 것이 아니라, 오직 삼위일체 하나님 앞에

62) 라쿠나, 『우리를 위한 하나님』, 513. "영광이라는 말은 신학에 잘 어울리는 용
어이다 … 영광송은 본성상 하나님의 신비와 구원의 신비의 본질적 일치를 보존
한다 … 결국 영광송의 양식으로 하는 신학은 실천적이면서도 관상적이며 사색적
이다. 삼위일체 신학은 본래 영광송에 기초한다."
63) 유해무, 『신학: 삼위일체 하나님을 향한 송영』, 280-281.

서 행하는 지적 찬미의 제사요 온 영혼으로 드리는 송영誦詠이 되어야 할 것이다.[64] 마틴 루터가 시편강의에서 언급한 "거룩한 신학의 모든 선포나 강의는 실제로 진실한 찬양이나 감사 기도나 감사이며 이것은 신약에서 최고의 제물이며 최고의 예배이다"라는 설명에 깊이 동의하며 본 고考를 마치는 바이다.[65]

---

64) Ibid. 278.

65) Ibid, 122. 각주 208. 재인용 Luther, *Enarratio Psalmi II* (1532), WA40/2, 193,2-4.

5. 참고문헌

김명혁. 『초대교회의 형성』 수원: 합동신학교, 1993.

라쿠나, 캐서리 모리. 『우리를 위한 하나님』 이세형 역, 서울: 대한기독교서회, 2008.

바빙크, 헤르만. 『개혁주의 신론』 이승구 역, 서울: 기독교문서선교회,1988.

_____. 『하나님의 큰 일』 김영규 역, 서울: 기독교문서선교회,1984.

배튼하우스, 로이.편집 『아우구스티누스 핸드북』 현재규 역, 서울: 크리스챤다이제스트, 1994.

비키, 조엘. 『칼빈주의』 신호섭 역, 서울: 지평서원, 2010.

아우구스티누스. 『은혜론』, 김종흡 역, 서울: 생명의말씀사, 1990.

_____. 『성 아우구스티누스 고백록』 김기찬 역. 서울: 크리스챤 다이제스트, 2000.

_____. 『하나님의 도성』 조호연, 김종흡 역. 서울: 크리스챤 다이제스트, 1994.

_____. 『삼위일체론』 김종흡 역. 서울: 크리스챤 다이제스트, 1993.

_____. 『신국론 요약 신앙핸드북』 심이석 역. 서울: 크리스챤 다이제스트, 1990.

안인섭. 『칼빈과 어거스틴』 서울: 그리심, 2009.

유해무. 『신학:삼위일체 하나님을 향한 송영』 서울: 성약, 2007.

이석우 편저. 『기독교사관과 역사의식』 서울: 성광문화사, 1981.

이승구, "헤르만 바빙크의 삼위일체론" 『헤르만 바빙크의 개혁신학과 한국 교회의 신앙』 한국성경신학회, 2013.

이창열. 『어거스틴의 삼위일체론으로본 바빙크의 삼위일체론』 안양대학교신학대학원 석사논문,2003.

조성재. 『어거스틴의 삼위일체 구조가 갖는 신학적 객관성에 관하여』 안양대학교신학대학원 석사논문, 2000.

한철하. 『고대기독교사상』 서울: 대한기독교서회, 1970.

Augustine. *AUGUSTINE : Later Works*. John Burnaby ed. London: SCM Press Ltd, 1965.

_____. *SAINT AUGUSTINE CONFESSIONS*. Henry Chadwick tr.Oxford:University Press, 1991.

_____. *THE NICENE AND POST-NICENE FATHERS* Vol.2.5.7.8 Edinburgh: T&T Clark, reprinted 1991.

Berkhof, Louis. *Systematic Theology*. Grand Rapids: Eerdmans Publishing Co.,1986

Burns, J. Patout. *The development of Augustine's doctrine of operative grace*. Paris:Etudes Augustiennes, 1980.

Crawford, Nathan. "The sapiential structure of Augustine's *DE TRINITATE*." *PRO ECCLESIA* VOL. XIX, No.4, 434-452.

Lancaste, Sarah Heaner. "Divine Relations of the Trinity: Augustine's Answer to Arianism" *Calvin Theological Journal* 07/34(1999): 327-346.

Maris, W. Hans. "Augustine-an ally in Faith and in Theology" 「제3회 독립개신교회신학교 개교기념강좌 - 우리의 동료, 아우구스티누스의 신앙과 신학」 (2013.2).

Warfierld, B.B. *STUDIES IN TERTULLIAN AND AUGUSTINE*, Michigan: Baker Book, 1932.